# 經濟數學基礎

主編 ● 王國政、趙坤銀、王萬禹

# 前　言

　　本教材在內容選取上，僅介紹最基本的概念與結論，注重概念的引入與講解，盡可能通過較多的實際問題引入概念，力求闡述概念的實際背景，既增強學生學習的興趣，也使學生能將抽象的概念同實際聯繫起來，更易於理解並掌握概念；同時，淡化理論推導過程，弱化了對計算能力的要求。

　　結合教學改革的需要，特別針對一般院校經濟管理類專業的學生，我們將高等數學知識的學習分爲兩個層次，基礎部分即爲《經濟數學基礎》，旨在爲學生提供一本淺易而實用的教材，書中選編了很多經濟學應用方面的例題與習題；而對一些要求數學較高的專業的學生及願意學習更多數學知識的學生，則提供《經濟數學進階》以滿足他們進一步學習高等數學知識的需要。

　　本書主要內容包括函數與極限、一元函數微積分及其應用、多元函數微積分及其應用、級數與微分方程初步知識等；附錄中還含有 Mathematica 數學軟件的使用簡介及部分數學家生平簡介。

編者

# 目　錄

**第1章　函數與極限** ············································································ （1）

　§1.1　初等函數 ················································································ （2）
　§1.2　簡單的經濟函數 ······································································ （11）
　§1.3　函數的極限 ············································································ （16）
　§1.4　極限的性質與運算法則 ··························································· （25）
　§1.5　函數的連續性 ········································································· （30）

**第2章　一元函數微分學及其應用** ······················································· （44）

　§2.1　導數的概念 ············································································ （45）
　§2.2　導數的運算法則 ······································································ （52）
　§2.3　函數的單調性與極值 ······························································· （57）
　§2.4　導數在經濟學中的應用 ···························································· （64）
　§2.5　微分 ······················································································ （71）

**第3章　一元函數積分學及其應用** ······················································· （78）

　§3.1　不定積分的概念與性質 ···························································· （78）
　§3.2　定積分的概念 ········································································· （82）
　§3.3　微積分基本定理 ······································································ （91）
　§3.4　基本積分方法 ········································································· （94）
　§3.5　定積分的應用 ········································································· （101）

**第4章　多元函數微分學及其應用** ······················································· （115）

　§4.1　多元函數的基本概念 ······························································· （115）
　§4.2　偏導數與全微分 ······································································ （121）
　§4.3　多元複合函數的求導法則 ························································· （127）
　§4.4　多元函數的極值與最值 ···························································· （129）

## 第5章 多元函數積分學及其應用 (137)

§5.1 二重積分的概念與性質 (137)
§5.2 二重積分的計算方法 (143)
§5.3 二重積分的應用 (154)

## 第6章 級數與微分方程初步 (159)

§6.1 級數的概念與性質 (159)
§6.2 常數項級數斂散性的判別法 (165)
§6.3 微分方程的基本概念 (170)
§6.4 一階微分方程 (173)
§6.5 微分方程的經濟模型及應用 (178)

## 附　錄 (188)

附錄1 初等數學部分公式 (188)
附錄2 微積分基本公式 (190)
附錄3 Mathematica 基礎 (191)
附錄4 部分數學家簡介 (202)

# 第 1 章　函數與極限

　　數學史表明，重要的數學概念的產生和發展，對數學發展起着不可估量的作用.有些重要的數學概念對數學分支的產生起着奠基性的作用.函數就是這樣一個重要的概念.

　　在笛卡爾引入變量以後，變量和函數等概念日益滲透到科學技術的各個領域.縱覽宇宙，運算天體，探索熱的傳導，揭示電磁秘密，這些都和函數概念息息相關.正是在這些實踐過程中，人們對函數的概念不斷深化.

　　最早提出函數(function)概念的，是 17 世紀德國數學家萊布尼茨.最初萊布尼茨用"函數"一詞表示冪.以後，他又用函數表示在直角坐標系中曲線上一點的橫坐標、縱坐標.

　　1718 年，萊布尼茨的學生、瑞士數學家伯努利把函數定義為"由某個變量及任意的一個常數結合而成的數量." 意思是凡變量和常量構成的式子都叫做函數.伯努利所強調的是函數要用公式來表示.後來，數學家覺得不應該把函數概念局限在只能用公式來表達，只要一些變量變化，另一些變量能隨之而變化就可以.至於這兩個變量的關係是否要用公式來表示，並不作為判別函數的標準.

　　1755 年，瑞士數學家歐拉把函數定義為"如果某些變量，以某一種方式依賴於另一些變量，即當後面這些變量變化時，前面這些變量也隨著變化，我們把前面的變量稱為後面變量的函數." 在歐拉的定義中，就不強調函數要用公式表示了，由於函數不一定要用公式來表示，歐拉曾把畫在坐標系中的曲線也叫函數，他認為"函數是隨意畫出的一條曲線."

　　當時有些數學家對於不用公式來表示函數感到很不習慣，有的數學家甚至抱懷疑態度.他們把能用公式表示的函數叫"真函數"，把不能用公式表示的函數叫"假函數".

　　1821 年，法國數學家柯西給出了類似現在中學課本中的函數定義："在某些變數間存在着一定的關係，當一經給定其中某一變數的值，其他變數的值可隨著而確定時，則將最初的變數叫自變量，其他各變數叫做函數." 在柯西的定義中，首先出現了自變量一詞.

　　1834 年，俄國數學家羅巴切夫斯基進一步提出函數的定義："$x$ 的函數是這樣的一個數，它對於每一個 $x$ 都有確定的值，並且隨著 $x$ 一起變化.函數值可以由解析式給出，也可以由一個條件給出，這個條件提供了一種尋求全部對應值的方法.函數的這種依賴關係可以存在,但仍然是未知的."這個定義指出了對應關係(條件)的必要性,利用這個關係,可以求出每一個的對應值.

1837年,德國數學家狄里克雷認為怎樣去建立 $x$ 與 $y$ 之間的對應關係是無關緊要的,所以他的定義是:"如果對於 $x$ 的每一個值,總有一個完全確定的 $y$ 值與之對應,則 $y$ 是 $x$ 的函數."這個定義抓住了概念的本質屬性,變量 $y$ 稱為 $x$ 的函數,只須有一個法則存在,使得這個函數取值範圍中的每一個值,有一個確定的值和它對應就行了,不管這個法則是公式或圖像或表格或其他形式.這個定義比前面的定義帶有普遍性,為理論研究和實際應用提供了方便.因此,這個定義使用了較長時期.

自從德國數學家康托爾的集合論被大家接受後,用集合對應關係來定義函數概念就是現在高中課本里所採用的函數定義.

中文數學書上使用的"函數"一詞是轉譯詞,是我國清代數學家李善蘭在翻譯《代數學》(1895年)一書時,把"$function$"譯成"函數"的.

中國古代"函"字與"含"字通用,都有着"包含"的意思.李善蘭給出的定義是:"凡式中含天,為天之函數."中國古代用天、地、人、物4個字來表示4個不同的未知數或變量.這個定義的含義是:"凡是公式中含有變量 $x$,則該式子叫做 $x$ 的函數."所以"函數"是指公式里含有變量的意思.

## §1.1 初等函數

**1. 函數的定義**

在自然科學、技術科學或經濟管理中,所遇到的實際問題往往有幾個變量同時都在變化,這些變量並不是彼此孤立的改變,而是相互聯繫、相互制約並按一定規律在變化.在這里,我們就兩個變量之間的相互依賴關係的簡單情形加以討論.首先考察兩個實例.

**例1** 某商品的單位成本為5元,企業已售出該商品100件,問企業可獲利潤多少?

很明顯,在這個問題中,單位成本是常量,出售單價與利潤是變量.若設 $P$ 表示出售單價,$L$ 表示利潤,則 $L$ 與 $P$ 之間有關係

$$L = 100(P - 5)$$

上述式子表明了利潤 $L$ 與價格 $P$ 之間的相互依賴關係及其內在的變化規律,只要價格 $P$ 確定,利潤 $L$ 就隨之確定.

**例2** 圖1-1是樂山電力股份有限公司股票某日的分時圖.

如果用 $t$ 表示時間,$p$ 表示股票價格,$q$ 表示股票成交量,則 $p$ 和 $q$ 都是隨著時間 $t$ 的變化而改變.但這種改變與例1中的情況不同:① 無法用公式描述;② 事件未發生時不能得到 $t$ 與 $p$(或 $t$ 與 $q$)的對應結果.

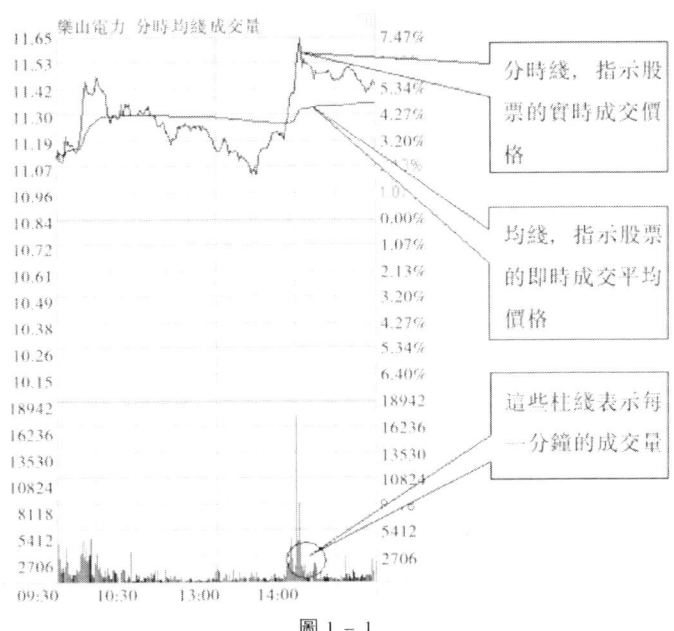

圖1-1

抽去上面兩個例子中所考察的實際意義,它們表達了兩個變量之間的相互依賴關係.這種相互依賴關係實質上給出了兩個變量間的一種相互制約的對應規律(或法則).當其中一個變量在某一範圍內任意取定一個數值時,按照這種規律,另一個變量就有確定的值與之對應.兩個變量間的這種對應關係就是函數概念的實質.

**定義 1.1** 設 $x$ 和 $y$ 是兩個變量,$D$ 是一個給定的數集,$f$ 是一個對應法則.如果對於每個數 $x \in D$,變量 $y$ 按照對應法則 $f$ 總有唯一確定的數值和它對應,則稱 $f$ 是定義在集合 $D$ 上的函數,$x$ 叫做自變量,$y$ 叫做因變量,記作 $y = f(x)$.數集 $D$ 叫做這個函數的定義域,記作 $D_f$.

實際上,我們可以把函數 $f$ 看作是一臺加工設備,$x$ 是輸入(待加工的原材料),$y$ 即 $f(x)$ 是輸出(由原材料加工出的產品).定義域就是這臺加工設備的材料源.

從函數的定義中可以看到函數包含兩個要素,即:

(1) 兩個變量之間的對應法則;

(2) 自變量的取值範圍.

函數 $y = f(x)$ 中表示對應關係的記號 $f$ 也可以改用其他字母,例如 $\varphi$、$F$,等等.這時函數記作 $y = \varphi(x)$,$y = F(x)$,等等.

當 $x$ 取數值 $x_0 \in D$ 時,與 $x_0$ 對應的 $y$ 的數值稱為函數 $y = f(x)$ 在點 $x_0$ 處的函數值,記作 $f(x_0)$,當 $x$ 取遍 $D$ 的各個數值時,對應的函數值全體組成的數集

$$W = \{y \mid y = f(x), x \in D\}$$

稱為函數的值域.

在數學中,有時不考慮函數的實際意義,而抽象地研究用算式表達的函數.這時

我們約定:函數的定義域就是自變量所能取的使算式有意義的一切實數值.例如,函數 $y = \sqrt{1-x^2}$ 的定義域是閉區間 $[-1,1]$,函數 $y = \dfrac{1}{\sqrt{1-x^2}}$ 的定義域是開區間 $(-1,1)$.如果函數具有實際背景,則函數的定義域需要根據實際背景確定才合理.如例1中的利潤函數.

下面舉幾個有關函數的例子.

**例3** 函數 $y = 2$,定義域 $D = (-\infty, +\infty)$,值域 $W = \{2\}$,它的圖形是一條平行於 $x$ 軸的直線,如圖 1-2 所示.

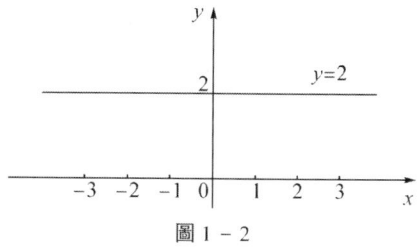

圖 1-2

**例4** 判斷下面函數是否相同,並說明理由.

(1) $y = 1$ 與 $y = \sin^2 x + \cos^2 x$;

(2) $y = 2x + 1$ 與 $x = 2y + 1$.

**解** (1) 雖然這兩個函數的表現形式不同,但它們的定義域 $(-\infty, +\infty)$ 與對應法則均相同,所以這兩個函數相同.

(2) 雖然它們的自變量與因變量所用的字母不同,但其定義域 $(-\infty, +\infty)$ 和對應法則均相同,所以這兩個函數相同.

**例5** 求函數 $y = \dfrac{1}{1-x^2} + \sqrt{x+2}$ 的定義域.

**解** 因為 $\begin{cases} 1 - x^2 \neq 0 \\ x + 2 \geq 0 \end{cases} \Rightarrow \begin{cases} x \neq \pm 1 \\ x \geq -2 \end{cases}$

所以 $D = [-2, -1) \cup (-1, 1) \cup (1, +\infty)$.

**例6** 求函數 $f(x) = \dfrac{\lg(3-x)}{\sin x} + \sqrt{5 + 4x - x^2}$ 的定義域.

**解** 要使 $f(x)$ 有意義,顯然 $x$ 要滿足:

$\begin{cases} 3 - x > 0 \\ \sin x \neq 0 \\ 5 + 4x - x^2 \geq 0 \end{cases}$ 即 $\begin{cases} x < 3 \\ x \neq k\pi \quad (k \text{ 為整數}) \\ -1 \leq x \leq 5 \end{cases}$

所以 $f(x)$ 的定義域為:

$$D = [-1, 0) \cup (0, 3).$$

**2. 函數的表示方法**

函數的表示方法一般有三種:公式法、圖示法和表格法.

(1) **公式法** 公式法就是直接用數學式子表示兩個變量之間的函數關係的方法.它的優點是簡明、準確、完整,微積分學中多採用這種表示函數的方法.在前面的例子中都是用這種方法表示函數.

(2) **圖示法** 一個自變量的函數即一元函數,其圖形就是一些點的軌跡,這些點的橫坐標為自變量的取值,縱坐標是對應的函數值.在平面直角坐標系中把函數的定義域中所有的數 $x$ 對應的點 $(x, f(x))$ 都描繪出來,即得到函數的圖形.這種方法的優點是直觀醒目,缺點是很難做到準確和完整.如圖1-3、圖1-4所示.

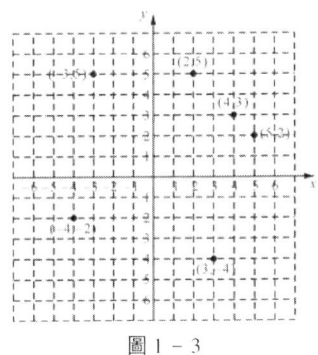

圖1-3

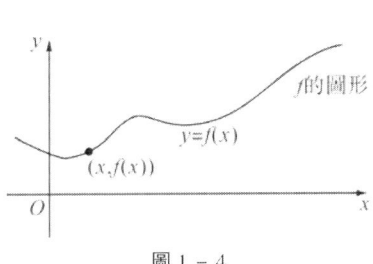

圖1-4

(3) **表格法** 表格法就是將自變量 $x$ 的一系列取值與對應的函數值列成表格,如對數表、三角函數表、平方根表等.它的優點是用起來方便,在實際工作中是一種常用的函數表示法.然而這種方法有它的局限性,不能完全反應兩個變量之間的規律性.

**例7** 某城市一年里每月毛線的零售量(單位:千克),如表1-1所示.

表1-1

| 月份($t$) | 1 | 2 | 3 | 4 | 5 | 6 | 7 | 8 | 9 | 10 | 11 | 12 |
|---|---|---|---|---|---|---|---|---|---|---|---|---|
| 零售量($s$) | 81 | 84 | 45 | 45 | 9 | 5 | 6 | 15 | 94 | 161 | 144 | 123 |

表1-1表示了某城市毛線零售量 $s$ 隨月份 $t$ 而變化的函數關係.這個函數關係是用表格來表達的,它的定義域

$$D = \{1, 2, 3, 4, 5, 6, 7, 8, 9, 10, 11, 12\}.$$

需要說明的是,不是每一個函數都可以用上述三種方法表示出來.
例如:

$$f(x) = \begin{cases} 0, & 當\ x\ 為無理數 \\ 1, & 當\ x\ 為有理數 \end{cases}$$

這個函數就不可以用圖形和表格來表示，但它的確是一個函數，定義域爲 $(-\infty, +\infty)$，有對應關係.

有些函數，對於其定義域內自變量 $x$ 不同的值，不能用一個統一的數學表達式表示，而要用兩個或兩個以上的式子表示，這類函數稱爲"分段函數".

有時用幾個式子來表示一個(不是幾個)函數，不僅與函數定義不相矛盾，而且有現實意義.這在自然科學和工程技術以及經濟領域是常見的現象.

**例8** 絕對值函數 $y = |x| = \begin{cases} x, & x \geq 0 \\ -x, & x < 0 \end{cases}$. 定義域 $D = (-\infty, +\infty)$，值域 $W = [0, +\infty)$，它的圖形如圖 1-5 所示.這個函數稱爲絕對值函數.

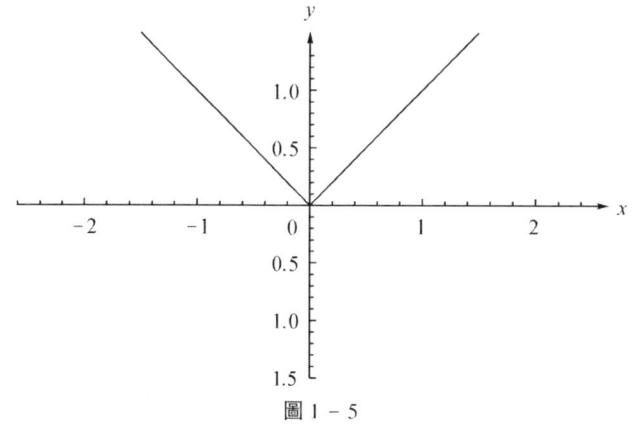

圖 1-5

**例9** 函數

$$y = \text{sgn}x = \begin{cases} 1, & x > 0 \\ 0, & x = 0 \\ -1, & x < 0 \end{cases}$$

稱爲符號函數，它的定義域 $D = (-\infty, +\infty)$，值域 $W = \{-1, 0, 1\}$，它的圖形如圖 1-6 所示.

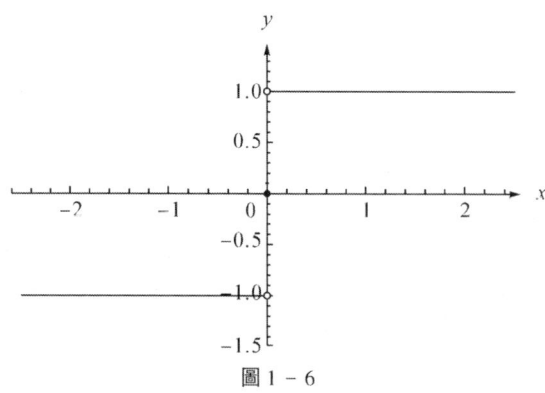

圖 1-6

對於任何實數 $x$，下列關係成立：
$$x = \text{sgn}\, x \cdot |x|$$

**例 10** 設 $x$ 爲任一實數，不超過 $x$ 的最大整數稱爲 $x$ 的整數部分，記作 $y = [x]$。例如，$[\frac{5}{7}] = 0$，$[\sqrt{2}] = 1$，$[\pi] = 3$，$[-1.01] = -2$。把 $x$ 看作變量，則函數 $y = [x]$ 的定義域 $D = (-\infty, +\infty)$，值域 $W = Z$。它的圖形如圖 1-7 所示，這個圖形稱爲階梯曲線。在 $x$ 爲整數值處，圖形發生跳躍，躍度爲 1。這個函數稱爲取整函數。

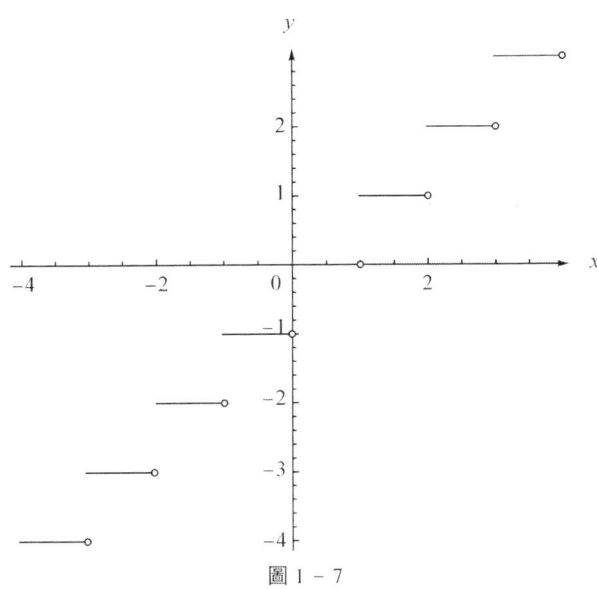

圖 1-7

### 3. 反函數

設某種商品銷售總收入爲 $y$，銷售量爲 $x$，已知該商品的單價爲 $a$。

對每一個給定的銷售量 $x$，可以通過規則 $y = ax$ 確定銷售總收入 $y$，這種由銷售量確定銷售總收入的關係稱爲銷售總收入關於銷售量的函數。反過來，對每一個給定的銷售總收入 $y$，則可以由規則 $x = \dfrac{y}{a}$ 確定銷售量 $x$，這種由銷售總收入確定銷售量的關係稱爲銷售量關於銷售總收入的函數。我們稱後一函數 $(x = \dfrac{y}{a})$ 是前一函數 $(y = ax)$ 的反函數，或者說它們互爲反函數。

**定義 1.2** 設 $y = f(x)$ 是定義在 $D$ 上的一個函數，值域爲 $W$。如果對每一個 $y \in W$ 有唯一確定的且滿足 $y = f(x)$ 的 $x \in D$ 與之對應，其對應規則記作 $f^{-1}$，這個定義在 $W$ 上的函數 $x = f^{-1}(y)$ 稱爲 $y = f(x)$ 的反函數，或稱它們互爲反函數。

函數 $y = f(x)$，$x$ 爲自變量，$y$ 爲因變量，定義域爲 $D$，值域爲 $W$。

函數 $x = f^{-1}(y)$，$y$ 爲自變量，$x$ 爲因變量，定義域爲 $W$，值域爲 $D$。

習慣上用 $x$ 表示自變量，$y$ 表示因變量.因此我們將 $x = f^{-1}(y)$ 改寫爲以 $x$ 爲自變量、以 $y$ 爲因變量的函數關係 $y = f^{-1}(x)$，這時我們說 $y = f^{-1}(x)$ 是 $y = f(x)$ 的反函數. 一個函數如果有反函數，它必定是一一對應的函數關係.

例如，在 $(-\infty, +\infty)$ 內，$y = x^2$ 不是一一對應的函數關係，所以它沒有反函數；而在 $(0, +\infty)$ 內，$y = x^2$ 有反函數 $y = \sqrt{x}$；在 $(-\infty, 0)$ 內，$y = x^2$ 有反函數 $y = -\sqrt{x}$.

$y = f(x)$ 與 $y = f^{-1}(x)$ 的圖形關於直線 $y = x$ 對稱.如圖 1 - 8 所示.

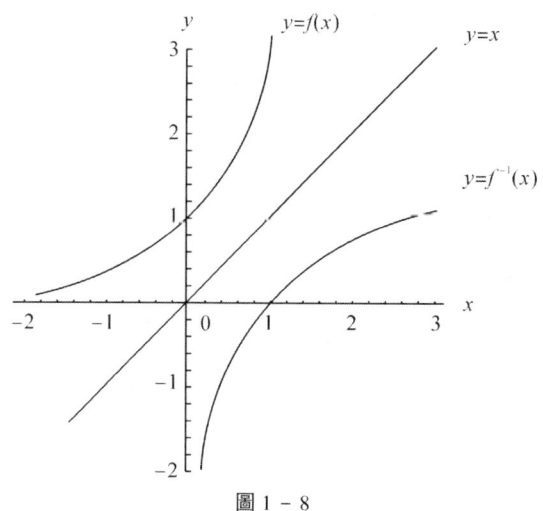

圖 1 - 8

**例 11** 求函數 $y = \dfrac{1 - \sqrt{1 + 4x}}{1 + \sqrt{1 + 4x}}$ 的反函數.

**解** 令 $z = \sqrt{1 + 4x}$，則 $y = \dfrac{1-z}{1+z}$，故 $z = \dfrac{1-y}{1+y}$，即 $\sqrt{1 + 4x} = \dfrac{1-y}{1+y}$，

解得 $x = \dfrac{1}{4}\left[\left(\dfrac{1-y}{1+y}\right)^2 - 1\right] = -\dfrac{y}{(1+y)^2}$，

改變變量的記號，即得到所求反函數：$y = -\dfrac{x}{(1+x)^2}$.

### 4. 複合函數

在很多實際問題中，變量 $x$ 與 $y$ 之間的函數關係往往是通過另一個變量 $u$ 的聯繫而構成的.例如，設變量 $y$ 表示一個養雞場的成本，$u$ 表示雞飼料價格，$x$ 表示玉米價格.在其他因素都不發生變化的情況下，養雞場的成本受雞飼料價格的影響，在數學上可以表示爲 $y = f(u)$，如果不考慮雞飼料中其他原料價格對雞飼料的價格影響，則雞飼料價格受玉米價格的影響，在數學上可以表示爲 $u = g(x)$.這樣一來，不考慮其他任何因素，玉米價格的變化必然引起養雞場成本的變化，在數學上可以表示爲 $y = f[g(x)]$.這個式子反應了玉米價格通過雞飼料價格對養雞成本產生影響，它就

是數學上的以 u 為中間變量,以 x 為自變量的一個複合函數.

**定義1.3** 設函數 $y=f(u)$ 的定義域為 $D$,若函數 $u=g(x)$ 的值域為 $W$,$D \cap W$ 非空,則稱 $y=f[g(x)]$ 為複合函數.$x$ 為自變量,$y$ 為因變量,$u$ 為中間變量.

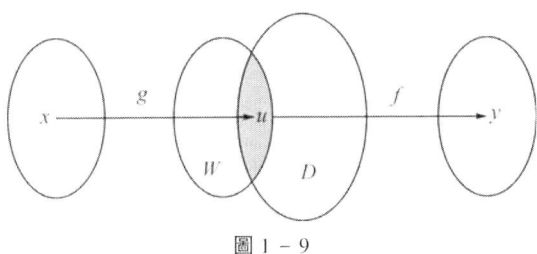

圖 1-9

圖 1-9 示意自變量 $x$、因變量 $y$ 及中間變量 $u$ 是如何通過對應法則 $g$ 和 $f$ 建立起聯繫的.

**例12** 設 $y=f(u)=\arctan u$, $u=g(t)=\dfrac{1}{\sqrt{t}}$, $t=h(x)=x^2-1$,求 $f\{g[h(x)]\}$.

**解** $f\{g[h(x)]\} = \arctan u = \arctan \dfrac{1}{\sqrt{t}} = \arctan \dfrac{1}{\sqrt{x^2-1}}$.

**例13** 將下列函數分解成基本初等函數的複合.

(1) $y = \sqrt{\ln \sin^2 x}$;

(2) $y = e^{\arctan v}$;

(3) $y = \cos^2 \ln(2 + \sqrt{1+x^2})$.

**解** (1) $y = \sqrt{\ln \sin^2 x}$ 可由 $y=\sqrt{u}$, $u=\ln v$, $v=w^2$, $w=\sin x$ 四個函數複合而成;

(2) $y = e^{\arctan v}$ 可由 $y=e^u$, $u=\arctan v$, $v=x^2$ 三個函數複合而成;

(3) $y = \cos^2 \ln(2+\sqrt{1+x^2})$ 可由 $y=u^2$, $u=\cos v$, $v=\ln w$, $w=2+t$, $t=\sqrt{h}$, $h=1+x^2$ 六個函數複合而成.

**5. 初等函數**

由基本初等函數(即常函數、冪函數、指數函數、對數函數、三角函數、反三角函數)經過有限次四則運算(加、減、乘、除)以及有限次複合步驟所構成的並且可用一個式子表示的函數,叫做初等函數.例如

$$y = \ln(\sqrt{1-x^2}+2x), y=\tan^2 x, y=\cos(1-3x^2)$$

都是初等函數.在本課程中所討論的函數絕大多數都是初等函數.

## 習題 1－1

1. 求函數
$$y = \begin{cases} \sin\dfrac{1}{x}, & x \neq 0 \\ 0, & x = 0 \end{cases}$$ 的定義域和值域.

2. 設 $f(x) = \begin{cases} 1, & 0 \leq x \leq 1 \\ -2, & 1 < x \leq 2 \end{cases}$, 求函數 $f(x+3)$ 的定義域.

3. $y = \lg(-x^2)$ 是不是函數關係？為什麼？

4. 下列各題中，函數 $f(x)$ 和 $g(x)$ 是否相同？為什麼？

   (1) $f(x) = \dfrac{x^2-1}{x-1}, g(x) = x+1$　　(2) $f(x) = x, g(x) = \sqrt{x^2}$

   (3) $f(x) = \lg x^2, g(x) = 2\lg x$　　(4) $f(x) = \sqrt[3]{x^4-x^3}, g(x) = x\sqrt[3]{x-1}$

5. 確定下列函數的定義域：

   (1) $y = \sqrt{9-x^2}$　　(2) $y = \dfrac{-5}{x^2+4}$

   (3) $y = \sin\dfrac{x-1}{2}$　　(4) $y = 1 - e^{1-x^2}$

   (5) $y = \dfrac{\lg(3-x)}{\sqrt{|x|-1}}$　　(6) $y = \dfrac{2x}{x^2-3x+2}$

6. 設 $f(x) = \sqrt{4+x^2}$，求下列函數值：
$f(0), f(1), f(-1), f\left(\dfrac{1}{a}\right), f(x_0), f(x_0+h)$.

7. 設 $f(x) = \begin{cases} |\sin x|, & |x| < \dfrac{\pi}{3} \\ 0, & |x| \geq \dfrac{\pi}{3} \end{cases}$，求 $f\left(\dfrac{\pi}{6}\right), f\left(\dfrac{\pi}{4}\right), f\left(-\dfrac{\pi}{4}\right), f(-2)$，並畫出 $y = f(x)$ 的圖形.

8. 求下列函數的反函數：

   (1) $y = 2x+1$　　(2) $y = \dfrac{x+2}{x-2}$

   (3) $y = x^3+2$　　(4) $y = 1 + \lg(x+2)$

   (5) $y = 1 + \ln(x+2)$　　(6) $y = \dfrac{2^x}{2^x+1}$

9. 下列函數可以看成由哪些簡單函數複合而成：

(1) $y = \sqrt{3x - 1}$        (2) $y = (1 + \ln x)^5$

(3) $y = \sqrt{\ln \sqrt{x}}$        (4) $y = e^{-x^2}$

10. 在下列各題中，求由所給函數複合而成的函數，並求這個函數分別對應於給定自變量值 $x_1$ 和 $x_2$ 的函數值：

(1) $y = u^2, u = \sin x, x_1 = \dfrac{\pi}{6}, x_2 = \dfrac{\pi}{3}$

(2) $y = \sin u, u = 2x, x_1 = \dfrac{\pi}{8}, x_2 = \dfrac{\pi}{4}$

(3) $y = \sqrt{u}, u = 1 + x^2, x_1 = 1, x_2 = 2$

(4) $y = e^u, u = x^2, x_1 = 0, x_2 = 1$

(5) $y = u^2, u = e^x, x_1 = 1, x_2 = -1$

11. 設 $f(x) = \dfrac{x}{1-x}$，求 $f[f(x)]$ 和 $f\{f[f(x)]\}$。

12. 設 $f(x) = \begin{cases} 1, & |x| < 1 \\ 0, & |x| = 1 \\ -1, & |x| > 1 \end{cases}$, $g(x) = e^x$，求 $f[g(x)]$ 和 $g[f(x)]$，並畫出這兩個函數的圖形。

## §1.2 簡單的經濟函數

為了解決應用問題，需要建立數學模型，即建立函數關係，並結合實際問題確定函數的定義域。應用問題的定義域，除函數的解析式外還要考慮變量在實際問題中的含義。

**1. 需求函數**

需求函數是指在某一特定時期內，市場上某種商品的各種可能的購買量和決定這些購買量的諸因素之間的數量關係。

假定其他因素（如消費者的貨幣收入、偏好和相關商品的價格等）不變，則決定某種商品需求量的因素就是這種商品的價格。此時，需求函數表示的就是商品需求量和價格這兩個經濟量之間的數量關係

$$Q_d = f_d(p)$$

其中，$Q_d$ 表示需求量，$p$ 表示價格。需求函數的反函數 $p = f_d^{-1}(Q_d)$ 稱為價格函數，習慣上將價格函數也統稱為需求函數。

一般情況下，商品的價格上漲，需求量將下降；價格下跌，需求量將上升。即需求

量是價格的單調減少函數.如圖 1 - 10 所示.

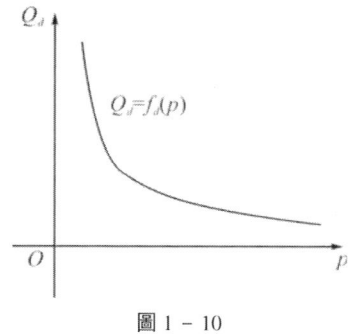

圖 1 - 10

**2. 供給函數**

供給函數是指在某一特定時期內,市場上某種商品的各種可能的供給量和決定這些供給量的諸因素之間的數量關係.如果不考慮其他因素對商品供給量的影響,只考慮價格因素,則供給量 $Q_s$ 可以表示爲

$$Q_s = f_s(p).$$

一種商品的市場供給量 $Q_s$ 也受商品價格 $p$ 的制約,價格上漲,將刺激生產者向市場提供更多的商品,使供給量增加;反之,價格下跌將使供給量減少.即供給量是價格的單調增加函數.如圖 1 - 11 所示.

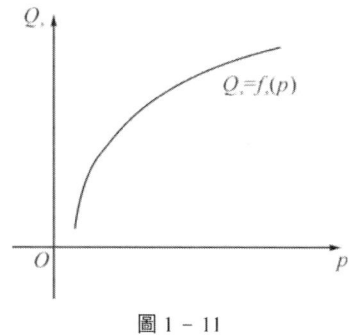

圖 1 - 11

**3. 市場均衡**

對一種商品而言,如果需求量等於供給量,則這種商品就達到了市場均衡. 我們把市場均衡時的商品價格稱爲商品的均衡價格,記作 $p_e$.均衡價格 $p_e$ 可以通過解方程

$$Q_d = Q_s$$

得到.

如圖 1 - 12 所示,市場均衡價格 $p_e$ 就是需求函數和供給函數兩條曲線的交點的橫坐標.當市場價格高於均衡價格時,將出現供過於求的現象,而當市場價格低於均

衡價格時,將出現供不應求的現象.當市場均衡時有
$$Q_d = Q_s = Q_e$$
稱 $Q_e$ 為市場均衡數量.

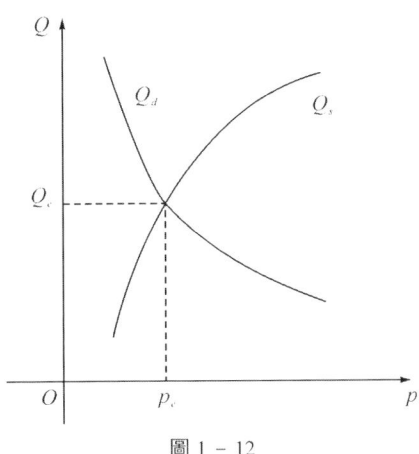

圖 1-12

**例1** 某種商品的供給函數和需求函數分別為
$$Q_d = 300 - 49p, \quad Q_s = 100 + p$$
求該商品的市場均衡價格和市場均衡數量.

**解** 由均衡條件 $Q_d = Q_s$ 得
$$300 - 49p = 100 + p \Rightarrow 50p = 200 \Rightarrow p_e = 4 \Rightarrow Q_e = 100 + p_e = 104.$$

**例2** 某批發商每次以160元／臺的價格將500臺電扇批發給零售商,在這個基礎上零售商每次多進100臺電扇,則批發價相應降低2元,批發商最大批發量為每次1 000臺,試將電扇批發價格表示為批發量的函數,並求零售商每次進800臺電扇時的批發價格.

**解** 由題意看出所求函數的定義域為[500,1 000].已知每次多進100臺,價格減少2元,設每次進電扇 $x$ 臺,則每次批發價減少 $\dfrac{2}{100}(x-500)$ 元／臺,即所求函數為

$$P = 160 - \frac{2}{100}(x - 500) = 160 - \frac{2x - 1\,000}{100} = 170 - \frac{x}{50}$$

當 $x = 800$ 時,$P = 170 - \dfrac{800}{50} = 154$(元／臺)

即每次進800臺電扇時的批發價格為154元／臺.

**4. 成本函數**

產品成本是以貨幣形式表現的企業生產和銷售產品的全部費用支出,成本函數表示費用總額與產量(或銷售量)之間的依賴關係,產品成本可分為固定成本和變動成本兩部分.所謂固定成本,是指在一定時期內不隨產量變化的那部分成本;所謂

變動成本,是指隨產量變化的那部分成本.一般地,以貨幣計值的(總)成本 $C$ 是產量 $x$ 的函數,即

$$C = C(x) \quad (x \geq 0)$$

稱其爲成本函數.當產量 $x=0$ 時,對應的成本函數值 $C(0)$ 就是產品的固定成本值.

設 $C(x)$ 爲成本函數,稱 $\bar{C} = \dfrac{C(x)}{x}$ $(x>0)$ 爲單位成本函數或平均成本函數.

成本函數是單調增加函數,其圖像稱爲成本曲線.

**例 3** 某工廠生產某產品,每日最多生產 100 單位.它的日固定成本爲 130 元,生產一個單位產品的可變成本爲 6 元.求該廠日總成本函數及平均單位成本函數.

**解** 設日總成本爲 $C$,平均單位成本爲 $\bar{C}$,日產量爲 $x$.由於日總成本爲固定成本與可變成本之和.根據題意,日總成本函數爲

$$C = C(x) = 130 + 6x$$

定義域爲 $D = [0, 100]$.

平均單位成本函數爲 $\bar{C} = \bar{C}(x) = \dfrac{C(x)}{x} = \dfrac{130}{x} + 6$

定義域爲 $D = (0, 100]$.

**5. 收入函數與利潤函數**

銷售某種產品的收入 $R$,等於產品的單位價格 $p$ 乘以銷售量 $x$,即 $R = p \cdot x$,稱其爲收入函數.而銷售利潤 $L$ 等於收入 $R$ 減去成本 $C$,即 $L = R - C$,稱其爲利潤函數.

當 $L = R - C > 0$ 時,生產者盈利;

當 $L = R - C < 0$ 時,生產者虧損;

當 $L = R - C = 0$ 時,生產者盈虧平衡,使 $L(x)=0$ 的點 $x_0$ 稱爲盈虧平衡點(又稱爲保本點).

**例 4** 某工廠生產某產品年產量爲 $x$ 臺,每臺售價 500 元,當年產量超過 800 臺時,超過部分只能按 9 折出售,這樣可多售出 200 臺,如果再多生產,本年就銷售不出去了.試寫出本年的收益(入)函數.

**解** 因爲產量超過 800 臺時售價要按 9 折出售,又超過 1 000 臺(即 800 臺 + 200 臺)時,多餘部分銷售不出去,從而超出部分無收益.依題意有

$$R(x) = \begin{cases} 500x, & 0 \leq x \leq 800 \\ 500 \times 800 + 0.9 \times 500(x - 800), & 800 < x \leq 1\,000 \\ 500 \times 800 + 0.9 \times 500 \times 200, & x > 1\,000 \end{cases}$$

$$= \begin{cases} 500x, & 0 \leq x \leq 800 \\ 400\,000 + 450(x - 800), & 800 < x \leq 1\,000. \\ 490\,000, & x > 1\,000 \end{cases}$$

**例 5** 已知某廠單位產品的可變成本爲 15 元,每天的固定成本爲 2,000 元,如這種產品出廠價爲 20 元,求

（1）利潤函數；

（2）若不虧本,該廠每天至少要生產多少單位這種產品.

**解** （1）因為 $L(x) = R(x) - C(x)$，$C(x) = 2\,000 + 15x$，$R(x) = 20x$，所以
$L(x) = 20x - (2\,000 + 15x) = 5x - 2\,000.$

（2）當 $L(x) = 0$ 時，不虧本，於是有 $5x - 2{,}000 = 0$，得 $x = 400$（單位）.

**例6** 某電器廠生產一種新產品,根據調查得出需求函數為 $x = -900P + 45{,}000$. 該廠生產該產品的固定成本是 $270{,}000$ 元,而單位產品的可變成本為 $10$ 元.為獲得最大利潤,出廠價格應為多少?

**解** 收入函數為:
$R(p) = p \cdot (-900p + 45{,}000) = -900p^2 + 45{,}000p.$
成本函數為:
$C(p) = 10(-900p + 45\,000) + 270{,}000 = -9{,}000p + 720{,}000.$
利潤函數為:
$L(p) = R(p) - C(p) = -900(p^2 - 60p + 800) = -900(p - 30)^2 + 90{,}000.$

由於利潤是一個二次函數,容易求得 $p = 30$ 元時,最大利潤 $L = 90{,}000$ 元.

在此價格下,銷售量為
$x = -900 \times 30 + 45{,}000 = 18\,000$（單位）.

**例7** 已知某商品的成本函數與收入函數分別是 $C = 12 + 3x + x^2$ 和 $R = 11x$,試求該商品的盈虧平衡點,並說明盈虧情況.

**解** 由 $L = 0$ 和已知條件得
$11x = 12 + 3x + x^2 \;\Rightarrow\; x^2 - 8x + 12 = 0$
從而得到兩個盈虧平衡點分別為 $x_1 = 2, x_2 = 6$.

由利潤函數
$L(x) = R(x) - C(x) = 11x - (12 + 3x + x^2) = 8x - 12 - x^2 = (x - 2)(6 - x)$
易見當 $x < 2$ 時虧損, $2 < x < 6$ 時盈利,而當 $x > 6$ 時又轉為虧損.

# 習題 1.2

1. 已知某廠生產運動鞋 $x$ 雙的總成本函數為 $C(x) = 5x + 400$（單位:元）.若每天至少能賣出 200 雙,為了不虧本,每雙至少應該以多少元售出?

2. 某商店出售一種布料,每米 $a$ 元,若每位顧客一次所購買的尺寸超過 40 米,超過的部分按照九折出售.試求一次交易銷售收入 $R$ 與銷售量 $x$ 的函數關係.

3. 某廠生產一種產品,單位售價為 200 元.若月產量為 400 件,則當月能全部售出;若月產量超過 400 件,可以通過宣傳多售出 150 件,超出部分的平均宣傳費用為 25 元 / 件;若生產再多將無法售出.試寫出月銷售收入 $R$ 與月產量 $x$ 的函數關係式.

4. 某廠根據市場需要,生產布質購物袋,固定成本爲 10,000 元,每生產 200 個購物袋,成本就增加 100 元,銷售收入爲 3 000 元.每季度最多生產 20,000 個購物袋.若每季度的產量爲 $x$ 個,試將季度總利潤 $L$ 表示爲 $x$ 的函數.

5. 某種電腦每臺售價爲 6,000 元,每月可銷售 1,000 臺,每臺售價降低 100 元,每月增加銷售 200 臺.試寫出該電腦的線性需求函數.

6. 已知蘋果的收購價爲 2 元/千克,每周能收購 2,000 千克.若收購價每千克提高 0.1 元,則收購量可增加 200 千克.試求蘋果的線性供給函數.

7. 某商品供給量爲 60 單位時,每單位商品的價格爲 22 元,此時市場需求爲 31.2 單位;當供給量爲 150 單位時,每單位商品的價格爲 40 元,此時市場需求爲 24 單位.求該商品的市場均衡價格.

8. 某人投資 $P$ 美元,利率爲 8%.一年後,投資增長到金額 $A$.
(1) 說明 $A$ 與 $P$ 成正比例;
(2) 當 $P = 100$ 美元時,求 $A$;
(3) 當 $A = 259.20$ 美元時,求 $P$.

9. 滑雪板廠商正在規劃一條新的滑雪板生產線.第一年,裝備新生產線的固定成本是 22,500 美元.生產每副滑雪板的變動成本估計爲 40 美元.銷售部門預計,在第一年間按每副 85 美元的價格可賣出 3,000 副.
(1) 建立關於生產 $x$ 副滑雪板的總成本函數 $C(x)$ 的表達式;
(2) 建立關於銷售 $x$ 副滑雪板的總收益函數 $R(x)$ 的表達式;
(3) 建立關於生產與銷售 $x$ 副滑雪板的總利潤函數 $L(x)$ 的表達式;
(4) 如果按預期銷售了 3,000 副滑雪板,公司將實現什麼樣的損益?
(5) 公司必須賣出多少副滑雪板才會保本?

## §1.3 函數的極限

極限的思想可以追溯到古代,劉徽的割圓術就是建立在直觀基礎上的一種原始的極限思想的應用;古希臘人的窮竭法也蘊含了極限思想.到了 16 世紀,荷蘭數學家斯泰文在考察三角形重心的過程中改進了古希臘人的窮竭法,他借助幾何直觀,大膽地運用極限思想思考問題.他指出了把極限方法發展成爲一個實用概念的方向.

極限思想的進一步發展是與微積分的建立緊密相聯的.16 世紀的歐洲處於資本主義萌芽時期,生產力得到極大的發展,生產和技術中大量的問題,只用初等數學的方法已無法解決,要求數學突破只研究常量的傳統範圍,而提供能夠用以描述和研究運動、變化過程的新工具,這是促進極限發展、建立微積分的社會背景.

17 世紀,牛頓(Newton) 和萊布尼茲(Leibniz) 在總結前人經驗的基礎上,創立了微積分.但他們當時也還沒有完全弄清楚極限的概念,沒能把他們的工作建立在嚴密的理論基礎上,他們更多的是憑借幾何和物理直觀的去開展研究工作.到了 18 世紀,數學家們基本上弄清了極限的描述性定義.例如牛頓用路程的改變量 $\Delta s$ 與時間的改變量 $\Delta t$ 之比 $\dfrac{\Delta s}{\Delta t}$ 表示物體的平均速度,讓 $\Delta t$ 無限趨近於零,得到物體的瞬時速度,那時所運用的極限只是接近於直觀性的語言描述:"如果當自變量 $x$ 無限地趨近於 $x_0$ 時,函數 $f(x)$ 無限地趨近於 $A$,那麼就說 $f(x)$ 以 $A$ 為極限."這種描述性語言雖然人們易於接受,但是這種定義沒有定量地給出兩個"無限過程"之間的聯繫,不能作為科學論證的邏輯基礎.正因為當時缺少嚴格的極限定義,微積分理論受到人們的懷疑和攻擊.起初微積分主要應用於力學、天文學和光學,而且出現的數量關係比較簡單,因此在那個時候,極限理論方面的缺限還沒有構成嚴重的障礙.

隨著微積分的應用更加廣泛和深入,遇到的數量關係也日益複雜,例如研究天體運行的軌道等問題已超出直觀範圍.在這種情況下,微積分的薄弱之處也越來越暴露出來,嚴格的極限定義就顯得十分迫切需要.莫里斯·克萊因(Morris Kline)在《古今數學思想》中說:"隨著微積分的概念與技巧的擴展,人們努力去補充被遺漏的基礎.在牛頓和萊布尼茲不成功地企圖去解釋概念並證明他們的程序是正確的之後,一些微積分方面的書出現了,他們試圖澄清混亂,但實際上卻更加混亂."經過 100 多年的爭論,直到 19 世紀上半葉,由於對無窮級數的研究,人們對極限概念才有了較明確的認識.1821 年法國數學家柯西(Augustin - Louis Cauchy)在他的《分析教程》中進一步提出了極限定義的"$\varepsilon - \delta$"方法,把極限過程用不等式來刻畫,後經德國數學家魏爾斯特拉斯(Karl Weierstrass)進一步加工,成為現在一般微積分教書中的柯西極限定義或叫"$\varepsilon - \delta$"定義.

極限理論的建立,在思想方法上深刻影響了近代數學的發展.一個數學概念的形成經歷了這樣漫長的歲月,大家僅從這一點就可以想象出極限概念在微積分這門學科中顯得多麼重要了.

**1. 極限的定義**

對於一個函數,當自變量發生變化時,函數值一般也會發生變化.極限反應的就是函數值在自變量的某一變化過程下的變化趨勢問題.一般我們考慮函數在某一點或者在無窮遠處兩種變化趨勢.先看兩個引例.

**引例 1**:考察函數 $f(x) = 2x + 3$,觀察下面的計算結果(見表 1 - 2)及其圖形(見圖 1 - 13).

表 1-2

| $x$ | $f(x)$ |
|---|---|
| 1.5 | 6 |
| 1.8 | 6.6 |
| 1.9 | 6.8 |
| 1.99 | 6.98 |
| 1.999 | 6.998 |
| 1.9999 | 6.9998 |
| … | … |
| 2.0001 | 7.0002 |
| 2.001 | 7.002 |
| 2.01 | 7.02 |
| 2.1 | 7.2 |

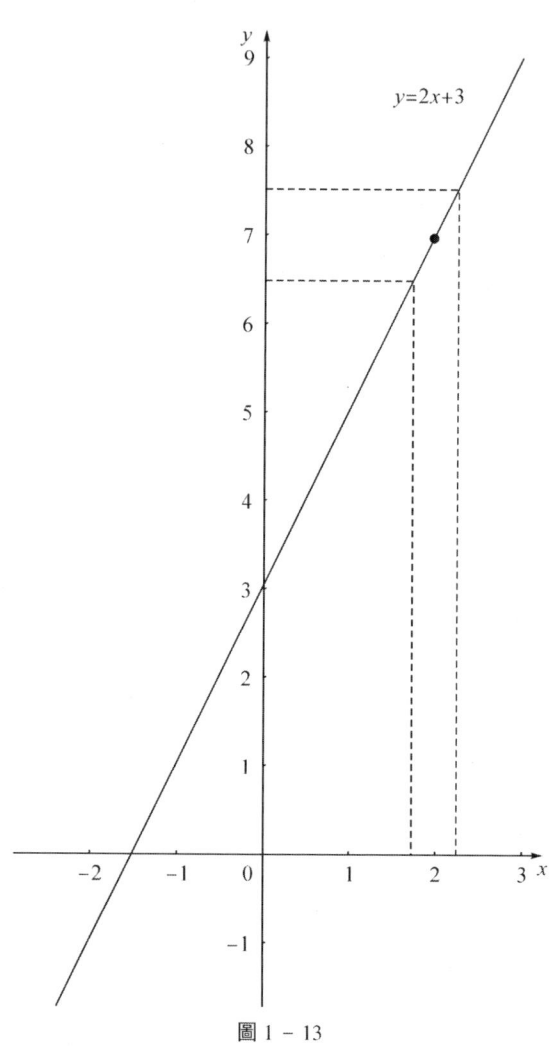

圖 1-13

容易看到,當 $x$ 無論從左側還是右側無限接近於 2 但又不等於 2 時,$2x+3$ 無限接近於 7.於是我們說:

當 $x$ 趨於 2 時,$2x+3$ 趨於 7.

或記成

當 $x \to 2$ 時,$2x+3 \to 7$.

**引例 2**:考察函數 $y = 1 + \dfrac{1}{x}(x \neq 0)$,觀察下面的計算結果(見表 1-3)及其圖形(見圖 1-14).

表 1 - 3

| $x$ | $f(x)$ | $x$ | $f(x)$ |
|---|---|---|---|
| 500 | 1.002 | -500 | 0..998 |
| 1 000 | 1.001 | -1 000 | 0.999 |
| 1 500 | 1.000 667 | -1 500 | 0.999 333 |
| 2 000 | 1.000 5 | -2 000 | 0.999 5 |
| 2 500 | 1.000 4 | -2 500 | 0.999 6 |
| 3 000 | 1.000 333 | -3 000 | 0.999 667 |
| 3 500 | 1.000 286 | -3 500 | 0.999 714 |
| 4 000 | 1.000 25 | -4 000 | 0.999 75 |
| 4 500 | 1.000 222 | -4 500 | 0.999 778 |
| 5 000 | 1.000 2 | -5 000 | 0.999 8 |
| 5 500 | 1.000 182 | -5 500 | 0.999 818 |
| 6 000 | 1.000 167 | -6 000 | 0.999 833 |
| 6 500 | 1.000 154 | -6 500 | 0.999 846 |
| 7 000 | 1.000 143 | -7 000 | 0.999 857 |
| 7 500 | 1.000 133 | -7 500 | 0.999 867 |
| 8 000 | 1.000 125 | -8 000 | 0.999 875 |
| 8 500 | 1.000 118 | -8 500 | 0.999 882 |
| 9 000 | 1.000 111 | -9 000 | 0.999 889 |
| 9 500 | 1.000 118 | -9 500 | 0.999 895 |
| 10 000 | 1.000 1 | -10 000 | 0.999 9 |

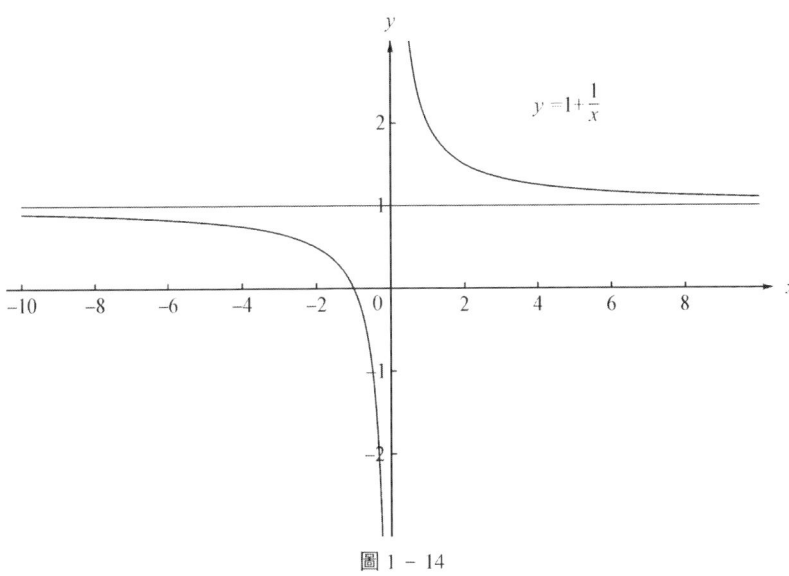

圖 1 - 14

不難看出,當$|x|$無限增大時,$y$無限地接近於常數1.

**定義**1.4　函數$f(x)$在點$x_0$處的極限:如果當自變量$x$無限趨近於點$x_0$時,函數$f(x)$可以與一個確定的常數$A$無限接近,則稱$A$爲$f(x)$在點$x_0$的極限,記爲$\lim\limits_{x\to x_0}f(x)=A$.

函數$f(x)$在無窮遠$\infty$處的極限:如果當自變量$x$的絕對值無限增大時,函數$f(x)$可以與一個確定的常數$A$無限接近,則稱$A$爲$f(x)$在無窮遠$\infty$處的極限,記爲$\lim\limits_{x\to\infty}f(x)=A$.

**例**1　研究$\lim\limits_{x\to 2}x^2$.

**解**　顯然當$x$無限趨近於2時,$x^2$可以與常數4無限接近,所以$\lim\limits_{x\to 2}x^2=4$.

**註意**　這個極限不涉及在$x=2$這一點的情況,所以不可以用2代入來求出答案(雖然結果是一樣的).極限是描述函數在一點附近的形態,而不是在這一點的形態.

**例**2　求$\lim\limits_{x\to 0}\dfrac{(3+x)^2-9}{x}$.

**解**　表達式在$x=0$處沒有定義,但這並不影響極限的存在性,我們考慮的是$x$趨近於0而不是等於0的函數值,所以可以先化簡表達式如下:

$$\dfrac{(3+x)^2-9}{x}=\dfrac{9+6x+x^2-9}{x}=\dfrac{6x+x^2}{x}=6+x$$

所以

$$\lim\limits_{x\to 0}\dfrac{(3+x)^2-9}{x}=\lim\limits_{x\to 0}(6+x)=6$$

**2. 左極限與右極限**

在考慮函數在某一點處的變化趨勢時,有時只需討論$x$從$x_0$左側無限趨近於$x_0$(即$x\to x_0^-$)或從$x_0$右側無限趨近於$x_0$(即$x\to x_0^+$).於是有了單側極限的概念.

**定義**1.5　若當$x\to x_0^+$時,函數$f(x)$無限趨近於一個確定的常數$A$,則稱$A$爲函數$f(x)$當$x\to x_0^+$時的**右極限**,記爲$\lim\limits_{x\to x_0^+}f(x)=A$或$f(x_0+0)=A$.

若當$x\to x_0^-$時,函數$f(x)$無限趨近於一個確定的常數$A$,則稱$A$爲函數$f(x)$當$x\to x_0^-$時的**左極限**,記爲$\lim\limits_{x\to x_0^-}f(x)=A$或$f(x_0-0)=A$.

由函數在一點極限存在的定義容易得到:

$\lim\limits_{x\to x_0}f(x)=A$的充要條件是$\lim\limits_{x\to x_0^+}f(x)=\lim\limits_{x\to x_0^-}f(x)=A$.

**定義**1.6　當$x>0$且無限增大時,$y=f(x)$無限趨近於一個確定的常數$A$,則稱$A$爲$x$趨向於正無窮大時函數$f(x)$的極限,記爲$\lim\limits_{x\to+\infty}f(x)=A$.

當$x<0$且絕對值無限增大時,$y=f(x)$無限趨近於一個確定的常數$A$,則稱$A$爲$x$趨向於負無窮大時函數$f(x)$的極限,記爲$\lim\limits_{x\to-\infty}f(x)=A$.

$\lim\limits_{x\to\infty}f(x)=A$的充要條件是$\lim\limits_{x\to+\infty}f(x)=\lim\limits_{x\to-\infty}f(x)=A$

**例3** 結合函數的圖形,用觀察分析的方式求下列極限:

(1) $\lim\limits_{x \to +\infty} e^x$;  (2) $\lim\limits_{x \to -\infty} e^x$;  (3) $\lim\limits_{x \to +\infty} e^{-x}$;  (4) $\lim\limits_{x \to -\infty} e^{-x}$;

(5) $\lim\limits_{x \to \infty} \sin x$;  (6) $\lim\limits_{x \to +\infty} \arctan x$;  (7) $\lim\limits_{x \to -\infty} \arctan x$;  (8) $\lim\limits_{x \to +\infty} \ln x$.

**解** 函數 $y = e^x$ 和函數 $y = e^{-x}$ 的圖形如圖 1-15 所示.

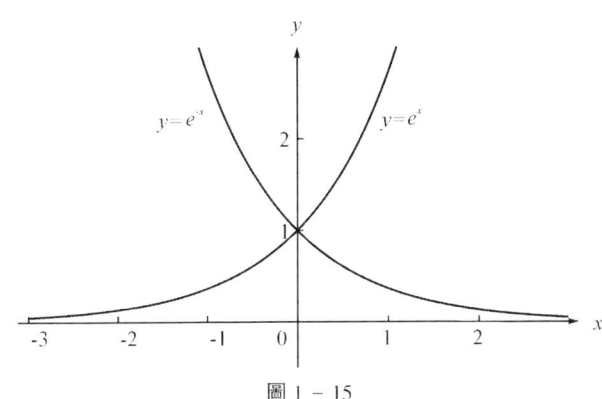

圖 1-15

由圖 1-15 可知:

(1) $\lim\limits_{x \to +\infty} e^x$ 不存在,(2) $\lim\limits_{x \to -\infty} e^x = 0$,(3) $\lim\limits_{x \to +\infty} e^{-x} = 0$,(4) $\lim\limits_{x \to -\infty} e^{-x}$ 不存在.

更一般地,當 $0 < q < 1$ 時,$\lim\limits_{x \to +\infty} q^x = 0$,$\lim\limits_{x \to -\infty} q^x$ 不存在;而當 $q > 1$ 時,$\lim\limits_{x \to -\infty} q^x = 0$,$\lim\limits_{x \to +\infty} q^x$ 不存在.

(5) 函數 $y = \sin x$ 的圖形如圖 1-16 所示.

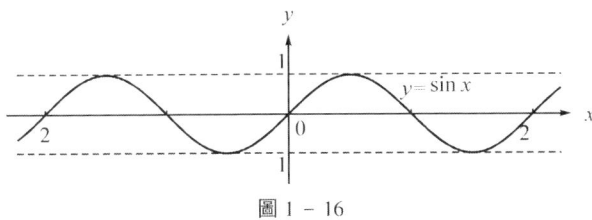

圖 1-16

由圖 1-16 可知,$\lim\limits_{x \to \infty} \sin x$ 不存在.

函數 $y = \arctan x$ 的圖形如圖 1-17 所示.

由圖 1-17 可知:

(6) $\lim\limits_{x \to +\infty} \arctan x = \dfrac{\pi}{2}$,(7) $\lim\limits_{x \to -\infty} \arctan x = -\dfrac{\pi}{2}$.

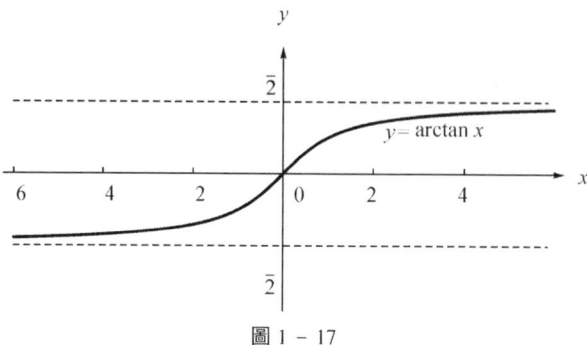

圖 1 – 17

(8) 函數 $y = \ln x$ 的圖形如圖 1 – 18 所示.

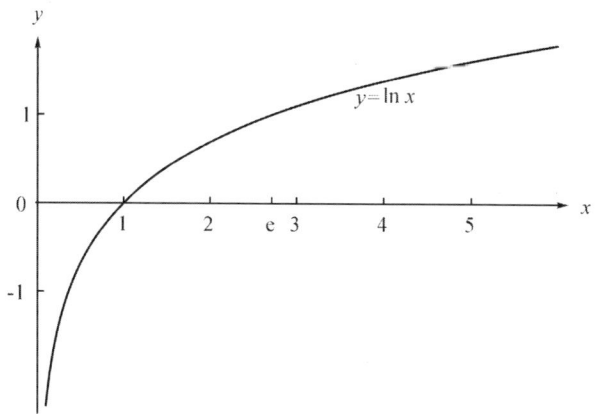

圖 1 – 18

由圖 1 – 18 可知, $\lim\limits_{x \to +\infty} \ln x$ 不存在.

**例4** 結合函數 $f(x)$ 的圖形(見圖 1 – 19), 求下列極限：

(1) $\lim\limits_{x \to -\infty} f(x)$;　　(2) $\lim\limits_{x \to -5} f(x)$;　　(3) $\lim\limits_{x \to -3} f(x)$;　　(4) $\lim\limits_{x \to -1} f(x)$;

(5) $\lim\limits_{x \to 0} f(x)$;　　(6) $\lim\limits_{x \to 1} f(x)$;　　(7) $\lim\limits_{x \to 3} f(x)$;　　(8) $\lim\limits_{x \to +\infty} f(x)$.

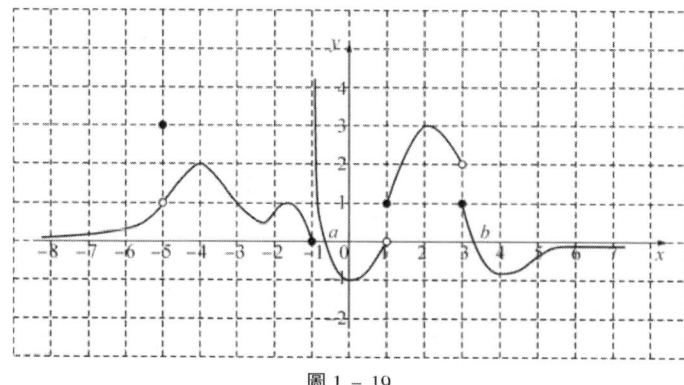

圖 1 – 19

**解** 由圖 1－19 可知：

(1) $\lim\limits_{x \to -\infty} f(x) = 0$；

(2) $\lim\limits_{x \to -5} f(x) = 1$；

(3) $\lim\limits_{x \to -3} f(x) = 1$；

(4) $\lim\limits_{x \to -1} f(x)$ 不存在，因爲 $f(-1-0) = 0$，而當 $x \to 1^+$ 時，函數 $f(x)$ 的極限不存在；

(5) $\lim\limits_{x \to 0} f(x) = -1$；

(6) $\lim\limits_{x \to 1} f(x)$ 不存在，因爲 $f(1-0) = 0$，而 $f(1+0) = 1$；

(7) $\lim\limits_{x \to 3} f(x)$ 不存在，因爲 $f(3-0) = 2$，而 $f(3+0) = 1$；

(8) $\lim\limits_{x \to +\infty} f(x) = 0$.

**例 5** 設 $f(x) = \begin{cases} x, & x \geq 0 \\ x+1, & x < 0 \end{cases}$，求 $\lim\limits_{x \to 0} f(x)$.

**解** 因爲 $\lim\limits_{x \to 0^-} f(x) = \lim\limits_{x \to 0^-}(x+1) = 1, \lim\limits_{x \to 0^+} f(x) = \lim\limits_{x \to 0^+} x = 0$.
即有 $\lim\limits_{x \to 0^-} f(x) \neq \lim\limits_{x \to 0^+} f(x)$，所以 $\lim\limits_{x \to 0} f(x)$ 不存在.

**例 6** 設 $f(x) = \begin{cases} 1-x, & x < 0 \\ x^2+1, & x \geq 0 \end{cases}$，求 $\lim\limits_{x \to 0} f(x)$.

**解** $x = 0$ 是函數的分段點，見圖 1－20.

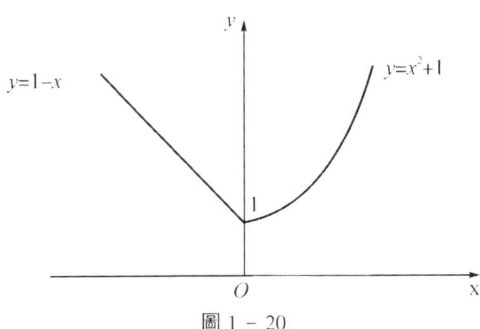

圖 1－20

兩個單側極限爲

$$\lim\limits_{x \to 0^-} f(x) = \lim\limits_{x \to 0^-}(1-x) = 1, \quad \lim\limits_{x \to 0^+} f(x) = \lim\limits_{x \to 0^+}(x^2+1) = 1.$$

左右極限存在且相等，故 $\lim\limits_{x \to 0} f(x) = 1$.

**\*3. 極限的嚴格定義**

在定義 1.4 中，自變量 $x$ 無限趨近於點 $x_0$，函數 $f(x)$ 與一個確定的常數 $A$ 無限接近，這裡的無限趨近或無限接近都是描述性的説法，到底接近到什麼程度就可稱之爲無限接近了呢？無法回答，只能依賴於觀察及想象的結果，很不嚴謹.對於 $\lim\limits_{x \to x_0} f(x) = A$，可以

理解爲:當 $x$ 充分接近 $x_0$ 時,$|f(x)-A|$ 可以任意地小.事先給定一個 $f(x)$ 與常數 $A$ 的接近程度,相應地可以確定一個 $x$ 與 $x_0$ 的接近程度.習慣上用 $\delta$ 來表示 $x$ 與 $x_0$ 的接近程度,用 $\varepsilon$ 來表示 $f(x)$ 與常數 $A$ 的接近程度,我們可以定義函數的極限如下:

設函數 $f(x)$ 在點 $x_0$ 的某空心鄰域內有定義,如果存在常數 $A$,使得對於任意給定的正數 $\varepsilon$,不論它多麼小,總存在正數 $\delta$,使得當 $0<|x-x_0|<\delta$ 時,不等式

$$|f(x)-A|<\varepsilon$$

恒成立,則稱常數 $A$ 是函數 $f(x)$ 當 $x \to x_0$ 時的極限,記作

$$\lim_{x \to x_0} f(x) = A \quad \text{或} \quad \text{當 } x \to x_0 \text{ 時},f(x) \to A$$

如果這樣的常數不存在,那麼稱 $x \to x_0$ 時函數 $f(x)$ 的極限不存在.

這就是由德國數學家魏爾斯特拉斯加工完成的極限"$\varepsilon - \delta$"的定義.定義中正數 $\varepsilon$ 可以任意給定是很重要的,因爲只有這樣,不等式 $|f(x)-A|<\varepsilon$ 才能表達出 $f(x)$ 與 $A$ 無限接近的意思.此外還應註意到:定義中正數 $\delta$ 是與任意給定的正數 $\varepsilon$ 密切相關的,它隨著 $\varepsilon$ 的給定而選定,$\varepsilon$ 越小,相應地 $\delta$ 也越小.

類似地,可給出 $\lim_{x \to \infty} f(x) = A$ 的定義如下:

設函數 $f(x)$ 在 $|x|>M$($M$ 爲某一正數)時有定義,如果存在常數 $A$,使得對於任意給定的正數 $\varepsilon$,不論它多麼小,總存在正數 $X$,使得對於 $|x|>X$ 的一切 $x$,不等式

$$|f(x)-A|<\varepsilon$$

恒成立,則稱常數 $A$ 是函數 $f(x)$ 當 $x \to \infty$ 時的極限,記作

$$\lim_{x \to \infty} f(x) = A \quad \text{或} \quad f(x) \to A(x \to \infty)$$

如果這樣的常數不存在,那麼稱當 $x \to \infty$ 時函數 $f(x)$ 極限不存在.

## 習題 1.3

1. 設 $f(x) = \begin{cases} x^2, & x<1 \\ x+1, & x \geq 1 \end{cases}$

 (1) 作函數 $y = f(x)$ 的圖形.

 (2) 觀察確定極限 $\lim_{x \to 1^-} f(x)$ 與 $\lim_{x \to 1^+} f(x)$.

 (3) 當 $x \to 1$ 時,$f(x)$ 有極限嗎?

2. 已知 $f(x) = \dfrac{|x|}{x}$,求 $\lim_{x \to 0^-} f(x)$,$\lim_{x \to 0^+} f(x)$,並判定 $\lim_{x \to 0} f(x)$ 是否存在.

3. 設 $f(x) = \begin{cases} ax+1, & x<1 \\ 2x+4, & x>1 \end{cases}$,如果 $\lim_{x \to 1} f(x)$ 存在,求 $a$ 的值.

4. 求下列極限：

(1) $\lim\limits_{x \to 2}(3x^2 - 5)$

(2) $\lim\limits_{x \to 1}(\dfrac{3x^2 - 3}{2x^2 + 1})$

(3) $\lim\limits_{x \to 1}(1 - \dfrac{3}{5 + x})$

(4) $\lim\limits_{x \to 4}(\dfrac{\sqrt{2x - 1}}{x - 3})$

(5) $\lim\limits_{x \to 9} \dfrac{x - 2\sqrt{x} - 3}{x - 9}$

(6) $\lim\limits_{t \to 1}(x + t)$

## §1.4  極限的性質與運算法則

在下面的討論中，記號"lim"下面沒有標明自變量的變化過程，是指對 $x \to x_0$ 和 $x \to \infty$ 以及單側極限均成立，且表達式中自變量的變化過程相同．

### 1. 函數極限的性質

**性質1(極限的唯一性)**：若極限$\lim f(x)$存在，則此極限唯一．

**性質2(有界性)**：若極限$\lim f(x)$存在，則函數$f(x)$在$x_0$的某空心鄰域內有界．

**性質3(保號性)**：若$\lim\limits_{x \to x_0} f(x) = A$，且$A > 0$(或$A < 0$)，則在$x_0$的某空心鄰域內恒有$f(x) > 0$(或$f(x) < 0$)．

**性質4**：若$\lim\limits_{x \to x_0} f(x) = A$，且在$x_0$的某空心鄰域內恒有$f(x) \geq 0$(或$f(x) \leq 0$)，則$A \geq 0$(或$A \leq 0$)．

**推論1**：若$\lim\limits_{x \to x_0} f(x) = A$，$\lim\limits_{x \to x_0} g(x) = B$，且在$x_0$的某空心鄰域內恒有$f(x) \geq g(x)$，則$A \geq B$．

### 2. 極限的運算法則

在自變量的同一變化趨勢下，若$\lim f(x) = A, \lim g(x) = B$，則

(1) $\lim[f(x) \pm g(x)] = \lim f(x) \pm \lim g(x) = A \pm B$；

(2) $\lim[f(x) \cdot g(x)] = \lim f(x) \cdot \lim g(x) = A \cdot B$；

(3) 當$B \neq 0$時，$\lim \dfrac{f(x)}{g(x)} = \dfrac{\lim f(x)}{\lim g(x)} = \dfrac{A}{B}$．

**例1**  求$\lim\limits_{x \to 2}(x^2 - 3x + 5)$．

**解**  $\lim\limits_{x \to 2}(x^2 - 3x + 5) = \lim\limits_{x \to 2} x^2 - \lim\limits_{x \to 2} 3x + \lim\limits_{x \to 2} 5$

$= (\lim\limits_{x \to 2} x)^2 - 3\lim\limits_{x \to 2} x + \lim\limits_{x \to 2} 5$

$= 2^2 - 3 \cdot 2 + 5 = 3$

**註意**  設$f(x) = a_0 x^n + a_1 x^{n-1} + \cdots + a_n$，則有

$$\lim_{x\to x_0} f(x) = a_0 (\lim_{x\to x_0} x)^n + a_1 (\lim_{x\to x_0} x)^{n-1} + \cdots + a_n = a_0 x_0^n + a_1 x_0^{n-1} + \cdots + a_n = f(x_0).$$

**例 2** 求 $\lim\limits_{x\to 3} \dfrac{2x^2 - 9}{5x^2 - 7x - 2}$.

**解**
$$\lim_{x\to 3} \frac{2x^2 - 9}{5x^2 - 7x - 2} = \frac{\lim\limits_{x\to 3}(2x^2 - 9)}{\lim\limits_{x\to 3}(5x^2 - 7x - 2)} = \frac{2\cdot 3^2 - 9}{5\cdot 3^2 - 7\cdot 3 - 2} = \frac{9}{22}.$$

**註意** 設 $f(x) = \dfrac{P(x)}{Q(x)}$, 且 $Q(x_0) \neq 0$, 則有

$$\lim_{x\to x_0} f(x) = \frac{\lim\limits_{x\to x_0} P(x)}{\lim\limits_{x\to x_0} Q(x)} = \frac{P(x_0)}{Q(x_0)} = f(x_0).$$

當 $Q(x_0) = 0$ 時, 則商的法則不能應用.

**例 3** 求 $\lim\limits_{x\to 1} \dfrac{x^2 - 1}{x^2 + 2x - 3}$.

**解** 當 $x \to 1$ 時, 分子和分母的極限都是零 ($\dfrac{0}{0}$ 型). 先約去極限爲 0 的因子 $x - 1$ 後, 再求極限.

$$\lim_{x\to 1} \frac{x^2 - 1}{x^2 + 2x - 3} = \lim_{x\to 1} \frac{(x+1)(x-1)}{(x+3)(x-1)} = \lim_{x\to 1} \frac{x+1}{x+3} = \frac{1}{2}.$$

**例 4** 求 $\lim\limits_{x\to\infty} \dfrac{2x^3 + 3x^2 + 5}{7x^3 + 4x^2 - 1}$.

**解** 當 $x \to \infty$ 時, 分子和分母的極限都是無窮大 ($\dfrac{\infty}{\infty}$ 型). 先用 $x^3$ 去除分子分母, 再求極限.

$$\lim_{x\to\infty} \frac{2x^3 + 3x^2 + 5}{7x^3 + 4x^2 - 1} = \lim_{x\to\infty} \frac{2 + \dfrac{3}{x} + \dfrac{5}{x^3}}{7 + \dfrac{4}{x} - \dfrac{1}{x^3}} = \frac{2}{7}.$$

**註意** 當 $a_0 \neq 0, b_0 \neq 0, m$ 和 $n$ 爲非負整數時, 有

$$\lim_{x\to\infty} \frac{a_0 x^m + a_1 x^{m-1} + \cdots + a_m}{b_0 x^n + b_1 x^{n-1} + \cdots + b_n} = \begin{cases} \dfrac{a_0}{b_0}, & 當 n = m \\ 0, & 當 n > m \\ \infty, & 當 n < m \end{cases}.$$

**\* 例 5** 求 $\lim\limits_{x\to +\infty} (\sqrt{x+1} - \sqrt{x})$.

**解** 當 $x \to +\infty$ 時, $\sqrt{x+1}$ 與 $\sqrt{x}$ 的極限均不存在, 但不能認爲它們差的極限不存在. 事實上

$$\lim_{x\to +\infty} (\sqrt{x+1} - \sqrt{x}) = \lim_{x\to +\infty} \frac{1}{\sqrt{x+1} + \sqrt{x}} = 0.$$

**3. 兩個重要極限**

1. $\lim\limits_{x \to 0} \dfrac{\sin x}{x} = 1$

2. $\lim\limits_{x \to \infty} \left(1 + \dfrac{1}{x}\right)^x = e$ 或 $\lim\limits_{x \to 0} (1 + x)^{\frac{1}{x}} = e$

**例 6** 求極限 $\lim\limits_{x \to 0} \dfrac{\sin 5x}{x}$

**解** $\lim\limits_{x \to 0} \dfrac{\sin 5x}{x} = \lim\limits_{x \to 0} \left(\dfrac{\sin 5x}{5x} \cdot 5\right) = 5 \cdot \lim\limits_{x \to 0} \dfrac{\sin 5x}{5x} = 5$

**例 7** 求極限 $\lim\limits_{x \to 0} \dfrac{1 - \cos x}{\dfrac{x^2}{2}}$.

**解** $\lim\limits_{x \to 0} \dfrac{1 - \cos x}{\dfrac{x^2}{2}} = \lim\limits_{x \to 0} \dfrac{(1 - \cos x)(1 + \cos x)}{\dfrac{x^2}{2}(1 + \cos x)}$

$= \lim\limits_{x \to 0} \left(\dfrac{\sin x}{x}\right)^2 \dfrac{2}{(1 + \cos x)} = 1$

**例 8** 求極限 $\lim\limits_{x \to \infty} \left(1 + \dfrac{2}{x}\right)^x$.

**解** $\lim\limits_{x \to \infty} \left(1 + \dfrac{2}{x}\right)^x = \lim\limits_{x \to \infty} \left[\left(1 + \dfrac{1}{\dfrac{x}{2}}\right)^{\frac{x}{2}}\right]^2 = e^2$

**例 9** 求極限 $\lim\limits_{x \to 0} \dfrac{\ln(x + 1)}{x}$.

**解** $\lim\limits_{x \to 0} \dfrac{\ln(x + 1)}{x} = \lim\limits_{x \to 0} \dfrac{1}{x} \ln(x + 1) = \lim\limits_{x \to 0} \ln(1 + x)^{\frac{1}{x}}$

$= \ln\left[\lim\limits_{x \to 0} (1 + x)^{\frac{1}{x}}\right] = \ln e = 1$

[閱讀材料]

### 金融復利

在自然界中,有許多量是按照形如 $P = P_0 a^{kt}$ 的指數增長函數($a > 1$)或指數下降函數($0 < a < 1$)變化,其中 $P_0$ 是初始量,而 $k$ 是連續增長率或下降率.

假設我們存入 10 000 元到一家銀行,這家銀行每年以 8% 的利率支付利息,到年底帳戶中有多少錢?這取決於利息如何複合.如果利息每年支付到帳戶,即在年底支付到帳戶,那麼一年後帳戶中的餘額是 10,800 元.然而,如果利息每年分兩次支付,前六個月末支付 4%,年底再支付 4%,這樣年底帳戶餘額會是 10,816 元,掙得的錢就會稍微多一點.因為這一年前期所支付的利息在當年剩餘時間內還會掙得利息,這種結果叫做複合.

我們通過引入有效年收益率的概念來估計複合的影響.由於以8% 的半年期復利投資的 10,000 元到一年年底就增加到 10,816 元,所以我們稱在這種情形下有效年利率為8.16%.於是,描述同一個投資我們可以用兩種利率:8% 的半年復利率和8.16%的有效年收益率.銀行稱這個8% 為年度百分率,我們也可稱之為名義利率(意味著"有名無實"),有效年收益率才真正反應投資實際上獲得了多少利息.

如果年利率為 $r$ 的利息一年複合 $n$ 次,那麼一年要加 $n$ 次 $r/n$ 倍的當前餘額.因此,如果初始存款為 $P$,那麼 $t$ 年後的餘額是 $P\left(1+\dfrac{r}{n}\right)^{nt}$,其中 $r$ 是名義利率.

例如,假設銀行支付 7% 的年利率每月複合,某人存 10,000 元到此銀行,$t$ 年後,餘額為

$$10\,000\times\left(1+\dfrac{0.07}{12}\right)^{12t}=10{,}000\times(1.005\,833)^{12t}=10{,}000\times 1.072\,3^{t}$$

其有效年收益率大約為 7.23%.

一般來說,利息複合的越頻繁,掙得的錢就越多(儘管增加的金額不多).現在,我們考察增加複合頻率有多大影響.

我們還是假設銀行提供 7% 的年利率,我們來比較一年複合 1,000 次和一年複合 10,000 次的有效年收益率.一年複合 1,000 次,一年後,存款乘以 $\left(1+\dfrac{0.07}{1\,000}\right)^{1\,000}\approx 1.072\,505\,6$,有效年收益率大約為 7.250 56%;一年複合 10,000 次,一年後,存款乘以 $\left(1+\dfrac{0.07}{10\,000}\right)^{10\,000}\approx 1.072\,507\,9$,有效年收益率大約為 7.250 79%.兩種複合的有效年收益率沒有太大區別.如果利息複合得更頻繁,例如每分鐘或每秒鐘,情況會如何?一般地,對於非常大的數 $n$,有

$$\left(1+\dfrac{0.07}{n}\right)^{n}\approx e^{0.07}$$

隨著 $n$ 的不斷增大,其近似程度越來越好,因為

$$\lim_{n\to\infty}\left(1+\dfrac{0.07}{n}\right)^{n}=e^{0.07}$$

由此可見,有效年收益率不會無限地增加,而是趨向於一個有限值.當超過這個限度時,增加複合的頻率所得到的好處會變的微不足道.當達到這個限度時,餘額要用到數 $e$ 來表示,這時我們稱每年的利息是連續複合的.

如果以連續複合的 7% 的年利率存入金額 $P$,那麼 $t$ 年後的餘額可表示為 $P(e^{0.07})^t=Pe^{0.07t}$.

**\*4. 複合函數的極限運算法則**

定理1.1(複合函數的極限運算法則)　設函數 $y=f[g(x)]$ 是由函數 $y=f(u)$ 與

函數 $u = g(x)$ 複合而成，$f[g(x)]$ 在點 $x_0$ 的某空心鄰域內有定義，若 $\lim\limits_{x \to x_0} g(x) = u_0$，$\lim\limits_{u \to u_0} f(u) = A$，且在 $x_0$ 的某空心鄰域內 $g(x) \neq u_0$，則

$$\lim_{x \to x_0} f[g(x)] = \lim_{u \to u_0} f(u) = A.$$

**註意** 把定理中 $\lim\limits_{x \to x_0} g(x) = u_0$ 換成 $\lim\limits_{x \to x_0} g(x) = \infty$ 或 $\lim\limits_{x \to \infty} g(x) = \infty$，而把 $\lim\limits_{u \to u_0} f(u) = A$ 換成 $\lim\limits_{u \to \infty} f(u) = A$，可得類似結果.

定理 1.1 表示，如果函數 $f(u)$ 和 $g(x)$ 滿足該定理的條件，那麼作代換 $u = g(x)$ 可把求 $\lim\limits_{x \to x_0} f[g(x)]$ 化為求 $\lim\limits_{u \to u_0} f(u)$，這 $u_0 = \lim\limits_{x \to x_0} g(x)$.

**例 10** 求 $\lim\limits_{x \to 3} \sqrt{\dfrac{x^2 - 9}{x - 3}}$.

**解** $y = \sqrt{\dfrac{x^2 - 9}{x - 3}}$ 是由 $y = \sqrt{u}$ 與 $u = \dfrac{x^2 - 9}{x - 3}$ 複合而成的.

因為 $\lim\limits_{x \to 3} \dfrac{x^2 - 9}{x - 3} = 6$，所以 $\lim\limits_{x \to 3} \sqrt{\dfrac{x^2 - 9}{x - 3}} = \lim\limits_{u \to 6} \sqrt{u} = \sqrt{6}.$

**例 11** 求極限 $\lim\limits_{x \to 1} \ln\left[\dfrac{x^2 - 1}{2(x - 1)}\right]$.

**解一** 令 $u = \dfrac{x^2 - 1}{2(x - 1)}$，則當 $x \to 1$ 時，$u = \dfrac{x^2 - 1}{2(x - 1)} = \dfrac{x + 1}{2} \to 1$，故

原式 $= \lim\limits_{u \to 1} \ln u = 0.$

**解二** $\lim\limits_{x \to 1} \ln\left[\dfrac{x^2 - 1}{2(x - 1)}\right] = \ln\left[\lim\limits_{x \to 1} \dfrac{x^2 - 1}{2(x - 1)}\right] = \ln\left[\lim\limits_{x \to 1} \dfrac{x + 1}{2}\right] = \ln 1 = 0.$

## 習題 1.4

1. 求下列極限：

(1) $\lim\limits_{x \to 2} \dfrac{x^2 - 5}{x - 3}$

(2) $\lim\limits_{x \to \sqrt{3}} \dfrac{x^2 - 3}{x^2 + 2}$

(3) $\lim\limits_{x \to 1} \dfrac{x^2 - 2x + 1}{x - 1}$

(4) $\lim\limits_{x \to 0} \dfrac{4x^3 - 2x^2 + 4x}{x^2 + 2x}$

(5) $\lim\limits_{h \to 0} \dfrac{(x + h)^2 - x^2}{h}$

(6) $\lim\limits_{x \to \infty} \left(2 - \dfrac{1}{x} + \dfrac{1}{x^2}\right)$

(7) $\lim\limits_{x \to \infty} \dfrac{x^2 - 1}{2x^2 - x - 3}$

(8) $\lim\limits_{x \to \infty} \dfrac{x^2 + x}{x^4 - 3x^2 + 1}$

(9) $\lim\limits_{x \to 4} \dfrac{x^2 - 6x + 8}{x^2 - 5x + 4}$

(10) $\lim\limits_{x \to \infty} \left(1 + \dfrac{1}{x}\right)\left(2 - \dfrac{1}{x^2}\right)$

2. 應用兩個重要極限求下列極限：

(1) $\lim\limits_{x\to 0} \dfrac{\sin x}{2x}$

(2) $\lim\limits_{x\to 0} \dfrac{\sin 3x}{\sin 2x}$

(3) $\lim\limits_{x\to\infty} \left(1 - \dfrac{3}{x}\right)^x$

(4) $\lim\limits_{x\to 0} (1 + 2x)^{\frac{1}{x}}$

(5) $\lim\limits_{x\to\infty} \left(1 - \dfrac{2}{x}\right)^{x-3}$

(6) $\lim\limits_{x\to 0} (1 - \sin x)^{\frac{1}{x}}$

(7) $\lim\limits_{x\to\infty} \left(\dfrac{x^2 + 2}{x^2 + 1}\right)^{x^2}$

(8) $\lim\limits_{n\to\infty} \left(1 - \dfrac{1}{n^2}\right)^n$

## §1.5　函數的連續性

　　客觀世界的許多現象和事物不僅是運動變化的，而且其運動變化的過程往往是連續不斷的，比如日月行空、歲月流逝、植物生長、物種變化等，這些連續不斷發展變化的事物在量的方面的變化具有連續性．本節將要引入的函數的連續性就是刻畫連續變化的數學概念．

　　連續性概念的形成可以追溯到 17 世紀末．牛頓、萊布尼茲建立了微積分學，但是他們都沒能清楚地論述，也沒有嚴格定義這一基本概念，因此他們曾招致各種批評指責．爲了回答批評者，萊布尼茲於 1687 年提出連續性的哲學原理"在任何假定的向任何終點的過渡中，允許制定一個普遍的推論，使最後的終點也可以包括過去．" 但這不是今天的數學公理．

　　1748 年歐拉在他的《無窮小分析引論》中給出連續性的定義．他把連續函數定義爲由解析式子所確定的函數．把那些改變了表達式形式的點定義爲不連續點．他的"連續"一詞，實際上是今天的"解析" 之詞．

　　在整個 19 世紀，連續性的概念是人們研討的對象．連續與間斷的特性逐漸被揭示出來，其功勞當歸於捷克斯洛伐克數學家波爾察諾．波爾察諾在 1817 年的《下述定理的純分析證明 —— 在使得函數取相反（符號）值的每兩個變量之間，至少存在函數的一個零點》一書中給出了連續性的恰當定義：若在區間內任一點 $x$ 處，只要 $\omega$（的絕對值）充分小，就能使 $f(x + \omega) - f(x)$ 的絕對值任意小，那麼就說 $f(x)$ 在該區間上連續．波爾察諾第一次明確地指出連續概念的基礎存在於極限概念之中，他還證明了多項式是連續的．

　　直觀地來講，一個函數在一個區間上是連續的，指的是它的圖形在這個區間中沒有斷裂、跳躍或者洞．

　　我們可以借助於極限來定義連續性．通過要求函數在接近一點的形態和在這一點的形態一致，就可以排除斷裂、跳躍或者洞的情況．

　　如果函數 $y = f(x)$ 在 $x = x_0$ 處有定義且

$$\lim_{x \to x_0} f(x) = f(x_0)$$

則稱 $f(x)$ 在 $x = x_0$ 處是連續的. 若令 $\Delta x = x - x_0$, 並記 $\Delta y = f(x) - f(x_0)$, 則上式也可寫成

$$\lim_{\Delta x \to 0} \Delta y = 0$$

這表明, 若 $y = f(x)$ 連續, 則當自變量 $x$ 的改變量 $\Delta x$ 很小時, 函數值的改變量 $\Delta y$ 也很小. 這正是波爾察諾指出的連續性的定義.

如果函數在區間 $(a, b)$ 內每一點都連續就稱它在區間 $(a, b)$ 上連續.

要求一個函數在一個區間上連續並不難, 例如初等函數在定義區間上都是連續的, 由連續函數相加、相乘以及複合所生成的函數也是連續的.

**1. 函數的連續性**

現在假設函數 $y = f(x)$ 在點 $x_0$ 的某一個鄰域內有定義. 當自變量 $x$ 在這鄰域內從 $x_0$ 變到 $x_0 + \Delta x$ 時, 函數 $y$ 相應地從 $f(x_0)$ 變到 $f(x_0 + \Delta x)$, 因此函數 $y$ 的對應增量為

$$\Delta y = f(x_0 + \Delta x) - f(x_0).$$

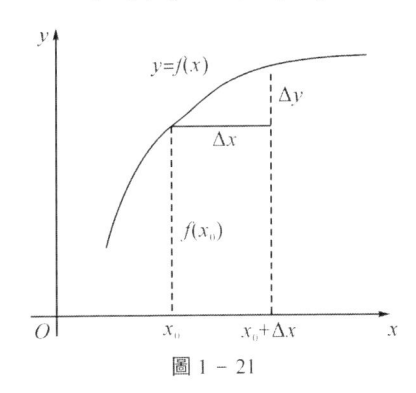

圖 1 - 21

如圖 1 - 21 所示, 假如保持 $x_0$ 不變而讓自變量的增量 $\Delta x$ 變動, 一般說來, 函數 $y$ 的增量 $\Delta y$ 也要隨著變動. 現在我們對連續性的概念可以這樣描述: 如果當 $\Delta x$ 趨於零時, 函數 $y$ 的對應增量 $\Delta y$ 也趨於零, 即

$$\lim_{\Delta x \to 0} \Delta y = 0,$$

或
$$\lim_{\Delta x \to 0} [f(x_0 + \Delta x) - f(x_0)] = 0,$$

那麼就稱函數 $y = f(x)$ 在點 $x_0$ 處是連續的.

**定義 1.7** 設函數 $y = f(x)$ 在點 $x_0$ 的某一鄰域內有定義, 如果 $\lim_{\Delta x \to 0} \Delta y = \lim_{\Delta x \to 0} [f(x_0 + \Delta x) - f(x_0)] = 0$, 那麼就稱函數 $y = f(x)$ 在點 $x_0$ 連續.

從定義 1.7 可以看出, 函數在某點連續的實質是函數在該點有定義並且函數值在該點兩側不會發生突變.

**例 1** 證明函數 $y = x^2$ 在給定點 $x_0$ 處連續.

**證明** 當 $x$ 從 $x_0$ 處產生一個增量 $\Delta x$ 時, 函數 $y = x^2$ 的相應增量為

$$\Delta y = (x_0 + \Delta x)^2 - x_0^2 = 2x_0 \Delta x + (\Delta x)^2,$$

因為 $\lim\limits_{\Delta x \to 0} \Delta y = \lim\limits_{\Delta x \to 0} [2x_0 \Delta x + (\Delta x)^2] = 0$,

所以 $y = x^2$ 在給定點 $x_0$ 處連續.

如果記 $x = x_0 + \Delta x$,則 $\Delta x \to 0$ 就是 $x \to x_0$.由於

$$\Delta y = f(x_0 + \Delta x) - f(x_0) = f(x) - f(x_0),$$

可見 $\Delta y \to 0$ 就是 $f(x) \to f(x_0)$,因此 $\lim\limits_{\Delta x \to 0} \Delta y = 0$ 與 $\lim\limits_{x \to x_0} f(x) = f(x_0)$ 相當.所以,函數 $y = f(x)$ 在點 $x_0$ 處是連續的定義又可以敘述如下:

**定義 1.8** 如果函數 $y = f(x)$ 滿足條件:

(1) 在 $x_0$ 點有定義;

(2) $\lim\limits_{x \to x_0} f(x)$ 存在;

(3) $\lim\limits_{x \to x_0} f(x) = f(x_0)$.

就稱函數 $y = f(x)$ 在點 $x_0$ 連續.

觀察函數 $f(x) = \begin{cases} x^2, & x < 0 \\ 0, & x = 0 \\ x + 1, & x > 0 \end{cases}$ 的圖形(見圖 1 - 22).

圖 1 - 22

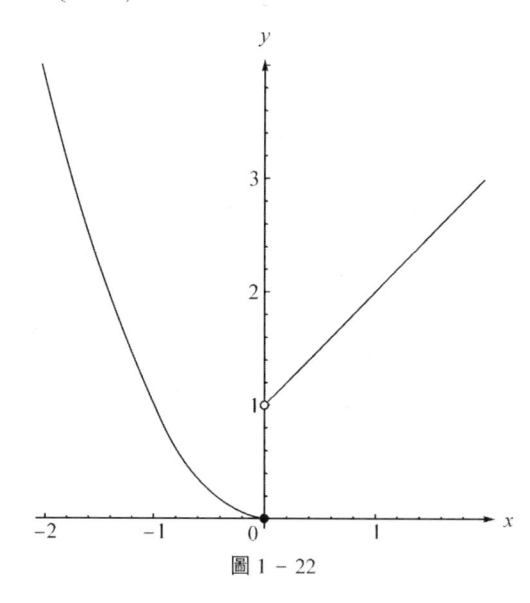

由圖 1 - 22 可知,$\lim\limits_{x \to 0^-} f(x) = 0 = f(0)$.這種情況,我們稱 $f(x)$ 在 $x = 0$ 左連續.一般地,如果 $\lim\limits_{x \to x_0^-} f(x) = f(x_0 - 0)$ 存在且等於 $f(x_0)$,即 $f(x_0 - 0) = f(x_0)$,則稱函數 $f(x)$ 在點 $x_0$ 左連續.

再觀察函數 $f(x) = \begin{cases} x - 1, & x < 1 \\ 2, & x = 1 \\ x + 1, & x > 1 \end{cases}$ 的圖形(見圖 1 - 23).

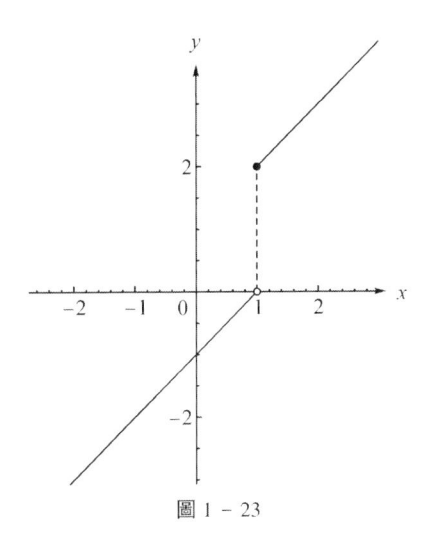

圖 1-23

由圖 1-23 可知，$\lim\limits_{x \to 1^+} f(x) = 2 = f(1)$. 這種情況，我們稱 $f(x)$ 在 $x = 1$ 右連續. 一般地，如果 $\lim\limits_{x \to x_0^+} f(x) = f(x_0 + 0)$ 存在且等於 $f(x_0)$，即 $f(x_0 + 0) = f(x_0)$，則稱函數 $f(x)$ 在點 $x_0$ 右連續.

根據函數在 $x_0$ 點有極限的充分必要條件和連續的定義，我們有：

**定理 1.2** 函數 $f(x)$ 在點 $x_0$ 連續的充分必要條件是 $f(x)$ 在點 $x_0$ 既左連續又右連續，即

$$f(x_0 - 0) = f(x_0 + 0) = f(x_0)$$

在區間上每一點都連續的函數，叫做在該區間上的連續函數，或者說函數在該區間上連續. 如果區間包括端點，那麼函數在右端點連續是指左連續，在左端點連續是指右連續. 使函數連續的區間，叫做函數的連續區間.

一般地，如果 $f(x)$ 是多項式，則對於任意實數 $x_0$，都有 $\lim\limits_{x \to x_0} f(x) = f(x_0)$，因此多項式在區間 $(-\infty, +\infty)$ 內是連續的. 對於有理函數 $\dfrac{P(x)}{Q(x)}$，其中 $P(x)$ 和 $Q(x)$ 都是多項式，只要 $Q(x_0) \neq 0$，就有 $\lim\limits_{x \to x_0} \dfrac{P(x)}{Q(x)} = \dfrac{P(x_0)}{Q(x_0)}$，因此有理函數在其定義域內的每一點都是連續的.

**例 2** 試證函數 $f(x) = \begin{cases} x\sin\dfrac{1}{x}, & x \neq 0 \\ 0, & x = 0 \end{cases}$ 在 $x = 0$ 處連續.

**證明** 由於 $\lim\limits_{x \to 0} x\sin\dfrac{1}{x} = 0$，又 $f(0) = 0$，故 $\lim\limits_{x \to 0} f(x) = f(0)$，由定義 1.8 知，函數 $f(x)$ 在 $x = 0$ 處連續.

**例 3** 討論函數 $f(x) = \begin{cases} 1 + \dfrac{x}{2}, & x < 0 \\ 0, & x = 0 \\ 1 + x^2, & 0 < x \leq 1 \\ 4 - x, & x > 1 \end{cases}$ 在 $x = 0$ 和 $x = 1$ 處的連續性.

**解** 函數作圖如圖 1 - 24 所示：

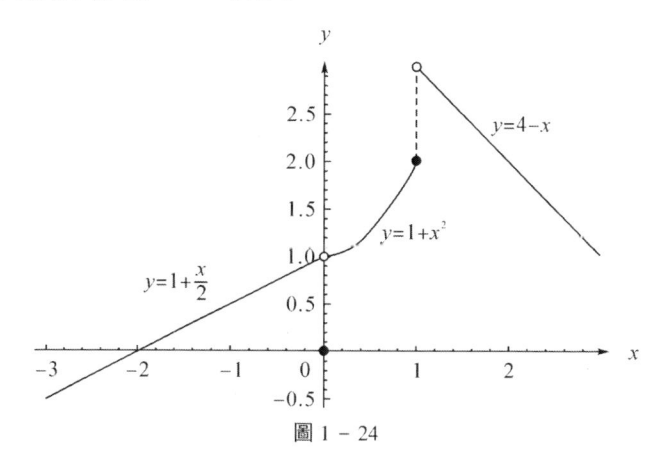

圖 1 - 24

$\lim\limits_{x \to 0^-} f(x) = \lim\limits_{x \to 0^-} \left(1 + \dfrac{x}{2}\right) = 1$, $\lim\limits_{x \to 0^+} f(x) = \lim\limits_{x \to 0^+} (1 + x^2) = 1$. 因為 $\lim\limits_{x \to 0^-} f(x) = \lim\limits_{x \to 0^+} f(x) = 1$, 所以 $\lim\limits_{x \to 0} f(x) = 1$, 但是 $f(0) = 0$, $\lim\limits_{x \to 0} f(x) \neq f(0)$, 故 $f(x)$ 在 $x = 0$ 處不連續.

在 $x = 1$ 處: $\lim\limits_{x \to 1^-} f(x) = \lim\limits_{x \to 1^-} (1 + x^2) = 2$, $\lim\limits_{x \to 1^+} f(x) = \lim\limits_{x \to 1^+} (4 - x) = 3$.

因為 $\lim\limits_{x \to 1^-} f(x) \neq \lim\limits_{x \to 1^+} f(x)$, 所以 $\lim\limits_{x \to 1} f(x)$ 不存在, $f(x)$ 在 $x = 1$ 處不連續.

**例 4** 已知函數 $f(x) = \begin{cases} x^2 + 1, & x < 0 \\ 2x - b, & x \geq 0 \end{cases}$ 在點 $x = 0$ 處連續, 求 $b$ 的值.

**解** $\lim\limits_{x \to 0^-} f(x) = \lim\limits_{x \to 0^-} (x^2 + 1) = 1$, $\lim\limits_{x \to 0^+} f(x) = \lim\limits_{x \to 0^+} (2x - b) = -b$, 因為 $f(x)$ 在點 $x = 0$ 處連續, 則 $\lim\limits_{x \to 0^-} f(x) = \lim\limits_{x \to 0^+} f(x)$, 即 $b = -1$.

**例 5** 證明函數 $y = \sin x$ 在區間 $(-\infty, +\infty)$ 內連續.

**證明** 對於 $\forall x \in (-\infty, +\infty)$, $\Delta y = \sin(x + \Delta x) - \sin x = 2\sin\dfrac{\Delta x}{2} \cdot \cos\left(x + \dfrac{\Delta x}{2}\right)$,

因為 當 $\Delta x \to 0$ 時, $\sin\dfrac{\Delta x}{2} \to 0$, $\cos\left(x + \dfrac{\Delta x}{2}\right) \to \cos x$,

所以 當 $\Delta x \to 0$ 時, $\Delta y \to 0$, 即函數 $y = \sin x$ 對任意 $x \in (-\infty, +\infty)$ 都是連續的.

**2. 函數的間斷點**

觀察函數 $f(x) = \begin{cases} 1 + \dfrac{x}{2}, & x < 0 \\ 1 + x^2, & 0 < x \leq 1 \\ 4 - x, & 1 < x < 2 \\ 1, & x = 2 \\ x, & x > 2 \end{cases}$ 的圖形（見圖 1 − 25）：

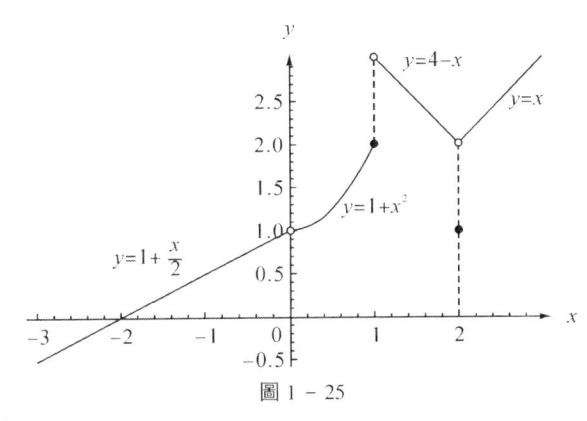

圖 1 − 25

從圖 1 − 25 可以看出，在 $x = 0$ 處，函數沒有定義，其圖形是斷開的（不連續）；在 $x = 1$ 處，函數有定義，但沒有極限，其圖形也是斷開的；在 $x = 2$ 處，函數有定義也有極限，但 $\lim\limits_{x \to 2} f(x) = 2 \neq f(2)$，其圖形仍然是斷開的．

我們把使得函數不連續的點叫做**間斷點**．如果函數 $f(x)$ 在點 $x_0$ 有下列三種情形之一：

（1）在 $x = x_0$ 處無定義；

（2）在 $x = x_0$ 有定義，但 $\lim\limits_{x \to x_0} f(x)$ 不存在；

（3）在 $x = x_0$ 有定義，$\lim\limits_{x \to x_0} f(x)$ 存在，但 $\lim\limits_{x \to x_0} f(x) \neq f(x_0)$．

則稱函數 $f(x)$ 在點 $x_0$ 處**間斷**，點 $x_0$ 稱爲 $f(x)$ 的**間斷點**或**不連續點**．

根據函數在間斷點處的極限情況，我們將間斷點分爲兩類．

當 $x \to x_0$ 時，$f(x)$ 的左、右極限都存在的間斷點 $x_0$，稱爲**第一類間斷點**．其中，若左、右極限不相等則稱之爲**跳躍間斷點**，左右極限相等的間斷點稱之爲**可去間斷點**．

當 $x \to x_0$ 時，$f(x)$ 的左、右極限至少有一個不存在的點稱爲**第二類間斷點**．其中，若左、右極限中至少有一個爲無窮大，則稱之爲**無窮間斷點**．

下面通過例子來說明函數間斷點的幾種常見情形．

**例 6** 討論函數 $f(x) = \begin{cases} -x, & x \leq 0 \\ 1 + x, & x > 0 \end{cases}$ 在 $x = 0$ 處的連續性．

**解** $f(0-0) = \lim\limits_{x \to 0^-} f(x) = 0$,$f(0+0) = \lim\limits_{x \to 0^+} f(x) = 1$,

因為 $f(0-0) \neq f(0+0)$,所以 $x = 0$ 為函數的跳躍間斷點.

如圖 1-26 所示,函數 $f(x)$ 的圖形在 $x = 0$ 處發生了跳躍,所以稱這種間斷點為跳躍間斷點.

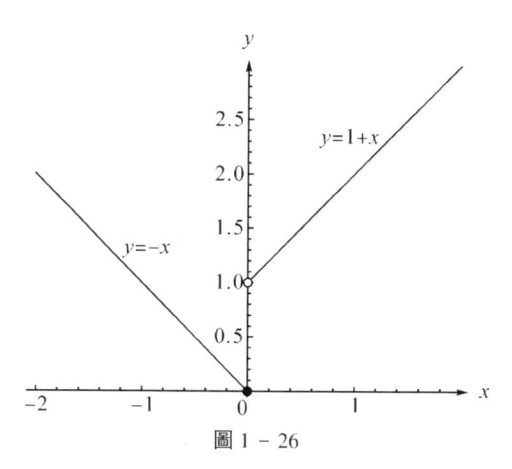

圖 1-26

**例 7** 討論函數 $f(x) = \begin{cases} 2\sqrt{x}, & 0 \leq x < 1 \\ 1, & x = 1 \\ 1+x, & x > 1 \end{cases}$ 在 $x = 1$ 處的連續性.

**解** 函數 $f(x)$ 的圖形如圖 1-27 所示.

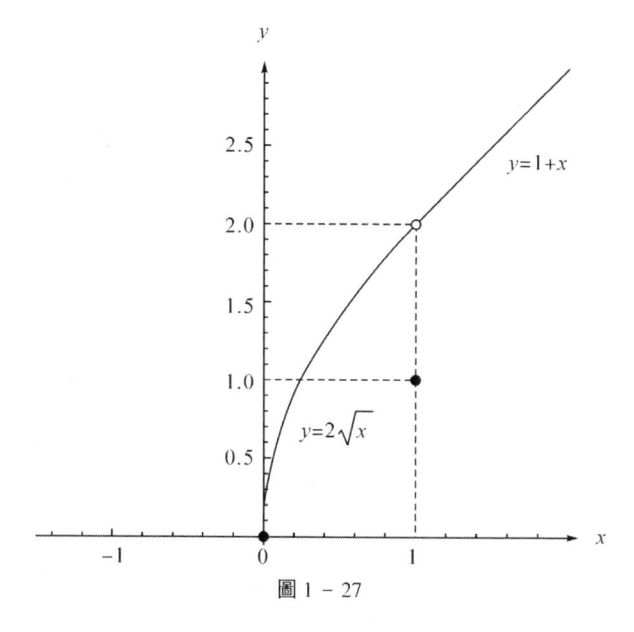

圖 1-27

由圖 1-27 可知,$f(1) = 1$,$f(1-0) = 2$,$f(1+0) = 2$.$\lim\limits_{x \to 1} f(x) = 2 \neq f(1)$.

所以, $x=1$ 為函數的可去間斷點. 如果修改或補充函數在可去間斷點處的值可使函數在該點連續.

在例 7 中, 若修改定義 $f(1)=2$, 則 $f(x)=\begin{cases} 2\sqrt{x}, & 0 \leqslant x < 1 \\ 2, & x = 1 \\ 1+x, & x > 1 \end{cases}$ 在 $x=1$ 處連續.

**例 8** 討論函數 $f(x)=\begin{cases} \dfrac{1}{x}, & x > 0 \\ x, & x \leqslant 0 \end{cases}$ 在 $x=0$ 處的連續性.

**解** 函數 $f(x)$ 圖形如圖 2-28 所示.

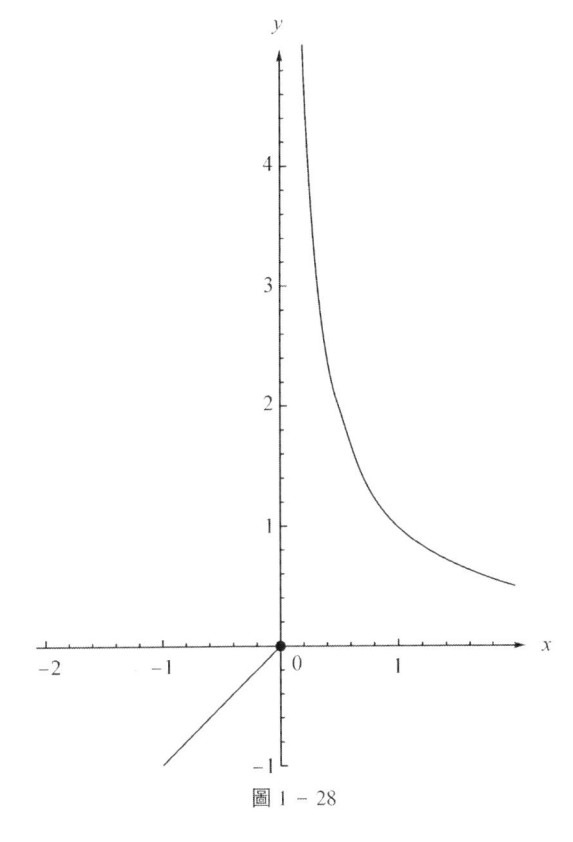

圖 1-28

由圖 1-28 知, $f(0-0)=0$, $f(0+0)=+\infty$, 所以 $x=0$ 為函數的無窮間斷點.

**例 9** 討論函數 $f(x)=\sin\dfrac{1}{x}$ 在 $x=0$ 處的連續性.

**解** $f(x)=\sin\dfrac{1}{x}$ 在 $x=0$ 處沒有定義, 其圖形如圖 1-29 所示, 當 $x \to 0$ 時, $f(x)=\sin\dfrac{1}{x}$ 函數值在 $-1$ 和 $+1$ 之間變動無限多次, 所以 $x=0$ 為第二類間斷點. 我們

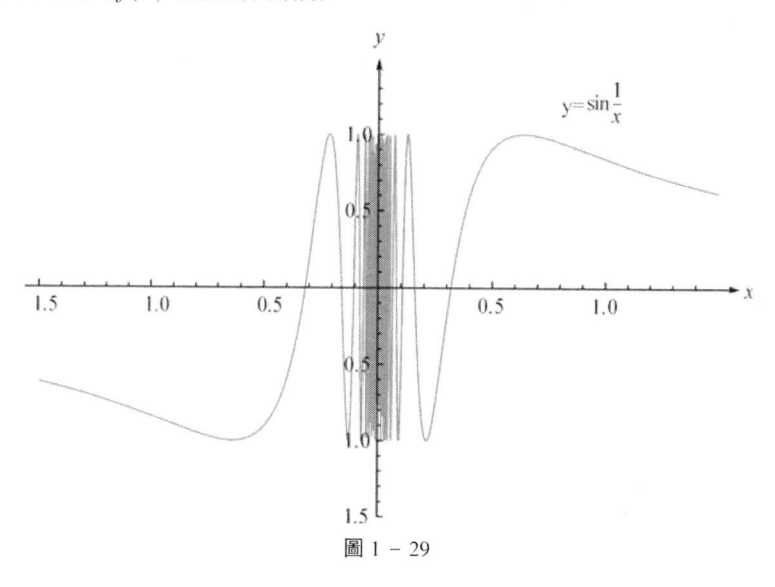

稱這種間斷點為 $f(x)$ 的振盪間斷點.

圖 1 - 29

**3. 連續函數的性質**

**定理 1.3** 設函數 $f(x)$ 和 $g(x)$ 在點 $x_0$ 處連續,則函數 $f(x) \pm g(x)$,$f(x)g(x)$,$\dfrac{f(x)}{g(x)}$(當 $g(x_0) \neq 0$ 時)在點 $x_0$ 處也連續.

**定理 1.4** 設函數 $y = f(u)$ 在 $u_0$ 處連續,$u = g(x)$ 在 $x_0$ 處連續,且 $g(x_0) = u_0$,則複合函數 $y = f[g(x)]$ 在 $x_0$ 處連續.

**例 10** 討論函數 $y = \sin\dfrac{1}{x}$ 的連續性.

**解** 函數 $y = \sin\dfrac{1}{x}$ 是由 $y = \sin u$ 及 $u = \dfrac{1}{x}$ 複合而成的.

因為 $\sin u$ 當 $-\infty < u < +\infty$ 時是連續的,$\dfrac{1}{x}$ 當 $-\infty < x < 0$ 和 $0 < x < +\infty$ 時是連續的,根據定理 1.4,函數 $\sin\dfrac{1}{x}$ 在無限區間 $(-\infty, 0)$ 和 $(0, +\infty)$ 內是連續的.

**例 11** 求 $\lim\limits_{x \to 0} \sin\left(\dfrac{x^2 - x - 6}{x - 3}\right)$.

**解** 因為在 $x_0 = 0$ 處函數 $g(x) = \dfrac{x^2 - x - 6}{x - 3} = x + 2$ 連續,即

$$\lim_{x \to 0} g(x) = \lim_{x \to 0}(x + 2) = 2$$

而 $f(x) = \sin x$ 在 $x = 2$ 處連續,因此有

$$\lim_{x \to 0}\sin\left(\dfrac{x^2 - x - 6}{x - 3}\right) = \sin\left(\lim_{x \to 0}\dfrac{x^2 - x - 6}{x - 3}\right) = \sin 2$$

由於基本初等函數在它們的定義域內都是連續的.根據初等函數的定義,可知:
**一切初等函數在其定義區間內都是連續的.**

所謂定義區間,就是包含在定義域內的區間.

初等函數的連續性在求函數極限中的應用:如果 $f(x)$ 是初等函數,且 $x_0$ 是 $f(x)$ 的定義區間內的點,則 $\lim\limits_{x \to x_0} f(x) = f(x_0)$.

**例 12** 求 $\lim\limits_{x \to 0} \sqrt{1 - x^2}$.

**解** 初等函數 $f(x) = \sqrt{1 - x^2}$ 在點 $x_0 = 0$ 是有定義的,所以
$$\lim_{x \to 0} \sqrt{1 - x^2} = \sqrt{1} = 1.$$

**例 13** 求 $\lim\limits_{x \to \frac{\pi}{2}} \ln\sin x$.

**解** 初等函數 $f(x) = \ln\sin x$ 在點 $x_0 = \frac{\pi}{2}$ 是有定義的,所以
$$\lim_{x \to \frac{\pi}{2}} \ln\sin x = \ln\sin\frac{\pi}{2} = 0.$$

**例 14** 求 $\lim\limits_{x \to 0} \dfrac{\sqrt{1 + x^2} - 1}{x}$.

**解**
$$\lim_{x \to 0} \frac{\sqrt{1 + x^2} - 1}{x} = \lim_{x \to 0} \frac{(\sqrt{1 + x^2} - 1)(\sqrt{1 + x^2} + 1)}{x(\sqrt{1 + x^2} + 1)}$$
$$= \lim_{x \to 0} \frac{x}{\sqrt{1 + x^2} + 1} = \frac{0}{2} = 0.$$

**例 15** 求 $\lim\limits_{x \to 0} \dfrac{\log_a(1 + x)}{x}, (a > 0, a \neq 1)$.

**解**
$$\lim_{x \to 0} \frac{\log_a(1 + x)}{x} = \lim_{x \to 0} \log_a (1 + x)^{\frac{1}{x}} = \log_a e = \frac{1}{\ln a}.$$

特別地,在閉區間上的連續函數有以下重要性質:

**定理 1.5(最值定理)** 設函數 $f(x)$ 在閉區間 $[a,b]$ 上連續,則 $f(x)$ 在閉區間 $[a,b]$ 上必能取到最大值和最小值.

即在閉區間 $[a,b]$ 上至少有一點 $\xi_1 \in [a,b]$,使 $f(\xi_1)$ 是 $f(x)$ 在 $[a,b]$ 上的最大值,又至少有一點 $\xi_2 \in [a,b]$,使 $f(\xi_2)$ 是 $f(x)$ 在 $[a,b]$ 上的最小值.見圖 1 - 30.

圖 1 - 30

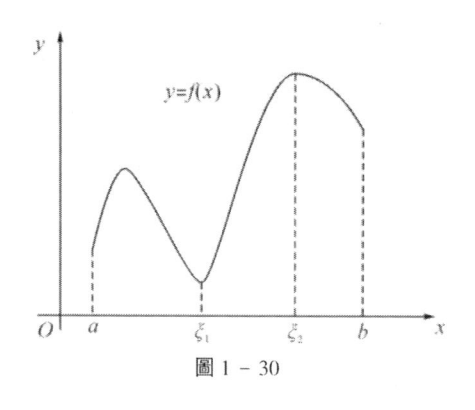

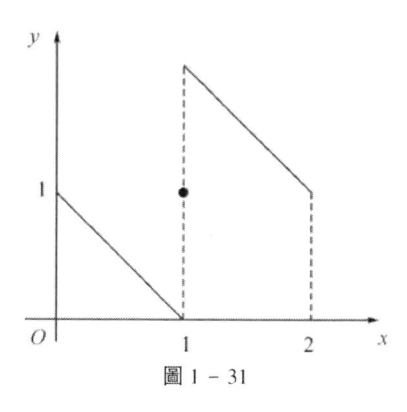

圖 1 - 31

**註意** 如果函數在開區間內連續,或函數在閉區間上有間斷點,那麼函數在該區間上就不一定有最大值或最小值.例如前面提到的函數 $y = x$ 在開區間 $(a, b)$ 內連續,但在開區間 $(a, b)$ 內既無最大值又無最小值.又如,函數

$$y = f(x) = \begin{cases} -x + 1, & 0 \leq x < 1 \\ 1, & x = 1 \\ -x + 3, & 1 < x \leq 2 \end{cases}$$

在閉區間 $[0, 2]$ 上有間斷點 $x = 1$,它在閉區間 $[0, 2]$ 上既無最大值又無最小值.見圖 1 - 31.

**定理 1.6(介值定理)** 設函數 $f(x)$ 在閉區間 $[a, b]$ 上連續,且 $f(x)$ 在閉區間 $[a, b]$ 上最大值和最小值分別是 $M$ 和 $m$,則對於任意滿足 $m < C < M$ 的實數 $C$,至少存在一點 $\xi \in (a, b)$,使得 $f(\xi) = C$.

**推論 2(零值定理)** 設函數 $f(x)$ 在閉區間 $[a, b]$ 上連續,且 $f(a)$ 與 $f(b)$ 異號(即 $f(a) \cdot f(b) < 0$),則至少存在一點 $\xi \in (a, b)$,使得 $f(\xi) = 0$.

從幾何上看,推論 2 表示:如果連續曲線段 $y = f(x)$ 的兩個端點位於 $x$ 軸的不同側,那麼這段曲線與 $x$ 軸至少有一個交點(見圖 1 - 32).

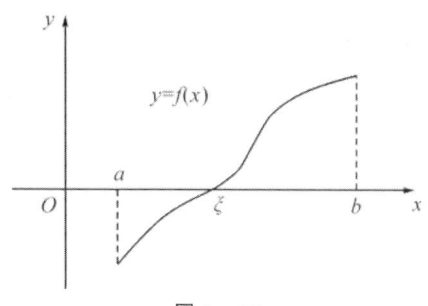

圖 1 - 32

**例 16** 證明方程 $x^3 - 4x^2 + 1 = 0$ 在區間 $(0, 1)$ 內至少有一個根.

**證明** 函數 $f(x) = x^3 - 4x^2 + 1$ 在閉區間 $[0, 1]$ 上連續,又 $f(0) = 1 > 0$, $f(1) = -2 < 0$.

根據零值定理,在$(0,1)$內至少有一點$\xi$,使得$f(\xi) = 0$,即
$$\xi^3 - 4\xi^2 + 1 = 0 \quad (0 < \xi < 1)$$
這等式說明方程$x^3 - 4x^2 + 1 = 0$在區間$(0,1)$內至少有一個根是$\xi$。

**例 17** 設函數$f(x)$在區間$[a,b]$上連續,且
$$f(a) < a, f(b) > b,$$
證明:存在$\xi \in (a,b)$,使得$f(\xi) = \xi$。

**證明** 令$g(x) = f(x) - x$,則$g(x)$在$[a,b]$上連續。
而$g(a) = f(a) - a < 0$,$g(b) = f(b) - b > 0$,由零值定理,存在$\xi \in (a, b)$,使
$$g(\xi) = 0,$$
即$f(\xi) = \xi$。

## 習題 1.5

1. 畫出下列函數的圖形,並研究函數的連續性:

 $(1) f(x) = \begin{cases} x^2, & 0 \leq x \leq 1 \\ 2 - x, & 1 < x \leq 2 \end{cases}$  $(2) f(x) = \begin{cases} x, & -1 \leq x \leq 1 \\ 1, & x < -1 \text{ 或 } x > 1 \end{cases}$

2. 求函數$f(x) = \dfrac{x^3 + 3x^2 - x - 3}{x^2 + x - 6}$的連續區間,並求$\lim\limits_{x \to 0} f(x)$,$\lim\limits_{x \to -3} f(x)$及$\lim\limits_{x \to 2} f(x)$。

3. 求下列函數的間斷點,並指出間斷點的類型,若是可去型間斷點,則補充或修改定義,使其在該點連續:

 $(1) f(x) = \dfrac{x^2 - x}{|x|(x^2 - 1)}$  $(2) f(x) = \dfrac{1}{\ln(2x - 1)}$

 $(3) f(x) = \begin{cases} -\dfrac{1}{x}, & x \leq -1 \\ 2 + x, & -1 < x \leq 0 \\ x \sin \dfrac{1}{x}, & 0 < x \leq 2 \end{cases}$  $(4) f(x) = \sin \dfrac{5}{x}$

4. 討論下列函數的連續性,並做出函數的圖形:

 $(1) f(x) = \lim\limits_{n \to \infty} \dfrac{1}{1 + x^n}, (x \geq 0)$  $(2) f(x) = \lim\limits_{n \to \infty} \dfrac{1 - x^{2n}}{1 + x^{2n}} x$

5. 已知$f(x) = \begin{cases} ax^2 + b, & 0 < x < 1 \\ 2, & x = 1 \\ \ln(bx + 1), & 1 < x \leq 3 \end{cases}$,問$a, b$為何值時,$f(x)$在$x = 1$處連續。

6. 求下列極限:

 $(1) \lim\limits_{x \to 0} \sqrt{x^2 - 2x + 5}$  $(2) \lim\limits_{a \to \frac{\pi}{4}} (\sin 2a)^3$

(3) $\lim\limits_{x \to \frac{\pi}{6}} \ln(2\cos 2x)$　　　　(4) $\lim\limits_{x \to 0} \dfrac{\sqrt{x+1}-1}{x}$

(5) $\lim\limits_{x \to 1} \dfrac{\sqrt{5x-4}-\sqrt{x}}{x-1}$　　　　(6) $\lim\limits_{x \to a} \dfrac{\sin x - \sin a}{x-a}$

(7) $\lim\limits_{x \to +\infty} \dfrac{e^x - e^{-x}}{e^x + e^{-x}}$　　　　(8) $\lim\limits_{x \to +\infty} (\sqrt{x^2 + x} - \sqrt{x^2 - x})$

7. 證明方程 $x^3 - 3x = 1$ 至少有一個根介於 1 和 2 之間.

8. 設 $f(x)$ 在閉區間 $[a, b]$ 上連續, $x_1, x_2, \cdots, x_n$ 是 $[a, b]$ 內的 $n$ 個點, 證明: 存在 $\xi \in [a, b]$, 使得 $f(\xi) = \dfrac{f(x_1) + f(x_2) + \cdots + f(x_n)}{n}$.

## 本章總習題

1. 填空題:

(1) $f(x) = \dfrac{1}{\lg|x-5|}$ 的定義域是 _____ .

(2) $y = \ln \dfrac{1+x}{1-x}$ 的定義域是 _____ .

(3) 已知 $f(3x - 2) = \log_2 \sqrt{x+15}$, 則 $f(1) =$ _____ .

(4) 設 $f(x) = \dfrac{1}{x}$, 則 $f[f(x)] =$ _____ .

(5) 若 $\varphi(x) = \begin{cases} 1, & |x| \leq 1 \\ 0, & |x| > 1 \end{cases}$, 則 $\varphi[\varphi(x)] =$ _____ .

(6) 設 $f(x) = \begin{cases} x, & x \geq 0 \\ 0, & x < 0 \end{cases}$, $g(x) = \begin{cases} x+1, & x < 1 \\ x, & x \geq 1 \end{cases}$, 則 $f(x) + g(x) =$ _____ .

(7) $\lim\limits_{x \to 1} \dfrac{\sin(x^2 - 1)}{x - 1} =$ _____ .

(8) 若 $\lim\limits_{x \to 0} \dfrac{\sin 3x}{kx} = 2$, 則 $k =$ _____ .

(9) 要使 $f(x) = (\cos x)^{\frac{1}{x}}$ 在 $x = 0$ 處連續, 則應定義 $f(0) =$ _____ .

(10) $f(x) = \dfrac{1}{x^2 - 1}$ 的間斷點是 _____ .

2. 求下列極限:

(1) $\lim\limits_{x \to 2} \dfrac{x^3 - 3}{x - 3}$　　　　(2) $\lim\limits_{x \to 1} \dfrac{x^m - 1}{x^n - 1}$ ($m$、$n$ 為自然數)

(3) $\lim\limits_{x \to 1} \dfrac{x^3 - 3x + 2}{x^3 - 1}$

(4) $\lim\limits_{x \to \infty} \dfrac{(4x^2 - 3)^3 (3x - 2)^4}{(3x^2 + 7)^5}$

(5) $\lim\limits_{n \to \infty} \dfrac{2n^2 + 3n - 1}{3n^2 - 2n + 1}$

(6) $\lim\limits_{x \to \infty} \left( \dfrac{1 + 3x}{2 + 5x} + \dfrac{3}{x} \right)$

(7) $\lim\limits_{x \to 2} \dfrac{\sqrt{x} - \sqrt{2}}{\sqrt{4x + 1} - 3}$

(8) $\lim\limits_{x \to +\infty} ( \sqrt{x^2 + x + 1} - \sqrt{x^2 - x - 1} )$

(9) $\lim\limits_{x \to 0} x^2 \sin \dfrac{\pi}{x^2}$

(10) $\lim\limits_{x \to 0} (1 - 2x)^{\frac{1}{x}}$

3. 設 $\lim\limits_{x \to 2} \dfrac{x^2 + ax + 6}{x - 2} = -1$，求 $a$ 的值.

4. 討論函數 $f(x) = \begin{cases} \dfrac{\sin 2x}{x}, & x > 0 \\ \dfrac{x + 1}{a}, & x \leq 0 \end{cases}$ 的連續性.

5. 設 $f(x) = \begin{cases} x \sin \dfrac{1}{x}, & x > 0 \\ a + x^2, & x \leq 0 \end{cases}$，試確定 $a$ 的值，使 $f(x)$ 在 $(-\infty, +\infty)$ 內連續.

6. 求函數 $f(x) = \dfrac{1}{1 - e^{\frac{x}{1-x}}}$ 的連續區間、間斷點，並判斷間斷點的類型.

7. 證明方程 $x \ln x - 2 = 0$ 在 $(1, e)$ 上只有一個實根.

8. 設 $f(x)$ 在 $[0, 1]$ 上連續，且 $0 < f(x) < 1$，證明方程 $f(x) = x$ 在 $(0, 1)$ 內至少有一個實根.

# 第 2 章  一元函數微分學及其應用

　　微積分的主要內容可以分爲微分學與積分學兩部分.用導數和微分處理問題的內容屬於微分學的範疇.微分學建立於 17 世紀,主要是爲了解決 17 世紀科學上出現的一些基本問題.這些基本問題可歸爲三類:第一類問題是已知物體移動的距離可以表示爲時間的函數,求物體在任意時刻的速度與加速度;第二類問題是求曲線的切線問題;第三類問題是求函數的極大值與極小值,如尋求能獲得最大射程的發射角,求行星離太陽的最遠距離與最近距離等.

　　微分學的建立主要歸功於艾薩克·牛頓(Isaac Newton,1643—1727)與戈特弗里德·威廉·萊布尼兹(Gottfried Wilhelm Leibniz,1646—1716).但是在他們達到這光輝的頂點之前,他們的先驅者們如笛卡兒、費馬等已積累了有關微積分的大量知識.費馬對微分學的貢獻很大,著名法國數學家拉格朗日曾説:"我們可以認爲費馬是這種新運算(指微積分方法)的第一個發明人." 牛頓也曾指出"我從費馬的切線作法中得到了這個方法的啓示,我推廣了它,把它直接地並且反過來應用於抽象的方程上." 總的來看,17 世紀前三分之二的時期內,微積分的工作僅限於其細節的工作上,沒能從特殊問題中發掘出普遍性的規律.然而,當時已明顯顯露出要把各種不同的方法統一起來,以建立一種更有效的、可以應用到較廣泛的函數問題上去的方法.這個工作是由英國數學家、科學家牛頓和德國數學家、哲學家萊布尼茨完成的.牛頓與萊布尼茨彼此獨立地,從不同的方法論出發,推廣、總結了前人的研究成果,建立起一門全新的學科 —— 微積分.

　　19 世紀 70 年代,經濟學發生了一場著名的"邊際革命",成功地運用了數學中的導數概念和微分理論成果,建立了邊際分析理論,創建了所謂的"邊際效用學派".1890 年劍橋大學馬歇爾(Alfred Marshall)汲取了邊際效用學派觀點,並以其均衡價格理論爲基礎,發表了《經濟學原理》一書,標誌着現代微觀經濟學的創立.邊際是經濟學中刻畫經濟變量變化快慢的量化指標,在數學中的原型就是導數或變化率,也就是我們平常所說的變化速度.所謂"邊際",是指額外的或增加的意思,指的是增加的最後一個單位.如邊際成本是指在現有產量的基礎上,每增加一個單位的產品所增加的成本.運用這種增量之間的相互關係來衡量和評價經濟變量變動的狀態,就是邊際分析.邊際分析對經濟活動的決策具有重要的指導意義.

## §2.1 導數的概念

**1. 引言**

從 15 世紀初文藝復興時期起,歐洲的工業、農業、航海事業與商業貿易得到大規模的發展,形成了一個新的經濟時代.而 16 世紀的歐洲,正處在資本主義萌芽時期,生產力得到了很大的發展.生產實踐的發展對自然科學提出了新的課題,迫切要求力學、天文學等基礎科學的發展,而這些學科都是深刻依賴於數學的,因而也推動了數學的發展.在各類學科對數學提出的種種要求中,下列三類問題導致了微分學的產生:

(1) 求變速運動的瞬時速度;
(2) 求曲線上一點處的切線;
(3) 求最大值和最小值.

這三類實際問題的現實原型在數學上都可歸結為函數相對於自變量變化而變化的快慢程度,即所謂函數的變化率問題.牛頓從第一個問題出發,萊布尼茨從第二個問題出發,分別給出了導數的概念.

**引例 1　直線運動的速度**

設某點沿直線運動.在直線上引入原點和單位點(即表示實數 1 的點),使直線成為數軸.此外,再取定一個時刻作為測量時間的零點.設動點於時刻 $t$ 在直線上的位置的坐標為 $s$(簡稱位置 $s$).這樣,運動完全由某個函數

$$s = f(t)$$

所確定.這個函數對運動過程中所出現的 $t$ 值有定義,稱為位置函數.在最簡單的情形,該動點所經過的路程與所花的時間成正比.也就是說,無論取哪一段時間間隔,比值

$$\frac{經過的路程}{所花的時間} \qquad (2-1)$$

總是相同的.這個比值就稱為該動點的速度,並說該點作勻速運動.如果運動不是勻速的,那麼在運動的不同時間間隔內,比值 (2-1) 式會有不同的值.這樣,把比值 (2-1) 式籠統地稱為該動點的速度就不合適了,而需要按不同時刻來考慮.那麼,這種非勻速運動的動點在某一時刻(設為 $t_0$)的速度應如何理解而又如何求得呢?

我們取從時刻 $t_0$ 到 $t$ 這樣一個時間間隔,在這段時間內,動點從位置 $s_0 = f(t_0)$ 移動到 $s = f(t)$.這時由 (2-1) 式算得的比值

$$\frac{s - s_0}{t - t_0} = \frac{f(t) - f(t_0)}{t - t_0} \qquad (2-2)$$

是動點在這個時間間隔內的平均速度.如果時間間隔選得較短,比值 (2-2) 式在實

踐中也可用來說明動點在時刻 $t_0$ 的速度.但對於動點在時刻 $t_0$ 的速度的精確概念來說,這樣做是不夠的,而更確切地應當這樣:令 $t \to t_0$,取(2-2)式的極限,如果這個極限存在,設爲 $v$,即

$$v = \lim_{t \to t_0} \frac{f(t) - f(t_0)}{t - t_0},$$

這時就把這個極限值 $v$ 稱爲動點在時刻 $t_0$ 的(瞬時)速度.

### 引例 2　切線問題

圓的切線可定義爲"與曲線只有一個交點的直線",但是對於其他曲線,用"與曲線只有一個交點的直線"作爲切線的定義就不一定合適.例如,對於拋物線 $y = x^2$,在原點 $O$ 處兩個坐標軸都符合上述定義,但實際上只有 $x$ 軸是該拋物線在點 $O$ 處的切線.下面給出切線的定義.

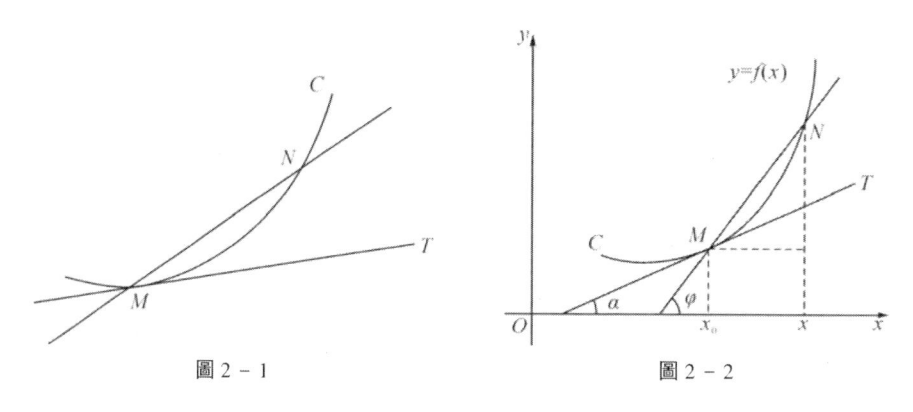

圖 2-1

圖 2-2

設有曲線 $C$ 及 $C$ 上的一點 $M$(見圖 2-1),在點 $M$ 外另取 $C$ 上一點 $N$,作割線 $MN$.當點 $N$ 沿曲線 $C$ 趨於點 $M$ 時,如果割線 $MN$ 繞點 $M$ 旋轉而趨於極限位置 $MT$,直線 $MT$ 就稱爲曲線 $C$ 在點 $M$ 處的切線.這裡極限位置的含義是:只要弦長 $MN$ 趨於零,$\angle NMT$ 也趨於零.

現在就曲線 $C$ 爲函數 $y = f(x)$ 的圖形(見圖 2-2)的情形來討論切線問題.設 $M(x_0, y_0)$ 是曲線 $C$ 上的一個點,則 $y_0 = f(x_0)$.

根據上述定義要定出曲線 $C$ 在點 $M$ 處的切線,只要定出切線的斜率就行了.爲此,在點 $M$ 外另取 $C$ 上的一點 $N(x, y)$,於是割線 $MN$ 的斜率爲

$$\tan\varphi = \frac{y - y_0}{x - x_0} = \frac{f(x) - f(x_0)}{x - x_0},$$

其中 $\varphi$ 爲割線 $MN$ 的傾角.當點 $N$ 沿曲線 $C$ 趨於點 $M$ 時,$x \to x_0$.如果當 $x \to x_0$ 時,上式的極限存在,設爲 $k$,即

$$k = \lim_{x \to x_0} \frac{f(x) - f(x_0)}{x - x_0}$$

存在,則此極限 $k$ 是割線斜率的極限,也就是切線的斜率.這裡 $k = \tan\alpha$,其中 $\alpha$ 是切線

$MT$ 的傾角. 於是, 通過點 $M(x_0, f(x_0))$ 且以 $k$ 爲斜率的直線 $MT$ 便是曲線 $C$ 在點 $M$ 處的切線.

**引例 3　產品總成本的變化率**

設某產品的總成本 $C$ 是產量 $q$ 的函數

$$C = C(q) \quad (q > 0).$$

如果產量 $q$ 由 $q_0$ 改變到 $q$, 總成本取得相應的增量爲

$$\Delta C = C(q) - C(q_0),$$

則 $\dfrac{\Delta C}{\Delta q}$ 表示產量由 $q_0$ 到 $q$ 時, 總成本的平均變化率.

如果極限 $\lim\limits_{q \to q_0} \dfrac{C(q) - C(q_0)}{q - q_0}$ 存在, 則稱此極限爲產量在 $q_0$ 時的變化率, 或稱爲邊際成本.

**2. 導數的定義**

從上面所討論的三個問題可以看出, 非勻速直線運動的速度和切線的斜率以及總成本的變化率都歸結爲如下形式的極限：

$$\lim_{x \to x_0} \frac{f(x) - f(x_0)}{x - x_0} \tag{2-3}$$

這裏 $x - x_0$ 和 $f(x) - f(x_0)$ 分別是函數 $y = f(x)$ 的自變量的增量 $\Delta x$ 和函數的增量 $\Delta y$:

$$\Delta x = x - x_0$$

$$\Delta y = f(x) - f(x_0) = f(x_0 + \Delta x) - f(x_0)$$

因爲 $x \to x_0$ 相當於 $\Delta x \to 0$, 所以 (2-3) 式也可以寫成

$$\lim_{\Delta x \to 0} \frac{\Delta y}{\Delta x} \text{ 或 } \lim_{\Delta x \to 0} \frac{f(x_0 + \Delta x) - f(x_0)}{\Delta x}$$

在自然科學和工程技術以及經濟領域內, 還有許多概念, 例如電流強度、角速度、線密度、邊際收益、邊際利潤等, 都可以歸結爲形如 (2-3) 式的數學形式. 我們撇開這些量的具體意義, 抓住它們在數量關係上的共性, 就得出函數的導數的概念.

**定義 2.1**　設函數 $y = f(x)$ 在點 $x_0$ 的某一鄰域內有定義, 當 $x$ 從 $x_0$ 變化到 $x_0 + \Delta x$ 時, 函數有改變量 $\Delta y = f(x_0 + \Delta x) - f(x_0)$. 若極限

$$\lim_{\Delta x \to 0} \frac{f(x_0 + \Delta x) - f(x_0)}{\Delta x}$$

存在, 則稱 $f(x)$ 在點 $x_0$ **可導**, 且稱此極限值爲 $f(x)$ 在點 $x_0$ 處的**導數**, 記作 $f'(x_0)$, 或 $y'|_{x=x_0}$, $\dfrac{dy}{dx}\Big|_{x=x_0}$, $\dfrac{df}{dx}\Big|_{x=x_0}$, 即

$$f'(x_0) = \lim_{\Delta x \to 0} \frac{\Delta y}{\Delta x} = \lim_{\Delta x \to 0} \frac{f(x_0 + \Delta x) - f(x_0)}{\Delta x} \tag{2-4}$$

若上述極限不存在,則稱函數 $f(x)$ 在 $x_0$ 點**不可導**.

(2-4) 式也可寫出成

$$f'(x_0) = \lim_{x \to x_0} \frac{f(x) - f(x_0)}{x - x_0} \qquad (2-5)$$

如果函數 $y = f(x)$ 在定義域中每一點都可導,則稱 $f(x)$ 爲可導函數.一般地,函數在不同點的導數取不同的值,並且導數本身也是一個函數,稱爲導函數或導數,記爲 $f'(x)$.

**\* 定義 2.2** 對於函數 $y = f(x)$,它的導數 $f'(x)$ 的導數稱作 $f(x)$ 的二階導數,記爲 $f''(x)$,也可以記作 $\frac{d^2 y}{dx^2}$,它的意思是 $\frac{d}{dx}\left(\frac{dy}{dx}\right)$,即 $\frac{dy}{dx}$ 的導數.

一般地,如果函數 $y = f(x)$ 的 $n-1$ 導數 $f^{(n-1)}(x)$ 可導,則 $f^{(n-1)}(x)$ 的導數稱爲 $f(x)$ 的 $n$ 階導數,記爲 $f^{(n)}(x)$ 或 $\frac{d^n y}{dx^n}$.

**二階及二階以上的導數統稱爲高階導數.**

由引例 2 知,函數 $y = f(x)$ 在點 $x_0$ 處的導數 $f'(x_0)$,就是曲線 $y = f(x)$ 在 $M(x_0, y_0)$ 處的切線 $MT$ 的斜率,即 $k = \tan\alpha = f'(x_0)$,這就是導數的幾何意義.

由 (2-4) 式及極限的含義,我們知道,當 $\Delta x$ 無限趨近於 0 時,$\frac{\Delta y}{\Delta x}$ 無限趨近於 $f'(x_0)$.那麼,當 $\Delta x$ 充分小時,應有

$$\frac{\Delta y}{\Delta x} \approx f'(x_0)$$

即

$$\Delta y \approx f'(x_0) \Delta x \qquad (2-6)$$

或寫爲

$$f(x_0 + \Delta x) \approx f(x_0) + f'(x_0) \Delta x \qquad (2-7)$$

所以我們可以用一點的導數估計函數在這點附近的函數值.特別地,尤其對於經濟變量,如果一個函數的導數在某一點附近不是劇烈地變化的,那麼它的導數近似地等於自變量增加一個單位時函數的變化量,即 $\Delta x = 1$ 時的情形,此時有

$$f'(x_0) \approx f(x_0 + 1) - f(x_0) \qquad (2-8)$$

下面用定義求一些簡單函數的導數.

**例 1** 求函數 $y = x^3$ 在 $x = 1$ 處的導數 $f'(1)$.

**解** 當 $x$ 由 1 變到 $1 + \Delta x$ 時,函數相應的增量爲

$$\Delta y = (1 + \Delta x)^3 - 1^3 = 3 \cdot \Delta x + 3 \cdot (\Delta x)^2 + (\Delta x)^3,$$

$$\frac{\Delta y}{\Delta x} = 3 + 3\Delta x + (\Delta x)^2,$$

所以

$$f'(1) = \lim_{\Delta x \to 0} \frac{\Delta y}{\Delta x} = \lim_{\Delta x \to 0}(3 + 3\Delta x + (\Delta x)^2) = 3.$$

**例2** 求函數 $f(x) = C$（$C$ 為常數）的導數.

**解** $f'(x) = \lim_{h \to 0} \frac{f(x+h) - f(x)}{h} = \lim_{h \to 0} \frac{C-C}{h} = 0$，即 $(C)' = 0$.

**例3** 設函數 $f(x) = \sin x$，求 $(\sin x)'$ 及 $(\sin x)'|_{x=\frac{\pi}{4}}$.

**解** $(\sin x)' = \lim_{h \to 0} \frac{\sin(x+h) - \sin x}{h} = \lim_{h \to 0} \cos(x + \frac{h}{2}) \cdot \frac{\sin \frac{h}{2}}{\frac{h}{2}} = \cos x$，即

$$(\sin x)' = \cos x$$

所以 $(\sin x)'|_{x=\frac{\pi}{4}} = \cos x|_{x=\frac{\pi}{4}} = \frac{\sqrt{2}}{2}$.

用類似的方法，可求得

$$(\cos x)' = -\sin x$$

**例4** 求函數 $y = x^n$（$n$ 為正整數）的導數.

**解** $(x^n)' = \lim_{h \to 0} \frac{(x+h)^n - x^n}{h} = \lim_{h \to 0}[nx^{n-1} + \frac{n(n-1)}{2!}x^{n-2}h + \cdots + h^{n-1}] = nx^{n-1}$，

即

$$(x^n)' = nx^{n-1}.$$

更一般地，對於冪函數 $y = x^\mu$（$\mu$ 為常數），有

$$(x^\mu)' = \mu x^{\mu-1}.$$

**例5** 求函數 $y = \log_a x$（$a > 0, a \neq 1$）的導數.

**解** $y' = \lim_{h \to 0} \frac{\log_a(x+h) - \log_a x}{h} = \lim_{h \to 0} \frac{\log_a(1 + \frac{h}{x})}{\frac{h}{x}} \cdot \frac{1}{x}$

$= \frac{1}{x} \lim_{h \to 0} \log_a(1 + \frac{h}{x})^{\frac{x}{h}} = \frac{1}{x} \log_a e.$

即

$$(\log_a x)' = \frac{1}{x} \log_a e,$$

特別地，當 $a = e$ 時，由上式得自然對數函數的導數公式：

$$(\ln x)' = \frac{1}{x}$$

**例6** 試用導數定義求下列各極限（假設各極限均存在）：

(1) $\lim_{x \to a} \frac{f(2x) - f(2a)}{x - a}$；

(2) $\lim\limits_{x \to 0} \dfrac{f(x)}{x}$, 其中 $f(0) = 0$.

**解** (1) $\lim\limits_{x \to a} \dfrac{f(2x) - f(2a)}{x - a} = \lim\limits_{2x \to 2a} \dfrac{f(2x) - f(2a)}{\dfrac{1}{2} \cdot (2x - 2a)}$

$$= 2 \cdot \lim\limits_{2x \to 2a} \dfrac{f(2x) - f(2a)}{2x - 2a}$$

$$= 2f'(2a);$$

(2) 因為 $f(0) = 0$, 於是 $\lim\limits_{x \to 0} \dfrac{f(x)}{x} = \lim\limits_{x \to 0} \dfrac{f(x) - f(0)}{x - 0} = f'(0)$.

**3. 單側導數**

如果 $\lim\limits_{h \to 0^-} \dfrac{f(x_0 + h) - f(x_0)}{h}$ 存在, 我們稱它是 $f(x)$ 在 $x_0$ 處的左導數, 記為 $f'_-(x_0)$, 即

$$f'_-(x_0) = \lim\limits_{h \to 0^-} \dfrac{f(x_0 + h) - f(x_0)}{h} = \lim\limits_{x \to x_0^-} \dfrac{f(x) - f(x_0)}{x - x_0};$$

如果 $\lim\limits_{h \to 0^+} \dfrac{f(x_0 + h) - f(x_0)}{h}$ 存在, 我們稱它是 $f(x)$ 在 $x_0$ 處的右導數, 記為 $f'_+(x_0)$, 即

$$f'_+(x_0) = \lim\limits_{h \to 0^+} \dfrac{f(x_0 + h) - f(x_0)}{h} = \lim\limits_{x \to x_0^+} \dfrac{f(x) - f(x_0)}{x - x_0}.$$

由極限存在定理知, $\lim\limits_{h \to 0} \dfrac{f(x_0 + h) - f(x_0)}{h}$ 存在的充分必要條件是 $\lim\limits_{h \to 0^-} \dfrac{f(x_0 + h) - f(x_0)}{h}$ 及 $\lim\limits_{h \to 0^+} \dfrac{f(x_0 + h) - f(x_0)}{h}$ 都存在且相等, 故有以下結論:

**定理 2.1** 函數 $f(x)$ 在點 $x_0$ 處可導的充分必要條件是左導數 $f'_-(x_0)$ 和右導數 $f'_+(x_0)$ 都存在且相等. 即 $f'(x_0) = A \Leftrightarrow f'_-(x_0) = f'_+(x_0) = A$.

如果函數 $f(x)$ 在開區間 $(a, b)$ 內可導, 且右導數 $f'_+(a)$ 和左導數 $f'_-(b)$ 都存在, 就說 $f(x)$ 在閉區間 $[a, b]$ 上可導.

**例 7** 求函數 $f(x) = |x|$ 在 $x = 0$ 點的導數.

**解** 由 $f(x) = |x| = \begin{cases} x, & x \geq 0 \\ -x, & x < 0 \end{cases}$ 得:

$$f'_-(0) = \lim\limits_{x \to 0^-} \dfrac{-x - 0}{x - 0} = -1, \quad f'_+(0) = \lim\limits_{x \to 0^+} \dfrac{x - 0}{x - 0} = 1$$

由於 $f'_-(0) \neq f'_+(0)$, 故 $\lim\limits_{x \to x_0} \dfrac{f(x) - f(x_0)}{x - x_0}$ 不存在, 即函數 $f(x) = |x|$ 在 $x = 0$ 點不可導.

**例 8** 求函數 $f(x) = \begin{cases} \sin x, & x < 0 \\ x, & x \geqslant 0 \end{cases}$ 在 $x = 0$ 處的導數。

**解** 當 $\Delta x < 0$ 時，$\Delta y = f(0 + \Delta x) - f(0) = \sin \Delta x - 0 = \sin \Delta x$，故

$$f'_-(0) = \lim_{\Delta x \to 0^-} \frac{\Delta y}{\Delta x} = \lim_{\Delta x \to 0^-} \frac{\sin \Delta x}{\Delta x} = 1,$$

當 $\Delta x > 0$ 時，$\Delta y = f(0 + \Delta x) - f(0) = \Delta x - 0 = \Delta x$，故

$$f'_+(0) = \lim_{\Delta x \to 0^+} \frac{\Delta y}{\Delta x} = \lim_{\Delta x \to 0^+} \frac{\Delta x}{\Delta x} = 1,$$

由 $f'_-(0) = f'_+(0) = 1$，得 $f'(0) = \lim_{\Delta x \to 0} \frac{\Delta y}{\Delta x} = 1$。

**4. 函數可導與連續的關係**

對一元函數而言，函數可導必連續，反之不然。

**定理 2.2** 函數 $y = f(x)$ 在點 $x$ 處可導，則該函數在 $x$ 處連續。

由於函數 $y = f(x)$ 在點 $x$ 處可導，即有

$$\lim_{\Delta x \to 0} \frac{\Delta y}{\Delta x} = f'(x)$$

故下式成立

$$\lim_{\Delta x \to 0} \Delta y = \lim_{\Delta x \to 0} \left[ \frac{\Delta y}{\Delta x} \cdot \Delta x \right] = \lim_{\Delta x \to 0} \frac{\Delta y}{\Delta x} \cdot \lim_{\Delta x \to 0} \Delta x = f'(x) \cdot 0 = 0$$

由連續的定義知，函數 $y = f(x)$ 在點 $x$ 處是連續的。所以，如果函數 $y = f(x)$ 在點 $x$ 處可導，則函數在該點必連續。

反之，一個函數在某點連續卻不一定在該點處可導。比如函數 $f(x) = |x|$ 顯然在 $x = 0$ 點連續，但由例 7 知 $f(x) = |x|$ 在 $x = 0$ 點不可導。

**例 9** 討論 $f(x) = \begin{cases} x \sin \dfrac{1}{x}, & x \neq 0 \\ 0, & x = 0 \end{cases}$ 在 $x = 0$ 處的連續性與可導性。

**解** 因為 $\sin \dfrac{1}{x}$ 是有界函數，所以 $\lim_{x \to 0} x \sin \dfrac{1}{x} = 0$。

因為 $f(0) = \lim_{x \to 0} f(x) = 0$，所以 $f(x)$ 在 $x = 0$ 處連續。

但在 $x = 0$ 處有 $\dfrac{\Delta y}{\Delta x} = \dfrac{(0 + \Delta x) \sin \dfrac{1}{0 + \Delta x}}{\Delta x} = \sin \dfrac{1}{\Delta x}$，當 $\Delta x \to 0$ 時，$\dfrac{\Delta y}{\Delta x}$ 在 $-1$ 和 $1$ 之間振盪而極限不存在，所以 $f(x)$ 在 $x = 0$ 處不可導。

## 習題 2.1

1. 根據定義求下列函數的導數：

(1) $y = \dfrac{1}{x}$ （2）$y = \cos x$

(3) $y = ax + b$ ($a, b$ 是常數) （4）$y = \sqrt{x}$

2. 下列各題中均假定 $f'(x_0)$ 存在，結合導數定義觀察下列極限，指出 $A$ 是什麼：

(1) $\lim\limits_{\Delta x \to 0} \dfrac{f(x_0 - \Delta x) - f(x_0)}{\Delta x} = A.$

(2) $\lim\limits_{x \to 0} \dfrac{f(tx) - f(0)}{x} = A$，其中 $f'(0)$ 存在.

(3) $\lim\limits_{h \to 0} \dfrac{f(x_0 + h) - f(x_0 - h)}{h} = A.$

(4) $\lim\limits_{h \to 0} \dfrac{f(x_0 + \alpha h) - f(x_0 - \beta h)}{h} = A.$

3. 求下列函數在指定點處的導數：

(1) $y = \ln x$ 在 $x = 2$ 處.

(2) $y = \cos x$ 在 $x = \dfrac{\pi}{4}$ 處.

4. 求曲線 $y = x^2$ 在點 $(-1, 1)$ 處的切線方程和法線方程.

5. 設函數 $f(x) = \begin{cases} x^2, & x \leq 1 \\ ax + b, & x < 1 \end{cases}$，爲使函數 $f(x)$ 在 $x = 1$ 處連續且可導，$a, b$ 應取什麼值？

6. 已知 $f(x) = \begin{cases} x^2, & x \geq 0 \\ -x, & x < 0 \end{cases}$，求 $f'_+(0)$ 及 $f'_-(0)$，又 $f'(0)$ 是否存在？

7. 已知 $f(x) = \begin{cases} \sin x, & x < 0 \\ x, & x \geq 0 \end{cases}$，求 $f'(x)$.

## §2.2 導數的運算法則

**1. 基本導數公式**

現將基本初等函數的導數公式列於下面，這些公式在初等函數求導中起著重要作用，必須熟練掌握，這些公式可以直接用導數的定義求出，或由下面的求導法則推導出來.

(1) $(C)' = 0$($C$ 爲常數);      (2) $(x^{\alpha})' = \alpha x^{\alpha-1}$($\alpha$ 爲任意實數);

(3) $(a^x)' = a^x \ln a$($a > 0, a \neq 1$);      (4) $(e^x)' = e^x$;

(5) $(\log_a x)' = \dfrac{1}{x \ln a}$($a > 0, a \neq 1$);      (6) $(\ln x)' = \dfrac{1}{x}$;

(7) $(\sin x)' = \cos x$;      (8) $(\cos x)' = -\sin x$;

(9) $(\tan x)' = \sec^2 x$;      (10) $(\cot x)' = -\csc^2 x$;

(11) $(\sec x)' = \sec x \tan x$;      (12) $(\csc x)' = -\csc x \cot x$;

(13) $(\arcsin x)' = \dfrac{1}{\sqrt{1-x^2}}$;      (14) $(\arccos x)' = \dfrac{-1}{\sqrt{1-x^2}}$;

(15) $(\arctan x)' = \dfrac{1}{1+x^2}$;      (16) $(\text{arccot}\, x)' = \dfrac{-1}{1+x^2}$.

**2. 導數的四則運算法則**

定理2.3 設函數$u(x), v(x)$在點$x$處可導,則$u(x) \pm v(x), u(x)v(x), \dfrac{u(x)}{v(x)}$在點$x$處皆可導,且有:

(1) $[u(x) \pm v(x)]' = u'(x) \pm v'(x)$;

(2) $[u(x)v(x)]' = u'(x)v(x) + u(x)v'(x)$;

(3) $\left[\dfrac{u(x)}{v(x)}\right]' = \dfrac{u'(x)v(x) - u(x)v'(x)}{v^2(x)}$.

**3. 反函數的求導法則**

定理2.4 如果函數$x = \varphi(y)$在某區間$I_y$內單調、可導,且$\varphi'(y) \neq 0$,那麼它的反函數$y = f(x)$在對應區間$I_x$內也可導,且有$f'(x) = \dfrac{1}{\varphi'(y)}$.

**4. 複合函數的求導法則**

定理2.5 設函數$u = \varphi(x)$在$x$處可導,$y = f(u)$在對應點$u$處可導,則複合函數$y = f[\varphi(x)]$在$x$處也可導,且$\dfrac{dy}{dx} = \dfrac{dy}{du} \cdot \dfrac{du}{dx}$,也可寫爲$(f[\varphi(x)])'_x = f'_u(u) \cdot \varphi'(x)$.

此法則可推廣到多個中間變量的情形,例如,若$y = f(u), u = g(v), v = h(x)$,它們都可導,則$\dfrac{dy}{dx} = \dfrac{dy}{du} \cdot \dfrac{du}{dv} \cdot \dfrac{dv}{dx}$.

例1 求$y = x^3 - 2x^2 + \sin x$的導數.

解 $y' = (x^3)' - (2x^2)' + (\sin x)' = 3x^2 - 4x + \cos x$.

例2 求$y = 2\sqrt{x} \sin x$的導數.

**解** $y' = (2\sqrt{x}\sin x)' = 2(\sqrt{x}\sin x)'$

$= 2[(\sqrt{x})'\sin x + \sqrt{x}(\sin x)']$

$= 2\left(\dfrac{1}{2\sqrt{x}}\sin x + \sqrt{x}\cos x\right) = \dfrac{1}{\sqrt{x}}\sin x + 2\sqrt{x}\cos x.$

**例3** 求 $y = \tan x$ 的導數.

**解** $y' = (\tan x)' = \left(\dfrac{\sin x}{\cos x}\right)' = \dfrac{(\sin x)'\cos x - \sin x(\cos x)'}{\cos^2 x}$

$= \dfrac{\cos^2 x + \sin^2 x}{\cos^2 x} = \dfrac{1}{\cos^2 x} = \sec^2 x,$

即 $(\tan x)' = \sec^2 x.$

同理可得: $(\cot x)' = -\csc^2 x.$

**例4** 求 $y = \sec x$ 的導數.

**解** $y' = (\sec x)' = \left(\dfrac{1}{\cos x}\right)' = \dfrac{-(\cos x)'}{\cos^2 x} = \dfrac{\sin x}{\cos^2 x} = \sec x\tan x.$

同理可得: $(\csc x)' = -\csc x\cot x.$

**例5** 已知 $y = \sqrt{x}(x^3 - 4\cos x - \sin 1)$,求(1) $y'$; (2) $[y(1)]'$; (3) $y'(1)$.

**解** (1) 用乘積法則: $y' = \dfrac{1}{2\sqrt{x}}(x^3 - 4\cos x - \sin 1) + \sqrt{x}(3x^2 + 4\sin x)$;

(2) $y(1) = 1 - 4\cos 1 - \sin 1$ 是常數,故 $[y(1)]' = 0$;

(3) $y'(1) = y'|_{x=1} = \dfrac{7}{2} - 2\cos 1 + \dfrac{7}{2}\sin 1.$

**例6** 求函數 $y = \arcsin x$ 的導數.

**解** 因為 $x = \sin y$ 在 $I_y = \left(-\dfrac{\pi}{2}, \dfrac{\pi}{2}\right)$ 內單調、可導,且 $(\sin y)' = \cos y > 0$,所以在對應區間 $I_x = (-1, 1)$ 內有

$$(\arcsin x)' = \dfrac{1}{(\sin y)'} = \dfrac{1}{\cos y} = \dfrac{1}{\sqrt{1 - \sin^2 y}} = \dfrac{1}{\sqrt{1 - x^2}}$$

同理可得

$$(\arccos x)' = -\dfrac{1}{\sqrt{1-x^2}}, (\arctan x)' = \dfrac{1}{1+x^2}, (\text{arccot}\, x)' = -\dfrac{1}{1+x^2}$$

**例7** 求函數 $y = a^x (a > 0, a \neq 1)$ 的導數.

**解** 因為 $x = \log_a y$ 在 $I_y = (0, +\infty)$ 內單調、可導,且 $(\log_a y)' = \dfrac{1}{y\ln a} \neq 0$,所以在對應區間 $I_x = (0, +\infty)$ 內有

$$(a^x)' = \dfrac{1}{(\log_a y)'} = y\ln a = a^x\ln a$$

特別地
$$(e^x)' = e^x$$

**例 8**　求函數 $y = \ln\sin x$ 的導數.

**解**　設 $y = \ln u, u = \sin x$. 則
$$\frac{dy}{dx} = \frac{dy}{du} \cdot \frac{du}{dx} = \frac{1}{u} \cdot \cos x = \frac{\cos x}{\sin x} = \cot x.$$

**例 9**　求函數 $y = (x^2 + 1)^{10}$ 的導數.

**解**　設 $y = u^{10}, u = x^2 + 1$. 則
$$\frac{dy}{dx} = \frac{dy}{du} \cdot \frac{du}{dx} = 10u^9 \cdot 2x = 10(x^2 + 1)^9 \cdot 2x = 20x(x^2 + 1)^9.$$

**例 10**　求函數 $y = (x + \sin^2 x)^3$ 的導數.

**解**
$$\begin{aligned}y' &= [(x + \sin^2 x)^3]' = 3(x + \sin^2 x)^2 (x + \sin^2 x)' \\ &= 3(x + \sin^2 x)^2 [1 + 2\sin x \cdot (\sin x)'] \\ &= 3(x + \sin^2 x)^2 (1 + \sin 2x).\end{aligned}$$

**例 11**　設 $f(x) = \begin{cases} x, & x < 0 \\ \ln(1+x), & x \geq 0 \end{cases}$, 求 $f'(x)$.

**解**　求分段函數的導數時,在每一段內的導數可按一般求導法則進行計算,但在分段點處的導數要用定義分別計算左右導數進行處理.

當 $x < 0$ 時, $f'(x) = 1$;

當 $x > 0$ 時, $f'(x) = [\ln(1+x)]' = \frac{1}{1+x} \cdot (1+x)' = \frac{1}{1+x}$;

當 $x = 0$ 時, $f'_-(0) = \lim\limits_{h \to 0^-} \frac{0 + h - \ln(1+0)}{h} = 1$,
$$f'_+(0) = \lim_{h \to 0^+} \frac{\ln[1 + (0+h)] - \ln(1+0)}{h} = 1,$$
即 $f'(0) = 1$.

所以　$f'(x) = \begin{cases} 1, & x \leq 0 \\ \dfrac{1}{1+x}, & x > 0 \end{cases}.$

**例 12**　求函數 $f(x) = \begin{cases} 2x, & 0 < x \leq 1 \\ x^2 + 2, & 1 < x < 2 \end{cases}$ 的導數.

**解**　當 $0 < x < 1$ 時, $f'(x) = (2x)' = 2$,

當 $1 < x < 2$ 時, $f'(x) = (x^2 + 1)' = 2x$,

當 $x = 1$ 時,
$$f'_-(1) = \lim_{x \to 1^-} \frac{f(x) - f(1)}{x - 1} = \lim_{x \to 1^-} \frac{2x - 2}{x - 1} = 2,$$
$$f'_+(1) = \lim_{x \to 1^+} \frac{f(x) - f(1)}{x - 1} = \lim_{x \to 1^+} \frac{x^2 + 2 - 2}{x - 1} = \lim_{x \to 1^+} \frac{x^2}{x - 1} = +\infty,$$

由於 $f'_+(1)$ 不存在，所以 $f'(1)$ 不存在. 所以

$$f'(x) = \begin{cases} 2, & 0 < x < 1 \\ 2x, & 1 < x < 2 \end{cases}.$$

## 習題 2.2

1. 求下列函數的導數：

(1) $y = 4x^3 - 2x^2 + 5$      (2) $y = 2^x \ln x$

(3) $y = 2x^3 \sin x$      (4) $y = 3\tan x - 4$

(5) $y = (3 + 2x)(2 - 3x)$      (6) $y = \dfrac{\ln x}{x} + \dfrac{1}{\ln x}$

(7) $y = \dfrac{e^x}{x^2} + \dfrac{2}{x}$      (8) $y = \dfrac{1 + \cos t}{1 - \sin t}$

(9) $y = \dfrac{4}{x^5} + \dfrac{7}{x^4} - \dfrac{2}{x} + 12$      (10) $y = 5x^3 - 2^x + 3e^x$

(11) $y = 2\tan x + \sec x - 1$      (12) $y = x^2 \ln x$

(13) $y = e^x \cos x$      (14) $y = \dfrac{1}{1 + x + x^2}$

(15) $y = \dfrac{5x^2 - 3x + 4}{x^2 - 1}$      (16) $y = \dfrac{1 - 2\ln x}{1 + 3\ln x}$

2. 求下列函數在給定點處的導數：

(1) $y = \sin x - \cos x$，求 $y'|_{x=\frac{\pi}{6}}$ 和 $y'|_{x=\frac{\pi}{4}}$.

(2) $\rho = \varphi \sin \varphi + \dfrac{1}{2} \cos \varphi$，求 $\dfrac{d\rho}{d\varphi}\bigg|_{\varphi=\frac{\pi}{4}}$.

(3) $f(x) = \dfrac{3}{5 - x} + \dfrac{x^2}{5}$，求 $f'(0)$ 和 $f'(2)$.

3. 求下列函數的導數：

(1) $y = \sqrt{3 - 2x^2}$      (2) $y = e^{2x^3}$

(3) $y = \arcsin \sqrt{x}$      (4) $y = \ln(x + \sqrt{a^2 + x^2})$

(5) $y = \ln \cos e^{-x^3}$      (6) $y = \arctan \dfrac{1}{x}$

(7) $y = \arcsin(1 - 2x)$      (8) $y = e^{-\frac{x}{2}} \cos 3x$

(9) $y = \arccos \dfrac{1}{x}$      (10) $y = \ln(\sec x + \tan x)$

4. 設 $f(x) = \begin{cases} \ln(1+x), & x > 0 \\ 0, & x = 0 \\ \dfrac{\sin^2 x}{x}, & x < 0 \end{cases}$，求 $f'(x)$.

5. 求下列函數的二階導數：

(1) $y = x\cos x$ \hspace{2cm} (2) $y = \sqrt{a^2 - x^2}$

(3) $y = e^{\sqrt{x}}$ \hspace{2.5cm} (4) $y = \tan x$

## §2.3 函數的單調性與極值

我們已經會用初等數學的方法研究一些函數的單調性和極值問題，但這些方法使用範圍狹小，並且有時需要借助某些特殊的技巧，因而不具有一般性.更為一般的方法是以導數為工具，來判斷函數單調性和求函數的極值與最值.

**1. 函數單調性的判斷**

從幾何解釋上來看，函數 $f(x)$ 在某一點的導數表示的是函數圖形上該點的切線的斜率.函數的導數 $f'(x) > 0$ 的區間，$f(x)$ 的圖形的切線向上傾斜，相應地，$f(x)$ 是單調增加的；$f'(x) < 0$ 的區間，$f(x)$ 的圖形的切線向下傾斜，$f(x)$ 是單調減少的.如果 $f'(x) = 0$ 處處成立，那麼切線處處是水平的，從而 $f(x)$ 是常函數，如圖 2-3 所示.

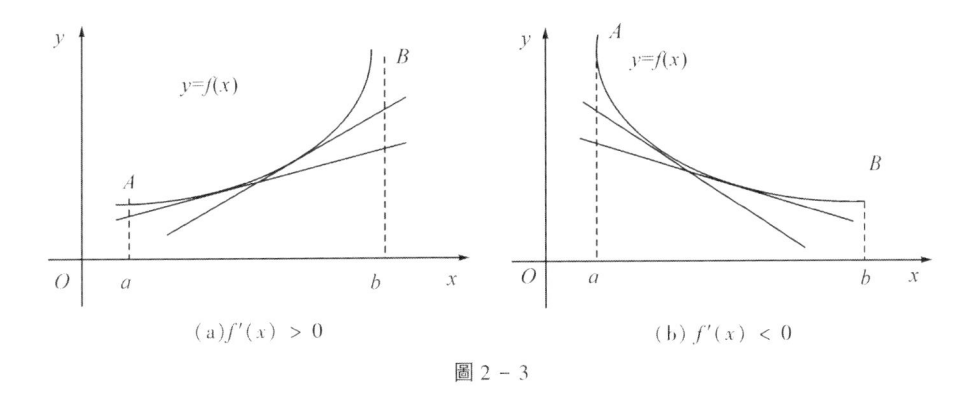

(a) $f'(x) > 0$ \hspace{3cm} (b) $f'(x) < 0$

圖 2-3

另外，導數反應的是因變量 $y$ 關於自變量 $x$ 的變化率.若變化率為正，則隨著自變量 $x$ 的增加，因變量 $y$ 也增加；反之，若變化率為負，則隨著自變量 $x$ 的增加，因變量 $y$ 反而減少.所以，由函數 $f(x)$ 的導數 $f'(x)$ 的符號可以判斷在什麼情況下函數 $f(x)$ 是遞增的或者遞減的.我們有以下結論：

**定理2.6** 設函數 $y=f(x)$ 在 $[a,b]$ 上連續,在 $(a,b)$ 內可導,那麼

(1) 若 $f'(x) > 0, x \in (a,b)$,則函數在 $[a,b]$ 內單調增加;

(2) 若 $f'(x) < 0, x \in (a,b)$,則函數在 $[a,b]$ 內單調減少;

(3) 若 $f'(x) = 0, x \in (a,b)$,則函數在 $[a,b]$ 內恆為常數,即 $f(x) = C$($C$ 為常數).

導數值的大小即 $f(x)$ 變化率的大小.如果 $f'(x)$ 大,那麼函數值 $f(x)$ 的變化就比較快,反應在圖形上就是急劇上下變化的;如果 $f'(x)$ 小,那麼函數值 $f(x)$ 的變化就比較慢,反應在圖形上就是緩慢傾斜的.

**例1** 討論函數 $y = e^x - x - 1$ 的單調性.

**解** 易知 $D = (-\infty, +\infty)$,且 $y' = e^x - 1$.

在 $(-\infty, 0)$ 內,$y' < 0$,所以函數單調減少;

在 $(0, +\infty)$ 內,$y' > 0$,所以函數單調增加.

**例2** 討論函數 $y = \sqrt[3]{x^2}$ 的單調性.

**解** 因為 $D = (-\infty, +\infty)$.$y' = \dfrac{2}{3\sqrt[3]{x}}$ $(x \neq 0)$,當 $x = 0$ 時,導數不存在.

當 $-\infty < x < 0$ 時,$y' < 0$,所以在 $(-\infty, 0]$ 上單調減少;

當 $0 < x < +\infty$ 時,$y' > 0$,所以在 $[0, +\infty)$ 上單調增加.

**例3** 求函數 $y = f(x) = 2x^3 - 9x^2 + 12x - 3$ 的單調區間.

**解** 由於
$$y' = f'(x) = 6(x^2 - 3x + 2) = 6(x-1)(x-2)$$

令 $y' = 0$,解得 $x_1 = 1, x_2 = 2$.

這兩個點把函數的定義域分成三個區間:$(-\infty, 1), (1, 2), (2, +\infty)$.分別討論這三個區間上 $f'(x)$ 的符號,得到函數的單調區間如表 2 - 1 所示:

表 2 - 1

| $x$ | $(-\infty, 1)$ | 1 | $(1, 2)$ | 2 | $(2, +\infty)$ |
|---|---|---|---|---|---|
| $f'(x)$ | + | 0 | − | 0 | + |
| $f(x)$ | ↗ | 2 | ↘ | 1 | ↗ |

其中:↗ 表示單調增加,↘ 表示單調減少.函數的圖形如圖 2 - 4 所示.

图 2-4

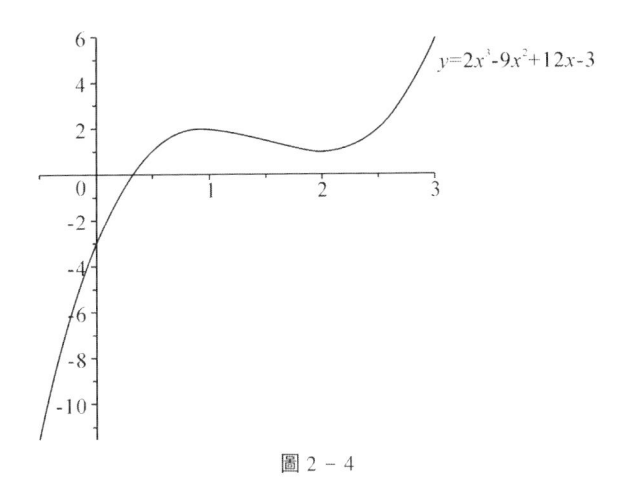

## 2. 極大值與極小值

本節例3中,一階導數為0的點比較特殊,它可能成為函數單調區間的分界點.我們稱一階導數為0的點為函數的**駐點**(或**穩定點**).

從圖2-4上可以看出,在 $x_1 = 1$ 的兩側,函數 $f(x)$ 隨著 $x$ 的增加先遞增然後遞減,在 $x_1 = 1$ 處,函數達到了一個局部上的最大值;在 $x_2 = 2$ 的兩側,函數 $f(x)$ 隨著 $x$ 的增加先遞減然後遞增,在 $x_2 = 2$ 處,函數達到了一個局部上的最小值.我們通常稱這樣的局部最大值點和局部最小值點為極大值點或極小值點.

**定義 2.3** 設函數 $f(x)$ 在 $x_0$ 的某鄰域有定義,且對此鄰域內任意一點 $x(x \neq x_0)$,都有 $f(x) < f(x_0)$,則稱 $f(x_0)$ 是函數 $f(x)$ 的一個極大值;如果對此鄰域內任一點 $x(x \neq x_0)$,都有 $f(x) > f(x_0)$,則稱 $f(x_0)$ 是函數 $f(x)$ 的一個極小值.

函數的極大值與極小值統稱為**極值**.取得極值的點 $x_0$ 稱為函數的**極值點**.

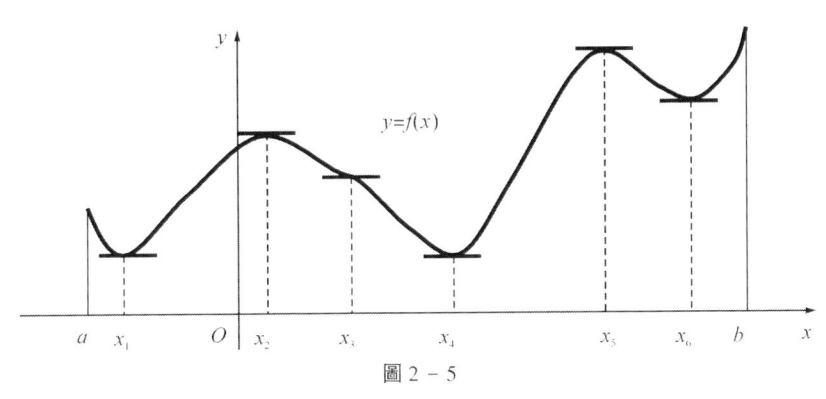

圖 2-5

例如,在圖2-5中,函數 $f(x)$ 分別在 $x_1, x_4, x_6$ 處取極小值,在 $x_2, x_5$ 處取極大值,而點 $x_3$ 既不是極大值點也不是極小值點.顯然,極值是一個局部概念,僅是針對極值點的一個小鄰域而言.

究竟一個函數有沒有極值點? 有多少個極值點? 我們有如下結論.

**定理 2.7(可導函數極值存在的必要條件)** 設函數 $f(x)$ 在點 $x_0$ 處導數存在,且在 $x_0$ 處取得極值,則 $f'(x_0) = 0$.

上述定理說明: 可導函數的極值點必為駐點. 然而駐點卻未必是極值點, 如圖 2 - 5 中的點 $x_3$. 另外, 連續函數的極值還可能在導數不存在的點取得. 例如 $f(x) = |x|$, 在 $x = 0$ 不存在導數,但 $f(x)$ 在 $x = 0$ 取得極小值,這裡 $(0,0)$ 是曲線的尖點.

**定理 2.8(函數極值存在的第一充分條件)** 若函數 $y = f(x)$ 在 $x_0$ 連續, 在 $x_0$ 的兩側附近可導, 當 $x$ 從 $x_0$ 的左側經過 $x_0$ 到達 $x_0$ 右側時:

(1) 若 $f'(x)$ 的符號由負變正, 則 $f(x)$ 在點 $x_0$ 取極小值;

(2) 若 $f'(x)$ 的符號由正變負, 則 $f(x)$ 在點 $x_0$ 取極大值;

(3) 若 $f'(x)$ 的符號不變, 則 $f(x)$ 在點 $x_0$ 處不取極值.

當函數的二階導數也存在並且不為零時, 還有以下結論.

\* **定理 2.9(函數局部極值存在的第二充分條件)** 若函數 $f(x)$ 在 $x_0$ 兩側附近存在二階導數 $f''(x)$, 且 $f'(x_0) = 0$, 則

(1) 若 $f''(x_0) < 0$, 則 $f(x)$ 在 $x_0$ 取極大值;

(2) 若 $f''(x_0) > 0$, 則 $f(x)$ 在 $x_0$ 取極小值.

**例 4** 求函數 $y = f(x) = x^4 - 2x^3$ 的單調區間和極值.

**解** 函數的定義域是 $(-\infty, +\infty)$.

$$f'(x) = 4x^3 - 6x^2 = 4x^2\left(x - \frac{3}{2}\right)$$

令 $f'(x) = 0$, 解得駐點 $x_1 = 0, x_2 = \frac{3}{2}$.

函數的單調區間與取極值的情形如表 2 - 2 所示.

表 2 - 2

| $x$ | $(-\infty, 0)$ | 0 | $\left(1, \frac{3}{2}\right)$ | $\frac{3}{2}$ | $\left(\frac{3}{2}, +\infty\right)$ |
|---|---|---|---|---|---|
| $f'(x)$ | − | 0 | − | 0 | + |
| $f(x)$ | ↘ | 0 | ↘ | $-\frac{27}{16}$ | ↗ |

由表 2 - 2 可知, $f(x)$ 在 $x_1 = 0$ 處不取極值, 在 $x_2 = \frac{3}{2}$ 處取極小值 $f\left(\frac{3}{2}\right) = -\frac{27}{16}$.

函數 $f(x) = x^4 - 2x^3$ 的圖形如圖 2 - 6 所示.

圖 2-6

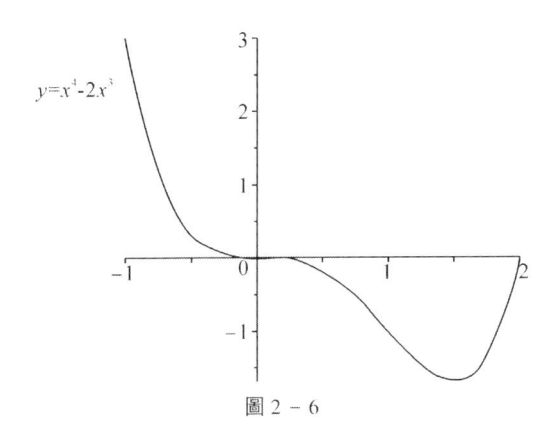

### 3. 最大值與最小值

極值反應的是一個函數在局部上的最大或者最小性質,有時需要考慮整體上(即整個定義區間上)的最大或者最小性質.最大值與最小值統稱爲**最值**.求整體最值的方法形成了最優化理論,在工程科學及經濟管理等各領域經常用到.

假設某個實際問題抽象後的函數爲$f(x)$,我們要確定函數$f(x)$的最值,首先,應該判定函數在定義區間上是否有最值;其次,需要給出函數在定義區間的什麼地方取得最值;最後,確定函數最值是多少.

**例 5** 某家星級賓館有 150 間客房,經過一段時間的經營實踐,該賓館經理得到一些數據:如果每間客房定價160元,住房率爲55%;定價爲140元,住房率爲65%;定價爲120元,住房率爲75%;定價爲100元,住房率爲85%.慾使每天收入最高,問每間客房的定價應是多少?

我們可以把問題抽象,給出以下模型假設:

假設 1:每間客房的定價最高爲 160 元;

假設 2:根據題目提供的數據,設隨著房價的下降,住房率呈線性增長;

假設 3:賓館每間客房定價相同.

然後,建立如下的模型:

設 $y$ 表示賓館一天的總收入,與160元相比,每間客房降低的房價爲 $x$ 元.由上述模型假設 2 可得,每降低 1 元房價,住房率就增加 0.005. 因此

$$y = 150(160 - x)(0.55 + 0.005x)$$

由 $0.55 + 0.005x \leq 1$,可知 $0 \leq x \leq 90$.

於是,問題轉化爲求當 $0 \leq x \leq 90$ 時,$y$ 的最大值是多少?

通過前面對函數極值點的討論可以發現,極值點一定是區間內部的點,不可能在端點取到.然而,函數的最值點,卻沒有這個限制,可以在區間內部取到,也可以在區間端點取到.而且,閉區間上的連續函數一定有最大值與最小值.

因此,要求連續函數在$[a, b]$上的最值,可以求出函數在左、右兩端點的函數值

以及可能的極值點(駐點及導數不存在點)的函數值,則其最大者為最大值,最小者為最小值.

下面三種情況是很有用的,值得注意:

(1) 如果連續函數在$(a,b)$內為單峰函數,即僅有一個極大值,而無極小值,則此極大值就是$f(x)$在$[a,b]$上的最大值;如果連續函數在$(a,b)$內為單谷函數,即只有一個極小值,而無極大值,則此極小值就是$f(x)$在$[a,b]$上最小值.

(2) 如果$f(x)$在$[a,b]$上單調增加,則$f(a)$、$f(b)$分別為$f(x)$在$[a,b]$上最小值和最大值;如果$f(x)$在$[a,b]$上單調減少,則$f(a)$、$f(b)$分別為$f(x)$在$[a,b]$上的最大值和最小值.

(3) 在實際問題中,可以根據問題實際意義,判斷出可導函數$f(x)$在定義區間內必有最大值(或最小值),而函數在定義區間內只有一個駐點,則不必討論,就可斷定在該點處函數取得最大值(或最小值).

現在我們來求解上述賓館定價問題模型.問題已經轉化為求函數
$$y = 150(160 - x)(0.55 + 0.005x)$$
在區間$[0,90]$上的最大值問題.

**解** 先求出可能的極值點

令$y' = 37.5 - 1.5x = 0$得唯一駐點$x = 25$,然後比較駐點及區間端點的函數值
$$f(0) = 13{,}200,\ f(25) = 13{,}668.75,\ f(90) = 10{,}500$$

可見,$x = 25$時函數$y$取最大值,即最大收入對應的住房定價為135元,相應的住房率為7.5%,最大收入為13,668.75元.

此例中,由實際背景可以確定它一定有一個最大值存在,而且此函數又有唯一的駐點,所以可以不用討論,此唯一的駐點就是最大值點.

**例6** 如圖2-7所示,鐵路$AB$段長100千米,工廠$C$距$A$處20千米,$AB$與$AC$垂直,慾在$AB$上選一點$D$,向工廠$C$修一條公路,已知鐵路上每千米運費與公路上每千米運費之比為3∶5.要使貨物從供應站$B$運到工廠$C$的運費最少,問$D$選在距$A$多遠處?

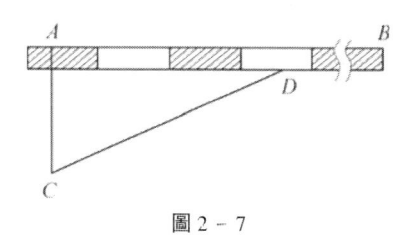

圖2-7

**解** 設$AD = x$千米,則$BD = 100 - x$千米,$CD = \sqrt{400 + x^2}$千米,設鐵路每千米運費為$3k$,公路每千米運費為$5k$,貨物從$B$運到$C$的總運費為$y = f(x)$,則
$$y = f(x) = 5k\sqrt{400 + x^2} + 3k(100 - x) \quad (0 \leqslant x \leqslant 100)$$

求導得
$$y' = k\left(\frac{5x}{\sqrt{400+x^2}} - 3\right)$$

令 $y'=0$，解得 $x=15$。由於函數 $f(x)$ 在區間 $(0,100)$ 內只有唯一駐點 $x=15$，由問題的實際意義，$f(x)$ 必有最小值，且必在 $(0,100)$ 內部取得，故 $x=15$ 時，取 $D$ 點可使 $f(x)$ 在 $[0,100]$ 取得最小值，即運費最少。

**例 7** 某房地產公司有 50 套公寓要出租，當租金定爲每月 180 元時，公寓會全部租出去。當租金每月增加 10 元時，就有一套公寓租不出去，而租出去的房子每月需花費 20 元的整修維護費。試問房租定爲多少可獲得最大收入？

**解** 設房租爲每月 $x$ 元，則租出去的房子有 $50 - \left(\frac{x-180}{10}\right)$ 套，每月總收入爲
$$R(x) = (x-20)\left(50 - \frac{x-180}{10}\right) = (x-20)\left(68 - \frac{x}{10}\right),$$
$$R'(x) = \left(68 - \frac{x}{10}\right) + (x-20)\left(-\frac{1}{10}\right) = 70 - \frac{x}{5}.$$

由 $R'(x)=0$，得 $x=350$（唯一駐點）。

故每月每套租金爲 350 元時收入最高。最大收入爲 $R(350) = 10\,890$（元）。

# 習題 2.3

1. 確定下列函數的單調區間：

   (1) $f(x) = (1+x^2)e^{-x}$ 　　　　(2) $f(x) = x\sqrt{6-x}$

   (3) $f(x) = \dfrac{x^2}{1+x^2}$ 　　　　(4) $f(x) = \begin{cases}(x+3)^2, & x \leqslant -1 \\ 3x+3, & x > -1\end{cases}$

   (5) $f(x) = 2x^3 - 6x^2 - 18x - 7$ 　　(6) $f(x) = 2x + \dfrac{8}{x}\,(x>0)$

2. 求下列函數的極值：

   (1) $y = x^3 - 3x^2 + 7$ 　　　　(2) $y = (x-3)^2(x-2)$

   (3) $y = x - \ln(1+x)$ 　　　　(4) $y = \sqrt{2+x-x^2}$

   (5) $y = \dfrac{1+3x}{\sqrt{4+5x^2}}$ 　　　　(6) $y = \dfrac{3x^2+4x+4}{x^2+x+1}$

3. 求下列函數在所給區間上的最值：

   (1) $y = x^4 - 4x^3 + 8,\ [-1,1]$ 　　(2) $y = \dfrac{x^2}{1+x^2},\ \left[-\dfrac{1}{2},1\right]$

4. 某農夫要用 120 米長的籬笆沿河岸圍一矩形籬笆地塊。其矩形的尺寸是多少

將使其面積最大？其最大面積是多少？（註意,農夫不必沿河岸做籬笆.）

5. 生產一種商品,每件成本200元,如果每件以250元出售,則每月可賣出3 600件;如果每件加價1元,則每月少賣出240件;如果每件少賣1元,則每月可多賣出240件,超過1元也以此類推.問每件售多少元時可使每月獲利最大？最大利潤是多少？

## §2.4　導數在經濟學中的應用

邊際和彈性是經濟學中的兩個重要概念.由於許多經濟變量不僅可以看成是連續變化的,而且還是可導的,因此,我們可用導數的概念來研究經濟變量的邊際和彈性,相應地稱之爲邊際分析與彈性分析.

**1. 邊際分析**

在經濟分析中,通常用到"邊際"這個概念."邊際"表示在自變量$x$的某一個值的"邊際"上因變量$y$的變化情況,即自變量在一個定值上發生微小變化時,因變量$y$的變化情況.

一般地,假設總成本函數$C = C(Q)$是可導的,總成本函數的邊際成本表示生產最後增加的那個單位產品所花費的成本.在數值上,就是當產量爲$Q$時,每增加或減少一個單位產品而使總成本變動的數值.邊際成本記爲$MC$(Marginal Cost).當產量爲$Q$時,由(2-8)式,有

$$MC = \Delta C = C(Q+1) - C(Q) \approx C'(Q)$$

因此,經濟學上,總成本函數的導數稱爲邊際成本.類似地,收入函數的導數稱爲邊際收入,利潤函數的導數稱爲邊際利潤."邊際"就是導數的經濟學解釋.

**例1**　設總成本函數爲$C = C(Q) = 2Q^3 - 12Q^2 + 30Q$.求$Q = 2$與$Q = 5$時的邊際成本,並解釋其意義.

**解**　邊際成本函數爲:

$$MC = C'(Q) = 6Q^2 - 24Q + 30$$

它是$Q$的函數,說明在不同的產量基礎上,每增加單位產品,總成本的增加額是不同的.

當$Q = 2$時,$MC = 6$,說明在產量爲2個單位的基礎上,若再生產一個單位產量時,總成本將增加6個單位.

當$Q = 5$時,$MC = 60$,說明在產量爲5個單位的基礎上,若再生產一個單位產量時,總成本將增加60個單位.

**例2**　已知某產品產量爲$Q$件時,總成本函數爲$C(Q) = 2Q^3 - 12Q^2 + 30Q$,求最小平均成本和最小邊際成本.

**解**　平均成本函數爲:$AC = \dfrac{C(Q)}{Q} = 2Q^2 - 12Q + 30$.

$M(AC) = 4Q - 12$,令 $M(AC) = 0$,解得唯一駐點 $Q = 3$,故最小平均成本 $AC|_{Q=3} = 12$.

邊際成本函數爲:$MC = C'(Q) = 6Q^2 - 24Q + 30$,$(MC)' = 12Q - 24$.

令 $(MC)' = 0$,得唯一駐點 $Q = 2$,故最小邊際成本 $MC|_{Q=2} = 6$.

**例3** 向一家公司訂購某種批發小商品,如果訂購量不超過40 000件,則每千件價格爲240元;如果訂購量超過40 000件,則每超過1 000件價格可下浮1.25%.問訂單多大時,該公司銷售收入最大?

**解** 設訂單爲 $Q$ 千件,則

當 $Q \leqslant 40$ 時,銷售收入爲 $R(Q) = 240Q$ 元;

當 $Q > 40$ 時,銷售收入爲

$R(Q) = 240 \times [1 - 1.25\% \times (Q - 40)] \times Q = [240 - 3(Q - 40)]Q = -3Q^2 + 360Q$ 元

即

$$R(Q) = \begin{cases} 240Q, & 0 \leqslant Q \leqslant 40 \\ -3Q^2 + 360Q, & Q > 40 \end{cases}$$

當 $Q > 40$ 時,$R'(Q) = -6Q + 360$,令 $R'(Q) = 0$,解得 $Q = 60$.由於 $R'' = -6 < 0$,所以 $Q = 60$ 爲極大值點.不難判斷,$Q = 60$ 也是最大值點,即當訂貨量爲60 000件時,公司銷售收入最大.

如果用 $R(x)$ 表示收益函數,$C(x)$ 表示成本函數,則利潤函數 $L(x) = R(x) - C(x)$.

爲了求得最大利潤,令 $L'(x) = R'(x) - C'(x) = 0$,可得 $R'(x) = C'(x)$.爲確保 $L(x)$ 在此條件下達到最大,當然希望還有 $L''(x) = R''(x) - C''(x) < 0$.所以,$R'(x) = C'(x)$ 且 $R''(x) < C''(x)$ 就是**利潤最大原則**.

**例4** 某產品的需求函數爲 $P = 10 - \dfrac{x}{5}$,成本函數爲 $C(x) = 50 + 2x$.問產量 $x$ 爲多少時利潤最大?

**解** 因爲 $P = 10 - \dfrac{x}{5}$,所以 $R(x) = xP(x) = 10x - \dfrac{x^2}{5}$.

利潤函數 $L(x) = R(x) - C(x) = 8x - \dfrac{x^2}{5} - 50$,且有 $L'(x) = 8 - \dfrac{2}{5}x$,$L''(x) = -\dfrac{2}{5}$.

令 $L'(x) = 0$,解得 $x = 20$,且 $L''(20) < 0$,所以當 $x = 20$ 時,總利潤 $L(x)$ 最大.

不難驗證,此時有 $R'(20) = C'(20)$;$R''(20) = -\dfrac{2}{5} < C''(20) = 0$.符合最大利潤原則.

**例5** 某種商品價格 $P = 21 - 0.6Q$(萬元/噸),成本函數 $C(Q) = 9Q + 3$(萬元),$Q$ 爲銷售量.若每銷售一噸商品要納稅 $t$(萬元),問:商家獲得最大利潤時的銷售量和價格各是多少? $t$ 爲多少時,納稅總額最大?

**解** 商家的稅後利潤爲 $L(Q) = R(Q) - C(Q) - T(Q)$

$$= PQ - (9Q + 3) - tQ$$
$$= (21 - 0.6Q)Q - 9Q - 3 - tQ$$
$$= -0.6Q^2 + (12 - t)Q - 3$$
$$L'(Q) = -1.2Q + 12 - t$$

令 $L'(Q) = 0$,解得唯一駐點 $Q = \frac{5}{6}(12 - t)$.故商家獲得最大利潤時銷售量爲 $Q = \frac{5}{6}(12 - t)$(噸).價格應定爲 $P = 21 - 0.6 \times \frac{5}{6}(12 - t) = 15 - \frac{1}{2}t$(萬元／噸).

在以商家的最大利潤爲原則定價後,納稅總額

$$T = tQ = \frac{5}{6}(12 - t)t = -\frac{5}{6}t^2 + 10t$$

令 $T' = -\frac{5}{3}t + 10 = 0$,得 $t = 6$,即每噸商品徵稅 6 萬元時,稅收總額最大.

**2. 彈性**

彈性是用來描述一個經濟變量對另一個經濟變量變化時,它所做出反應的強弱程度.通俗來講,彈性就是用來描述當一個量變化了百分之一,另一個量變化了百分之多少的一個量,即相對變化率的比值.

若函數 $y = f(x)$ 在點 $x_0(x_0 \neq 0)$ 的某鄰域內有定義,且 $f(x_0) \neq 0$,則稱 $\Delta x$ 和 $\Delta y$ 分別是 $x$ 和函數 $y$ 在點 $x_0$ 處的絕對增量,並稱 $\frac{\Delta x}{x_0}$ 與 $\frac{\Delta y}{y_0} = \frac{f(x_0 + \Delta x) - f(x_0)}{f(x_0)}$ 分別爲自變量 $x$ 與函數 $y$ 在點 $x_0$ 處的相對增量(或相對變化率).

**定義2.4** 設 $y = f(x)$,當 $\Delta x \to 0$ 時,極限 $\lim\limits_{\Delta x \to 0} \dfrac{\frac{\Delta y}{y_0}}{\frac{\Delta x}{x_0}}$ 存在,則稱此極限值爲函數 $f(x)$ 在點 $x_0$ 處的彈性,記爲 $\varepsilon(x_0)$,即

$$\varepsilon(x_0) = \lim_{\Delta x \to 0} \frac{\frac{\Delta y}{y_0}}{\frac{\Delta x}{x_0}} = \frac{x_0}{y_0} \lim_{\Delta x \to 0} \frac{\Delta y}{\Delta x} \qquad (2-9)$$

由定義2.4可知:

(1) 若 $y = f(x)$ 在 $x_0$ 處可導,則它在點 $x_0$ 處的彈性爲

$$\varepsilon(x_0) = x_0 \cdot \frac{f'(x_0)}{f(x_0)} \qquad (2-10)$$

(2) $\varepsilon(x_0)$ 的經濟意義是:在 $x_0$ 處,當 $x$ 產生 1% 的改變時,$f(x)$ 就會產生 $\varepsilon(x_0)$% 的改變;當 $\varepsilon(x_0) > 0 (< 0)$ 時,$x$ 與 $y$ 的變化方向相同(相反).這是因爲由 (2-9) 式知,當 $\Delta x$ 很小時,有

$$\varepsilon(x_0) \approx \frac{\frac{\Delta y}{y_0}}{\frac{\Delta x}{x_0}}$$

即

$$\frac{\Delta y}{y_0} \approx \varepsilon(x_0) \frac{\Delta x}{x_0}.$$

在經濟學中,需求函數 $Q = Q(p)$ 關於價格 $p$ 的彈性,稱爲需求彈性(或需求價格彈性),記爲 $\varepsilon(p)$. 由 (2 - 10) 式,有

$$\varepsilon(p) = p \cdot \frac{Q'(p)}{Q(p)} = \frac{p}{Q} \cdot \frac{dQ}{dp} \qquad (2-11)$$

**例6** 設需求函數 $Q = 100(6 - p)$ $(0 < p < 6)$. 求價格 $p = 1.5, 3, 4$ 時的需求價格彈性,並說明在這幾種情況下應如何調整商品的價格使總收入增加.

**解** $Q'(p) = -100$, $\varepsilon(p) = \frac{p}{Q} Q'(p) = \frac{p}{p-6}$.

當 $p = 1.5$ 時,$\varepsilon(1.5) = \frac{1.5}{1.5 - 6} \approx -0.33$,說明此時價格上漲1%,需求量只減少 0.33%. 一般地,當 $|\varepsilon(p)| < 1$ 時,需求變動的幅度小於價格變動的幅度,我們稱之爲低彈性. 此時,降價使總收益減少,提價使總收入增加.

當 $p = 3$ 時,$\varepsilon(3) = \frac{3}{3-6} = -1$,此時提價1%,需求量也減少1%. 當 $|\varepsilon(p)| = 1$ 時,需求變動的幅度等於價格變動的幅度,我們稱之爲單位彈性,這時提價或者降價對總收入沒有影響.

當 $p = 4$ 時,$\varepsilon(4) = \frac{4}{4-6} = -2$,此時提價1%,需求量將減少2%. 當 $|\varepsilon(p)| > 1$ 時,需求變動的幅度大於價格變動的幅度,我們稱之爲高彈性. 此時,降價將使總收益增加,提價將使總收益減少.

**例7** 根據統計資料表明,某類商品的需求量爲 2 660 單位,需求價格彈性爲 $-1.4$. 若該商品價格計劃上漲8%(假設其他條件不變),問該商品的需求量會降低多少?

**解** 設某商品的需求量爲 $Q$,其在價格上漲時的改變量爲 $\Delta Q$,則有

$$\Delta Q \approx \varepsilon_p \cdot \frac{\Delta p}{p} \cdot Q = -1.4 \times 8\% \times 2\ 660 = -298 (單位)$$

因此,估計漲價後的需求量會減少 298 單位.

當然,我們也可用類似的方法,對供給函數、成本函數等常用經濟函數進行彈性分析,以預測市場的飽和狀態及商品的價格變動等.

### 3. 函數最值在經濟中的應用

在經濟管理中,需要尋求企業的最小生產成本或制定獲得最大利潤的一系列價

格策略等,這些問題,都可歸結爲求函數的最值.下面舉例說明函數最值在經濟上的應用.

**(1) 平均成本最小**

**例8** 某工廠生產產量爲 $x$(件) 時,生產成本函數(元) 爲

$$C(x) = 9\,000 + 40x + 0.001x^2$$

求該廠生產多少件產品時,平均成本達到最小? 並求出其最小平均成本和相應的邊際成本.

**解** 平均成本函數是

$$\bar{C}(x) = \frac{C(x)}{x} = \frac{9\,000}{x} + 40 + 0.001x$$

求導得

$$\bar{C}'(x) = -\frac{9\,000}{x^2} + 0.001$$

令 $\bar{C}'(x) = 0$,得駐點 $x = 3\,000$.

因爲 $\bar{C}''(3\,000) = \dfrac{18\,000}{3\,000^3} > 0$,且駐點唯一,極小值即最小值.

所以,當產量 $x = 3\,000$ 件時,平均成本達到最小,且最小平均成本爲

$$\bar{C}(3\,000) = \frac{9\,000}{3\,000} + 40 + 0.001 \times 3\,000 = 46(元/件).$$

又因爲邊際成本函數爲

$$C'(x) = 40 + 0.002x$$

所以,$x = 3\,000$,相應的邊際成本值爲

$$C'(3\,000) = 40 + 0.002 \times 3\,000 = 46\,(元/件).$$

可見,最小平均成本等於其相應的邊際成本.

**(2) 最大利潤**

設成本函數爲 $C(x)$,收益函數爲 $R(x)$,其中 $x$ 爲產量,則在假設產量和銷量一致的情況下,利潤函數

$$L(x) = R(x) - C(x)$$

假設產量爲 $x_0$ 時,利潤達到最大,則由極值的必要條件和極值的第二充分條件, $L(x)$ 必定滿足:

$$L'(x)\big|_{x=x_0} = R'(x_0) - C'(x_0) = 0$$

$$L''(x)\big|_{x=x_0} = R''(x_0) - C''(x_0) < 0$$

因此,只要函數 $L(x)$ 在 $x = x_0$ 處滿足上面兩個條件,它在 $x = x_0$ 處就必定會達到最大.

**例9** 某商家銷售某種商品的價格滿足關係 $p = 7 - 0.2x$(萬元/噸),且 $x$ 爲銷售量(單位:噸),商品的成本函數爲 $C(x) = 3x + 1$(萬元).

(1) 若每銷售一噸商品,政府要徵稅 $t$(萬元),求該商家獲最大利潤時的銷售量;

（2）t 爲何值時，政府稅收總額最大．

**解** （1）設該商品的銷售量爲 x，銷售收入爲 R(x)，政府的稅收總額爲 T，商家的利潤總額爲 L(x)，則有
$$R(x) = p \cdot x = 7x - 0.02x^2, T = t \cdot x.$$
於是，得
$$L(x) = R(x) - T - C(x) = -0.2x^2 + (4-t)x - 1.$$
令 $L'(x) = -0.4x + 4 - t = 0$，則得駐點爲 $x = \frac{5}{2}(4-t)$．

又因爲 $L''(x) = -0.4 < 0$，且駐點 $x = \frac{5}{2}(4-t)$ 唯一，所以 L(x) 在 $x = \frac{5}{2}(4-t)$ 時取得最大值，即 $x = \frac{5}{2}(4-t)$ 是使商家獲得最大利潤的銷售量．

（2）由（1）的結果知，政府稅收總額爲
$$T = t \cdot x = \frac{5}{2}(4-t)t = 10 - \frac{5}{2}(t-2)^2$$
從上式不難看出，當 t = 2 時，政府稅收總額最大．

必須指出的是：爲了使商家在納稅的情況下仍能獲得最大利潤，就應使 $x = \frac{5}{2}(4-t) > 0$，即 t 滿足限制 0 < t < 4．顯然 t = 2 並未超出 t 的限制範圍．

### （3）最佳存款利息

**例 10** 某家銀行，準備新設某種定期存款業務．假設存款量與利率成正比，經預測貸款投資的收益率爲 16%，那麼存款利息定爲多少時，才能收到最大的貸款純收益？

**解** 設存款利率爲 x，存款總額爲 M，則由 M 與 x 成正比，得
$$M = kx \quad (k \text{ 是正常數})$$
若貸款總額爲 M，則銀行的貸款收益爲 $0.16M = 0.16kx$．

因爲，這筆貸款 M 要付給存戶的利息爲 $xM = kx^2$，所以，銀行的貸款純收益爲 $f(x) = 0.16kx - kx^2$．

令 $f'(x) = 0.16k - 2kx = 0$，則得駐點 x = 0.08．

由 $f''(x) = -2k < 0$ 和駐點唯一知，x = 0.08 是 f(x) 的最大值點．

因此，當存款利率爲 8% 時，可創最高貸款純收入．

### （4）最佳批量和批數

**例 11** 某廠年需某種零件 8 000 個，需分期分批外購，然後均勻投入使用（此時平均庫存量爲批量的一半）．若每次訂貨的手續費爲 40 元，每個零件一年的庫存費爲 4 元．試求最經濟的訂貨批量和進貨批數．

**解** 設每年的庫存費和訂貨的手續費之和爲 C(x)，進貨的批數爲 x，則批量爲 $\frac{8\,000}{x}$ 個，且

$$C(x) = \frac{8\,000}{x} \times \frac{1}{2} \times 4 + 40x = \frac{1\,600}{x} + 40x.$$

令 $C'(x) = -\dfrac{1\,600}{x^2} + 40 = 0$，則得唯一駐點 $x = 20$.

於是，由 $C'(x) = \dfrac{3\,200}{x^3} > 0$ 知，駐點為極小值點。

因此，當進貨的批數為 20 批，訂貨批量為 400 個時，每年的庫存費和訂貨的手續費最少——最經濟。

企業在正常生產的經營活動中，庫存是必要的，但庫存太多會使資金積壓、商品陳舊變質造成浪費。因此，確定最優（最適當）的庫存量是很重要的。

**例 12** 某人利用原材料每天要製作 5 個貯藏櫥。假設外來木材的運送成本為 6 000 元，而貯存每個單位材料的成本為 8 元。為使他在兩次運送期間的製作週期內平均每天的成本最小，每次他應該訂多少原材料以及多長時間訂一次貨？

**解** 設每 $x$ 天訂一次貨，那麼在運送週期內必須訂 $5x$ 單位材料。而平均貯存量大約為運送數量的一半，即 $\dfrac{5x}{2}$. 因此

$$\text{每個週期的成本} = \text{運送成本} + \text{貯存成本} = 6\,000 + \frac{5x}{2} \cdot x \cdot 8$$

$$\text{平均成本 } \bar{C}(x) = \frac{\text{每個週期的成本}}{x} = \frac{6\,000}{x} + 20x, \ (x > 0)$$

由 $\bar{C}'(x) = -\dfrac{6\,000}{x^2} + 20$，解方程 $\bar{C}'(x) = 0$，得駐點

$$x_1 = 10\sqrt{3} \approx 17.32, \ x_2 = -10\sqrt{3} \approx -17.32 \text{（捨去）}.$$

因 $\bar{C}''(x) = \dfrac{12\,000}{x^3}$，則 $\bar{C}''(x_1) > 0$，所以在 $x_1 = 10\sqrt{3} \approx 17.32$ 天處取得最小值。

貯藏櫥製作者應該安排每隔 17 天運送外來木材 $5 \times 17 = 85$ 單位材料。

# 習題 2.4

1. 設某產品的價格 $p$ 與需求量 $Q$ 的關係為 $p = 10 - \dfrac{Q}{5}$.

(1) 求需求量為 20 及 30 時的收益 $R$、平均收益 $\bar{R}$ 及邊際收益 $R'$；

(2) 當 $Q$ 為多少時，收益最大？

2. 某廠生產某種產品，總成本函數為 $C(x) = 200 + 4x + 0.05x^2$ 元。

(1) 指出固定成本、可變成本；

(2) 求邊際成本函數及產量 $x = 200$ 時的邊際成本。

（3）說明其經濟意義.

3. 已知某商品的成本函數爲 $C(Q) = 1\,000 + \dfrac{Q^2}{10}$，其中 $Q$ 爲產量.

（1）求當 $Q = 120$ 時的總成本、平均成本及邊際成本.

（2）當日產量 $Q$ 爲多少時平均成本最小，並求最小平均成本.

4. 求函數 $y = 120e^{4x}$ 的彈性函數.

5. 設某商品的需求函數爲其價格 $p$ 的函數 $Q = e^{-\frac{p}{3}}$，求：

（1）需求彈性函數.

（2）在 $p = 3, p = 6$ 處的彈性，並說明其經濟意義.

6. 設某商品的需求量 $Q$ 對價格 $p$ 的函數爲 $Q = 50\,000e^{-2p}$.

（1）求需求彈性.

（2）當商品的價格 $p = 10$ 元時，再增加 1%，求商品需求量的變化情況.

7. 已知某企業某種產品的需求彈性在 1.3 至 2.1 之間，如果該企業準備明年將價格降低 10%，問這種商品的銷售量預期會增加多少？收入會增加多少？

8. 某食品加工廠生產某類食品的成本 $C$（元）是日產量 $x$（千克）的函數

$$C(x) = 1\,600 + 4.5x + 0.01x^2.$$

問該產品每天生產多少千克時，才能使平均成本達到最小值？

9. 某化肥廠生產某類化肥，其成本函數爲 $C(x) = 1\,000 + 60x - 0.3x^2 + 0.001x^3$（元）.需求函數爲 $x = 800 - \dfrac{20}{3}p$（噸）.問銷售量爲多少時，可獲最大利潤，此時的價格爲多少？

10. 某公司正在生產一新款冰箱.它確定，爲了賣出 $x$ 臺冰箱，每臺價格應爲 $p = 280 - 0.4x$.同時還確定，生產 $x$ 臺冰箱的總成本可表示成 $C(x) = 5\,000 + 0.6x^2$.爲最大化利潤，公司應生產並銷售多少臺冰箱？最大利潤是多少？爲獲得這個最大利潤，其冰箱單價應定爲多少？

## §2.5　微分

先分析一個具體問題.一塊正方形金屬薄片受到溫度變化的影響，其邊長由 $x_0$ 變到 $x_0 + \Delta x$（見圖 2-8），問此薄片的面積改變了多少？

設此薄片的邊長爲 $x$，面積爲 $A$，則 $A$ 是 $x$ 的函數：$A = x^2$.薄片受溫度變化的影響時面積的改變量，可以看成當自變量 $x$ 自 $x_0$ 取得增量 $\Delta x$ 時，面積 $A$ 相應的增量 $\Delta A$，即

$$\Delta A = (x_0 + \Delta x)^2 - x_0^2 = 2x_0 \Delta x + (\Delta x)^2.$$

從上述薄片面積的改變量可以看出，$\Delta A$ 分成兩部分，第一部分 $2x_0\Delta x$ 是 $\Delta x$ 的線性函數，即圖 2-8 中陰影部分的兩個矩形面積之和，而第二部分 $(\Delta x)^2$ 是圖 2-8 中

图 2 - 8

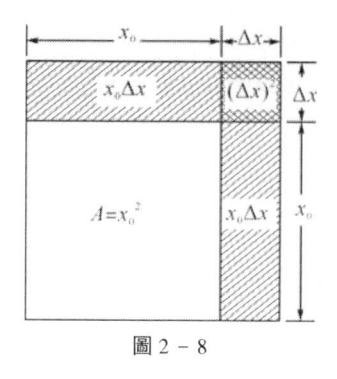

陰影部分的小正方形的面積,當 $\Delta x \to 0$ 時,第二部分 $(\Delta x)^2$ 與 $\Delta x$ 比值的極限 $\lim\limits_{\Delta x \to 0} \dfrac{(\Delta x)^2}{\Delta x} = \lim\limits_{\Delta x \to 0} \Delta x = 0$,我們稱 $(\Delta x)^2$ 是比 $\Delta x$ 高階的無窮小,記為 $(\Delta x)^2 = o(\Delta x)$. 由此可見,如果邊長改變微小,即當 $|\Delta x|$ 很小時,面積的改變量 $\Delta A$ 可以近似地用第一部分來代替.

**註意** 極限為零的變量稱為無窮小量,簡稱無窮小. 無窮小量是相對於自變量的某一變化過程而言的. 例如 $\dfrac{1}{x}$,當 $x \to \infty$ 時是無窮小量;當 $x \to 1$ 時就不是無窮小量了.

在理論研究和實際應用中,常常會遇到這樣的問題:當自變量 $x_0$ 有微小變化 $\Delta x$ 時,求函數 $y = f(x)$ 的微小改變量

$$\Delta y = f(x_0 + \Delta x) - f(x_0).$$

這個問題初看起來似乎只要做減法運算就可以了,然而,對於較複雜的函數 $f(x)$,差值 $f(x_0 + \Delta x) - f(x_0)$ 卻是一個更複雜的表達式,不易求出其值. 一個想法是:我們設法將 $\Delta y$ 表示成 $\Delta x$ 的線性函數,即線性化,從而把複雜問題化為簡單問題. 微分就是實現這種線性化的一種數學模型.

**1. 微分的定義**

**定義2.5** 設函數 $y = f(x)$ 在某區間內有定義,$x_0$ 及 $x_0 + \Delta x$ 在這區間內,如果函數的增量

$$\Delta y = f(x_0 + \Delta x) - f(x_0)$$

可表示為

$$\Delta y = A\Delta x + o(\Delta x),$$

其中 $A$ 是不依賴於 $\Delta x$ 的常數,而 $o(\Delta x)$ 是比 $\Delta x$ 高階的無窮小,那麼稱函數 $y = f(x)$ 在點 $x_0$ 是可微分的,而 $A\Delta x$ 叫做函數 $y = f(x)$ 在點 $x_0$ 相應於自變量增量 $\Delta x$ 的微分,記作 $dy$,即 $dy = A\Delta x$.

顯然,微分 $dy$ 是 $\Delta x$ 的線性函數,且 $\Delta y \approx dy$.

那麼,函數 $y = f(x)$ 滿足什麼條件才可微分呢？如何求出一個函數的微分？對這些問題,我們有以下結論.

**定理 2.10** 函數 $f(x)$ 在點 $x$ 處可微分的充分必要條件是函數 $f(x)$ 在點 $x$ 處可導,且

$$dy = f'(x)\Delta x$$

由於 $(x)' = 1$,所以自變量 $x$ 的微分 $dx = (x)'\Delta x = \Delta x$.於是函數 $y = f(x)$ 的微分又可記作

$$dy = f'(x)dx$$

從而有

$$\frac{dy}{dx} = f'(x)$$

**例 1** 求函數 $y = x^2$ 當 $x$ 由 1 改變到 1.01 的微分.

**解** 因為 $dy = (x^2)'dx = 2xdx$,由題設條件知 $x = 1, dx = 1.01 - 1 = 0.01$,

所以　$dy = 2 \times 1 \times 0.01 = 0.02$.

**例 2** 求函數 $y = x^3$ 在 $x = 2$ 處的微分.

**解** 由於

$$dy = y'dx = 3x^2 dx$$

當 $x = 2$ 時,有

$$dy|_{x=2} = (3x^2)|_{x=2}dx = 12dx$$

**2. 微分的幾何意義**

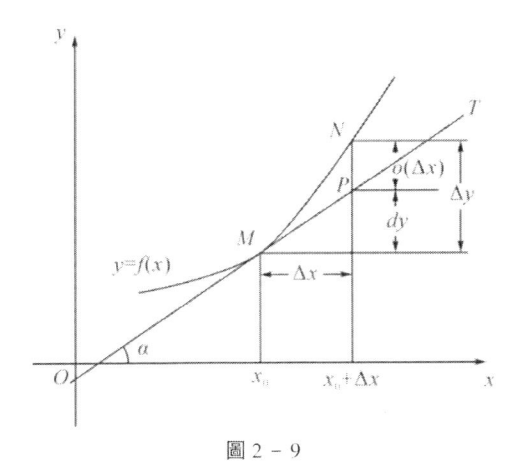

圖 2 - 9

在直角坐標系中,函數 $y = f(x)$ 的圖形是一條曲線.對於某一固定的 $x_0$,曲線上有一個確定的點 $M(x_0, y_0)$.當自變量 $x$ 有微小增量 $\Delta x$ 時,就得到曲線上另一點 $N(x_0 + \Delta x, y_0 + \Delta y)$.過點 $M$ 作曲線的切線 $MT$.由圖 2 - 9 可知,當 $\Delta y$ 是曲線的縱坐

標增量時，$dy$ 就是切線縱坐標增量.當 $|\Delta x|$ 很小時，在點 $M$ 的附近，切線段 $MP$ 可近似代替曲線段 $MN$.

### 3. 基本微分公式

從函數微分的表達式

$$dy = f'(x)dx$$

可以看出,要計算函數的微分,只要計算函數的導數,再乘以自變量的微分.因此,可得到如下基本微分公式：

(1) $dC = 0$，  (2) $d(x^\mu) = \mu x^{\mu-1}dx$，

(3) $d(\sin x) = \cos x dx$，  (4) $d(\cos x) = -\sin x dx$，

(5) $d(\tan x) = \sec^2 x dx$，  (6) $d(\cot x) = -\csc^2 x dx$，

(7) $d(\sec x) = \sec x \tan x dx$，  (8) $d(\csc x) = -\csc x \cot x dx$，

(9) $d(a^x) = a^x \ln a dx$，  (10) $d(e^x) = e^x dx$，

(11) $d(\log_a x) = \dfrac{1}{x \ln a}dx = \dfrac{1}{x}\log_a e dx$，  (12) $d(\ln x) = \dfrac{1}{x}dx$，

(13) $d(\arcsin x) = \dfrac{1}{\sqrt{1-x^2}}dx$，  (14) $d(\arccos x) = -\dfrac{1}{\sqrt{1-x^2}}dx$，

(15) $d(\arctan x) = \dfrac{1}{1+x^2}dx$，  (16) $d(\text{arccot } x) = -\dfrac{1}{1+x^2}dx$.

### 4. 微分四則運算法則

根據微分的定義,結合函數和、差、積、商的求導法則,可推得相應的微分法則（設 $u = u(x), v = v(x)$ 都可導）：

(1) $d(u \pm v) = du \pm dv$，  (2) $d(Cu) = Cdu$（$C$ 是常數），

(3) $d(uv) = vdu + udv$，  (4) $d\left(\dfrac{u}{v}\right) = \dfrac{vdu - udv}{v^2}$ ($v \neq 0$).

**例 3**  求函數 $y = x^3 e^{2x}$ 的微分.

**解**  $dy = d(x^3 e^{2x}) = e^{2x}d(x^3) + x^3 d(e^{2x}) = 3x^2 e^{2x}dx + 2x^3 e^{2x}dx$
$= x^2 e^{2x}(3 + 2x)dx$

**例 4**  求函數 $y = \dfrac{\sin x}{x}$ 的微分.

**解**  $dy = d\left(\dfrac{\sin x}{x}\right) = \dfrac{xd(\sin x) - \sin x dx}{x^2} = \dfrac{x\cos x - \sin x}{x^2}dx$

## 習題 2.5

1. 求下列函數的微分：

   (1) $y = 5x^2 + 3x + 1$      (2) $y = (x^2 + 2x)(x - 4)$

   (3) $y = x^2 e^{2x}$      (4) $y = e^x \sin^2 x$

   (5) $y = \arctan\sqrt{x}$      (6) $y = \ln\sqrt{1-x^2}$

2. 將適當的函數填入下列括號內，使等式成立：

   (1) $d(\quad) = 2dx$      (2) $d(\quad) = 3xdx$

   (3) $d(\quad) = \cos tdt$      (4) $d(\quad) = \sin\omega x dx$

   (5) $d(\quad) = \dfrac{1}{1+x}dx$      (6) $d(\quad) = e^{-2x}dx$

3. 若函數 $y = x^2 + 1$，在 $x = 1$ 處，$\Delta x = 0.01$，試計算 $dy$，$\Delta y$ 及 $\Delta y - dy$。

4. 設 $y = x^2 \ln x^2 + \cos x$，求 $dy|_{x=1}$。

## 本章總習題

1. 單項選擇題：

   (1) 設 $f(x)$ 在 $x_0$ 處可導，則 $\lim\limits_{\Delta x \to 0} \dfrac{f(x_0 - \Delta x) - f(x_0)}{\Delta x} = (\quad)$。

   (A) $-f'(x_0)$      (B) $f'(-x_0)$

   (C) $f'(x_0)$      (D) $2f'(x_0)$

   (2) 設 $f(x)$ 在 $x_0$ 處不連續，則 $f(x)$ 在 $x_0$ 處 (　)。

   (A) 必不可導      (B) 一定可導

   (C) 可能可導      (D) 無極限

   (3) 若 $f'(x_0) = -3$，則 $\lim\limits_{h \to 0} \dfrac{f(x_0 + h) - f(x_0 - 3h)}{h} = (\quad)$。

   (A) $-3$      (B) $-6$

   (C) $-9$      (D) $-12$

   (4) 下列求導運算中正確的是 (　)。

   (A) $\left(\dfrac{1}{x}\right)' = -\dfrac{1}{x^2}$      (B) $(3^x)' = x3^{x-1}$

   (C) $\left(\sin\dfrac{\pi}{2}\right)' = \cos\dfrac{\pi}{2}$      (D) $\left(\cos\dfrac{\pi}{5}\right)' = -\sin\dfrac{\pi}{5}$

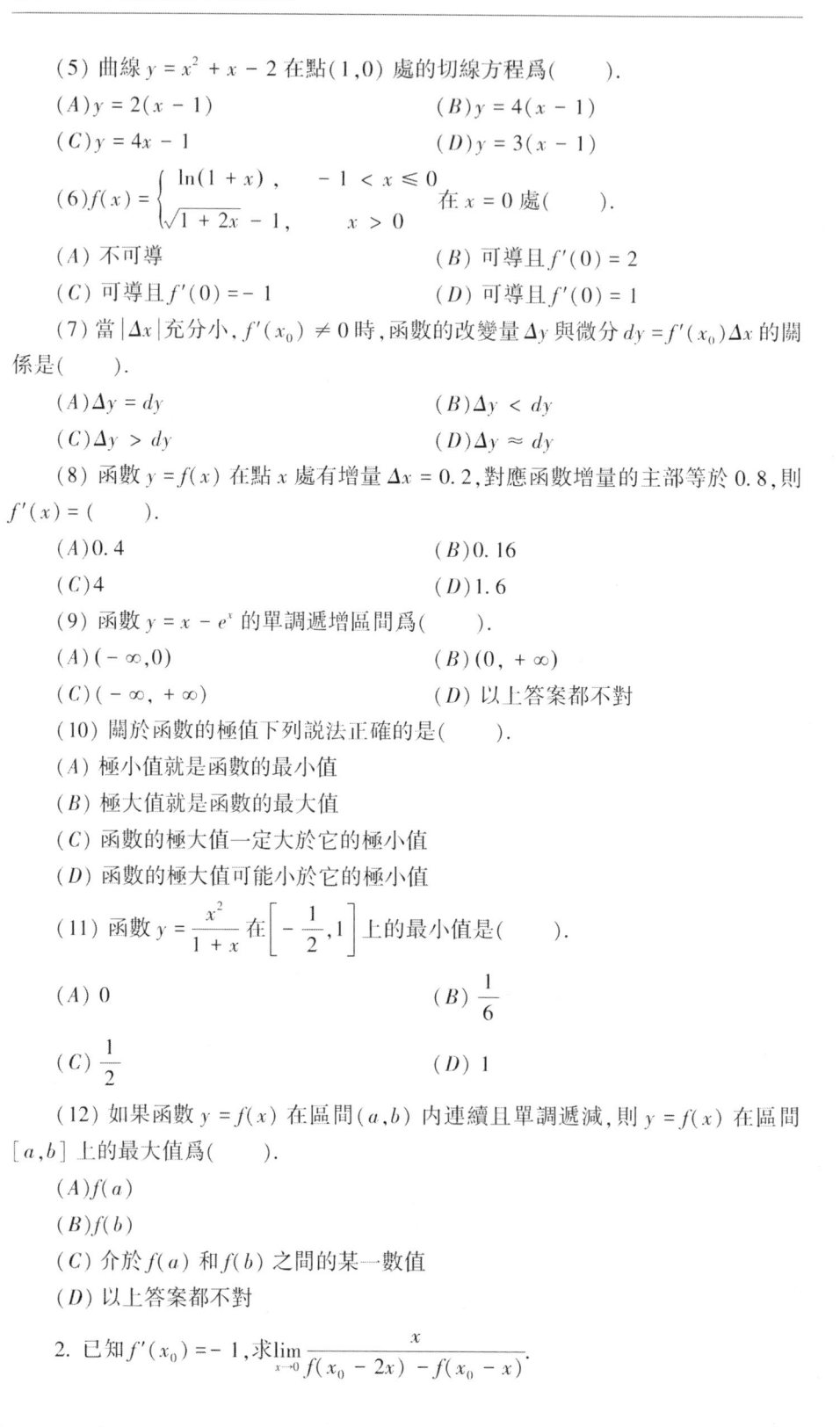

(5) 曲線 $y = x^2 + x - 2$ 在點 $(1,0)$ 處的切線方程爲( ).

(A) $y = 2(x - 1)$　　　　　　(B) $y = 4(x - 1)$

(C) $y = 4x - 1$　　　　　　　(D) $y = 3(x - 1)$

(6) $f(x) = \begin{cases} \ln(1+x), & -1 < x \leq 0 \\ \sqrt{1+2x} - 1, & x > 0 \end{cases}$ 在 $x = 0$ 處( ).

(A) 不可導　　　　　　　　　(B) 可導且 $f'(0) = 2$

(C) 可導且 $f'(0) = -1$　　　　(D) 可導且 $f'(0) = 1$

(7) 當 $|\Delta x|$ 充分小,$f'(x_0) \neq 0$ 時,函數的改變量 $\Delta y$ 與微分 $dy = f'(x_0)\Delta x$ 的關係是( ).

(A) $\Delta y = dy$　　　　　　　(B) $\Delta y < dy$

(C) $\Delta y > dy$　　　　　　　(D) $\Delta y \approx dy$

(8) 函數 $y = f(x)$ 在點 $x$ 處有增量 $\Delta x = 0.2$,對應函數增量的主部等於 $0.8$,則 $f'(x) = ($ ).

(A) $0.4$　　　　　　　　　　(B) $0.16$

(C) $4$　　　　　　　　　　　(D) $1.6$

(9) 函數 $y = x - e^x$ 的單調遞增區間爲( ).

(A) $(-\infty, 0)$　　　　　　　(B) $(0, +\infty)$

(C) $(-\infty, +\infty)$　　　　　(D) 以上答案都不對

(10) 關於函數的極值下列說法正確的是( ).

(A) 極小值就是函數的最小值

(B) 極大值就是函數的最大值

(C) 函數的極大值一定大於它的極小值

(D) 函數的極大值可能小於它的極小值

(11) 函數 $y = \dfrac{x^2}{1+x}$ 在 $\left[-\dfrac{1}{2}, 1\right]$ 上的最小值是( ).

(A) $0$　　　　　　　　　　　(B) $\dfrac{1}{6}$

(C) $\dfrac{1}{2}$　　　　　　　　　(D) $1$

(12) 如果函數 $y = f(x)$ 在區間 $(a,b)$ 內連續且單調遞減,則 $y = f(x)$ 在區間 $[a,b]$ 上的最大值爲( ).

(A) $f(a)$

(B) $f(b)$

(C) 介於 $f(a)$ 和 $f(b)$ 之間的某一數值

(D) 以上答案都不對

2. 已知 $f'(x_0) = -1$,求 $\lim\limits_{x \to 0} \dfrac{x}{f(x_0 - 2x) - f(x_0 - x)}$.

3. 設 $y = \dfrac{1-x}{1+x}$,求 $y''$.

4. 求函數 $f(x) = \dfrac{1}{3}x^3 - x^2 - 3x + 2$ 的單調區間和極值.

5. 求函數 $f(x) = \dfrac{1-x+x^2}{1+x-x^2}$ 在區間 $[0,1]$ 上的最大值和最小值.

6. 職工的月生產率 $M$(以生產的產品數計)是可以用其供職的年數 $t$ 的函數來表示的.對某個產品,其生產率函數可表示爲

$$M(t) = -2t^2 + 100t + 180.$$

(1) 分別求職工供職 5 年、10 年、25 年和 45 年後的生產率.

(2) 求邊際生產率.

(3) 分別求 $t=5$、$t=10$、$t=25$ 和 $t=45$ 處的邊際生產率.

7. 已知某商品的價格函數爲 $p = 150 - \dfrac{q}{2}$ 時才能使生產出來的商品剛好賣完.成本函數爲 $C = 500 + 40q$,這裏 $p$ 爲價格,$q$ 爲產量,求當 $q=100$ 時的邊際利潤,並說明經濟意義.

8. 設某商品的需求函數爲 $Q = 250 - 25p$.

(1) 求需求彈性函數.

(2) 求在 $p=3$,$p=5$ 及 $p=8$ 處的彈性,並說明其經濟意義.

9. 某工廠生產某產品,年產量爲 $100x$ 臺,總成本爲 100 000 元,其中固定成本爲 20 000 元,每生產 100 臺成本增加 10 000 元,市場上每年可銷售此種商品 400 臺,其銷售總收入 $R(x)$ 是 $x$ 的函數:

$$R(x) = \begin{cases} 4x - \dfrac{1}{2}x^2, & 0 \leq x \leq 4 \\ 8, & x > 4 \end{cases}.$$

問每年生產多少臺時總利潤最大?

10. 生產 $x$ 件某種產品的總成本函數可表示成 $C(x) = 8x + 20 + \dfrac{x^3}{100}$.

(1) 求邊際成本 $C'(x)$.

(2) 求平均成本 $\overline{C}(x)$.

(3) 求邊際平均成本 $\overline{C}'(x)$.

(4) 求 $\overline{C}(x)$ 的最小值和取最小值時的值 $x_0$,求 $x_0$ 處的邊際成本.

(5) 比較 $\overline{C}'(x_0)$ 和 $C'(x_0)$.

# 第3章　一元函數積分學及其應用

積分學與微分學同時建立於17世紀,當時主要是爲了解決兩類問題:一類是已知物體的加速度表示爲時間的函數,求速度和距離;另一類是求曲線的長度、曲線所圍成的面積、曲面圍成的體積、物體的重心等問題.此類問題的研究具有久遠的歷史,例如,古希臘人曾用窮竭法求出了某些圖形的面積和體積,我國南北朝時期的祖衝之、祖恒也曾推導出某些圖形的面積和體積,而在歐洲,對此類問題的研究興起於17世紀,先是窮竭法被逐漸修改,後來由於微積分的創立徹底改變瞭解決此類問題的方法.

另外,在經濟學中,也經常需要考慮,知道一個經濟變量的變化率要求一段時間內的經濟總量.總量是經濟系統中變量在某個週期或階段內持續運行的積累.對於均勻變化的變量的積累,通過累加也就是普通的加法或乘法就可以求出總量.但在大多數情況下,變量的變化有快有慢、有急有緩,並不是均勻的,數學中以微元分析爲核心技術的積分正好提供了尋求非均勻變量積累的模型.

## §3.1　不定積分的概念與性質

在數學中,一種運算的出現通常都伴隨著它的逆運算.例如,加法與減法、乘法與除法、乘方與開方等.導數也不例外,那麼,求導數的逆運算又是什麼呢? 例如,給定一個函數$f(x) = x^2$,我們知道$f'(x) = (x^2)' = 2x$,現在反過來考慮,哪個函數求導後是$2x$呢? 這個函數又怎樣來稱呼? 爲此我們要引入一個新的概念.

**1. 不定積分的概念**

**定義 3.1**　設$f(x)$是定義在區間$(a,b)$內的已知函數,如果存在函數$F(x)$,使得對於任意的$x \in (a,b)$,都有$F'(x) = f(x)$,則稱$F(x)$爲$f(x)$在$(a,b)$內的一個原函數.

例如,在$(-\infty, +\infty)$內,有$(x^2)' = 2x$,所以$x^2$是$2x$的一個原函數;不僅如此,我們很容易驗證$x^2 + 1, x^2 + 17$,甚至對於任意常數$C, x^2 + C$的導數也都是$2x$,所以都是$2x$的原函數.而且,可以證明,$2x$的所有原函數都具有形式$x^2 + C$.

對於區間上的函數$f(x)$,一旦我們知道它的一個原函數$F(x)$,那麼$f(x)$的其他任意原函數可以表示成 $F(x) + C$ 的形式.

**定義 3.2** 函數 $f(x)$ 的所有原函數 $F(x) + C$ 稱為 $f(x)$ 的不定積分,記作 $\int f(x)dx$,即

$$\int f(x)dx = F(x) + C$$

其中 $C$ 是任意常數,稱為積分常數.

由上述定義可知,一個函數的不定積分等於它的一個原函數加上一個任意常數 $C$. 一個函數具備什麼條件,能保證它的原函數一定存在呢?一般來說,連續函數一定有原函數.

**例 1** 求下列不定積分:

(1) $\int 2xdx$ ;      (2) $\int \sin xdx$.

**解** (1) 因為 $(x^2)' = 2x$,即 $x^2$ 是 $2x$ 的一個原函數,故 $\int 2xdx = x^2 + C$;

(2) 因為 $(-\cos x)' = \sin x$,即 $-\cos x$ 是 $\sin x$ 的一個原函數,故 $\int \sin xdx = -\cos x + C$.

類似地, $\int \cos xdx = \sin x + C$.

**2. 不定積分的性質**

**性質 1** 求不定積分與求導互為逆運算.

(1) $[\int f(x)dx]' = f(x)$ 或 $d[\int f(x)dx] = f(x)dx$.

(2) $\int F'(x)dx = F(x) + C$ 或 $\int dF(x) = F(x) + C$.

由此可見,微分運算(以記號 $d$ 表示)與求不定積分運算(簡稱為積分運算,以記號 $\int$ 表示)是互逆的. 當記號 $\int$ 與記號 $d$ 連在一起時,或者抵消,或者抵消後相差一個常數.

**性質 2** 常數因子可提到積分號之前.

$$\int af(x)dx = a\int f(x)dx.$$

**性質 3** 函數和(或差)的不定積分等於不定積分之和(或差).

$$\int [f(x) \pm g(x)]dx = \int f(x)dx \pm \int g(x)dx.$$

**性質 4** 設 $a_1, a_2, \cdots, a_n$ 是不全為零的常數, $f_1(x), f_2(x), \cdots, f_n(x)$ 可積分,則有

$$\int [a_1f_1(x) + a_2f_2(x) + \cdots + a_nf_n(x)]dx = a_1\int f_1(x)dx + a_2\int f_2(x)dx + \cdots + a_n\int f_n(x)dx$$

**3. 基本積分表**

根據前面導數的基本公式不難得到不定積分的基本公式如下：

(1) $\int k dx = kx + C$ ($k$ 爲常數)；

(2) $\int x^\alpha dx = \dfrac{1}{\alpha + 1} x^{\alpha+1} + C$ ($\alpha \neq -1$)；

(3) $\int \dfrac{1}{x} dx = \ln|x| + C$；    (4) $\int a^x dx = \dfrac{a^x}{\ln a} + C$；

(5) $\int e^x dx = e^x + C$；    (6) $\int \sin x dx = -\cos x + C$；

(7) $\int \cos x dx = \sin x + C$；    (8) $\int \tan x dx = -\ln|\cos x| + C$；

(9) $\int \cot x dx = \ln|\sin x| + C$；    (10) $\int \sec x dx = \ln|\sec x + \tan x| + C$；

(11) $\int \csc x dx = \ln|\csc x - \cot x| + C$；    (12) $\int \sec^2 x dx = \tan x + C$；

(13) $\int \csc^2 x dx = -\cot x + C$；    (14) $\int \sec x \tan x dx = \sec x + C$；

(15) $\int \csc x \cot x dx = -\csc x + C$；    (16) $\int \dfrac{1}{\sqrt{1-x^2}} dx = \arcsin x + C$；

(17) $\int \dfrac{1}{\sqrt{a-x^2}} dx = \arcsin \dfrac{x}{a} + C$；    (18) $\int \dfrac{1}{1+x^2} dx = \arctan x + C$；

(19) $\int \dfrac{1}{a^2 + x^2} dx = \dfrac{1}{a} \arctan \dfrac{x}{a} + C$.

利用不定積分的基本積分公式及性質求積分的方法稱爲**直接積分法**.

**例2** 求不定積分 $\int (3x^2 + 4x) dx$.

**解** $\int (3x^2 + 4x) dx = \int 3x^2 dx + \int 4x dx$

$\qquad = 3 \int x^2 dx + 4 \int x dx$

$\qquad = 3(\dfrac{x^3}{3} + C_1) + 4(\dfrac{x^2}{2} + C_2)$

$\qquad = x^3 + 2x^2 + (3C_1 + 4C_2)$

$\qquad = x^3 + 2x^2 + C$

以上運算中，$C_1, C_2$ 都是任意常數，最後的結果 $C = 3C_1 + 4C_2$ 仍是一個任意常數. 以後，在運算過程中的任意常數不用寫出，往往只在最後的不定積分號消去時，寫一個任意常數 $C$ 即可.

例3　求下列不定積分：

(1) $\int (2x^2 - \dfrac{3}{x} + \dfrac{1}{x\sqrt{x}})dx$;

(2) $\int \dfrac{x^4}{1+x^2}dx$;

(3) $\int \tan^2 x \, dx$;

(4) $\int \dfrac{\sin 2x}{\sin^3 x \cos^3 x}dx$.

**解**　由積分公式及性質可得：

(1) $\int (2x^2 - \dfrac{3}{x} + \dfrac{1}{x\sqrt{x}})dx = \int 2x^2 dx - \int 3x^{-1}dx + \int x^{-\frac{3}{2}}dx$

$= \dfrac{2}{3}x^3 + 3\ln|x| - 2x^{-\frac{1}{2}} + C$;

(2) $\int \dfrac{x^4}{1+x^2}dx = \int \dfrac{x^4 - 1 + 1}{1+x^2}dx = \int \dfrac{(x^2+1)(x^2-1)+1}{1+x^2}dx$

$= \int (x^2 - 1 + \dfrac{1}{1+x^2})dx = \int x^2 dx - \int dx + \int \dfrac{1}{1+x^2}dx$

$= \dfrac{1}{3}x^3 - x + \arctan x + C$;

(3) $\int \tan^2 x \, dx = \int (\sec^2 x - 1)dx = \int \sec^2 x \, dx - \int dx = \tan x - x + C$;

(4) $\int \dfrac{\sin 2x}{\sin^3 x \cos^3 x}dx = \int \dfrac{2\sin x \cos x}{\sin^3 x \cos^3 x}dx = 2\int \dfrac{\sin^2 x + \cos^2 x}{\sin^2 x \cdot \cos^2 x}dx$

$= 2\int (\dfrac{1}{\sin^2 x} + \dfrac{1}{\cos^2 x})dx = 2(\int \dfrac{dx}{\sin^2 x} + \int \dfrac{dx}{\cos^2 x})$

$= 2(\tan x - \cot x) + C$.

## 習題 3.1

1. 驗證在 $(-\infty, +\infty)$ 內, $\sin^2 x$, $-\dfrac{1}{2}\cos 2x$, $-\cos^2 x$ 都是同一函數的原函數.

2. 驗證在 $(-\infty, +\infty)$ 內, $(e^x + e^{-x})^2$, $(e^x - e^{-x})^2$ 都是 $2(e^{2x} + e^{-2x})$ 的原函數.

3. 已知一個函數的導數是 $\dfrac{1}{\sqrt{1-x^2}}$, 且當 $x = 1$ 時, 該函數值是 $\dfrac{3}{2}\pi$, 求此函數.

4. 設 $\sin \dfrac{1}{x}$ 是 $f(x)$ 的原函數. 求 $f'(x)$.

5. 求下列不定積分：

(1) $\int (2x + \sqrt[3]{x} - 1)dx$

(2) $\int \dfrac{1}{x\sqrt{x}}dx$

(3) $\int (\sqrt{x}+1)(\frac{1}{\sqrt{x}}-1)dx$     (4) $\int \frac{(x-2)^2}{x^3}dx$

(5) $\int \frac{x^2}{x^2+1}dx$     (6) $\int \frac{3x^4+3x^2+1}{x^2+1}dx$

(7) $\int e^x(1-3^x)dx$     (8) $\int \frac{6^x-2^x}{3^x}dx$

(9) $\int \cos^2 \frac{x}{2}dx$     (10) $\int \frac{\cos 2x}{\sin x + \cos x}dx$

(11) $\int \sqrt[m]{x^n}dx$     (12) $\int (2e^x + \frac{3}{x})dx$

(13) $\int (\frac{3}{1+x^2} - \frac{2}{\sqrt{1-x^2}})dx$     (14) $\int e^x(1-\frac{e^{-x}}{\sqrt{x}})dx$

(15) $\int \frac{1}{1+\cos 2x}dx$     (16) $\int \frac{\cos 2x}{\cos^2 x \sin^2 x}dx$

6. 已知某產品的邊際成本爲 5 元／件，生產該產品的固定成本爲 200 元，邊際收入 $R' = 10 - 0.02x$ 元／件，求生產該產品 $x$ 件時的利潤函數.

## §3.2 定積分的概念

定積分起源於求圖形的面積和體積等實際問題. 古希臘的阿基米德用"窮竭法"，我國的劉徽用"割圓術"，都曾計算過一些幾何體的面積和體積，這些均爲定積分的雛形. 直到 17 世紀中葉，牛頓和萊布尼茨先後提出了定積分的概念，並發現了積分與微分之間的內在聯繫，給出了計算定積分的一般方法，從而使定積分成爲解決有關實際問題的有力工具，並使各自獨立的微分學與積分學聯繫在一起，構成完整的理論體系——微積分學.

### 1. 引例

**引例 1** 曲邊梯形的面積.

考慮求由連續曲線 $y = f(x)$ 和直線 $x = a$、$x = b$ 及 $y = 0$（$x$ 軸）所圍成的曲邊梯形 $AabB$ 的面積，如圖 3-1 所示.

這不是一個規則的圖形，其面積沒有現成的計算公式，怎麽辦呢？我們可以將此曲邊梯形分成很多小塊，每一小塊都可以近似地看作一個小矩形，見圖 3-1. 而曲邊梯形的面積也就可以近似地看作若干個矩形的面積之和. 或者說，這些小矩形的面積之和就是所要求的曲邊梯形面積的近似值. 可以想象，如果每個小矩形底邊長度越小，則近似程度就越好. 要得到精確值，就必須利用極限這一工具.

圖 3－1

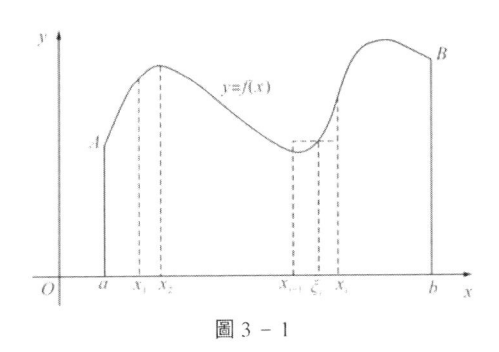

下面看一個具體的例子.計算由曲線 $y = 1 - x^2$, $x$ 軸, $y$ 軸圍成的陰影區域 $R$(如圖 3－2 所示) 的面積.

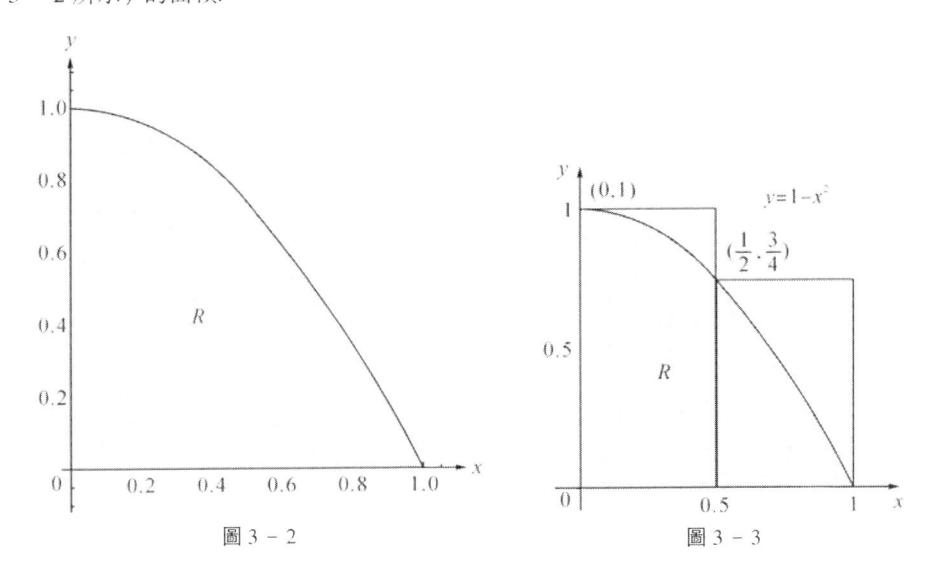

圖 3－2

圖 3－3

若將 $x$ 軸上區間 $[0,1]$ 二等分,如圖 3－3 所示,以子區間左端點的函數值 $f(x)$ 為高,得到的兩個矩形共同包含區域 $R$.這時每個矩形的寬度為 $\frac{1}{2}$,它們的高度為 1 和 $\frac{3}{4}$,它們的面積和為區域 $R$ 的面積 $S$ 的近似,即

$$S \approx 1 \times \frac{1}{2} + \frac{3}{4} \times \frac{1}{2} = \frac{7}{8} = 0.875.$$

這兩個矩形的面積之和大於區域 $R$ 的實際面積 $S$,且誤差較大.

若將區間 $[0,1]$ 四等分,如圖 3－4 所示,這 4 個矩形的面積和為

$$1 \times \frac{1}{4} + \frac{15}{16} \times \frac{1}{4} + \frac{3}{4} \times \frac{1}{4} + \frac{7}{16} \times \frac{1}{4} = \frac{25}{32} = 0.781\ 25$$

由於這 4 個矩形包含 $R$,其面積和仍然大於 $S$,但用它作為 $S$ 的近似,誤差相比於

二等分時要小一些.

同樣地,若將區間$[0,1]$十六等分,如圖 3-5 所示,不難算得它們的面積之和爲 0.697 265 625.用這個值作爲 $R$ 面積的近似,誤差更小一些.

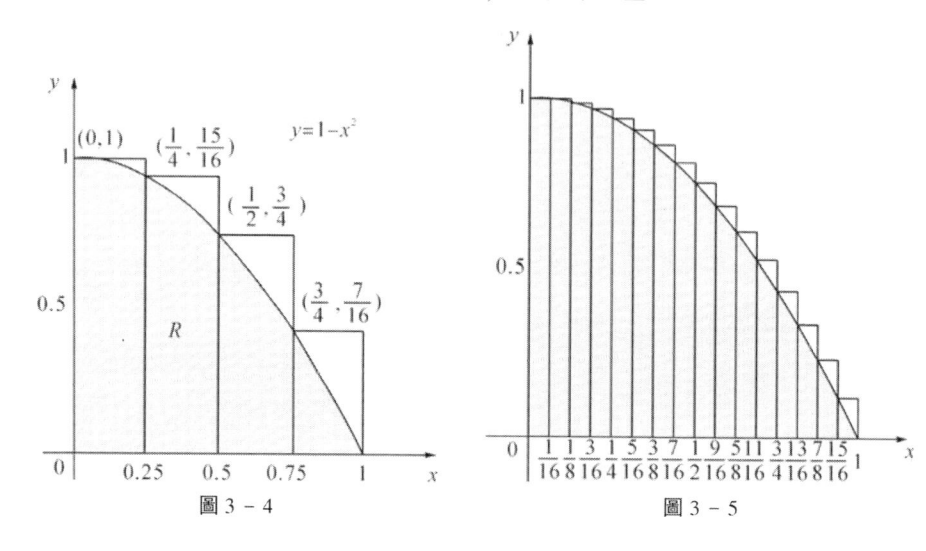

圖 3-4

圖 3-5

一般地,如果將區間$[0,1]$ $n$ 等分,則每個矩形的寬爲 $\Delta x = \dfrac{1-0}{n} = \dfrac{1}{n}$,而 $f(x) = 1-x^2$,這些小矩形的面積爲:

$$f(0) \times \frac{1}{n} + f(\frac{1}{n}) \times \frac{1}{n} + f(\frac{2}{n}) \times \frac{1}{n} + \cdots + f(\frac{k}{n}) \times \frac{1}{n} + \cdots + f(\frac{n-1}{n}) \times \frac{1}{n}$$

$$= \sum_{k=0}^{n-1} f(\frac{k}{n}) \times \frac{1}{n} = \sum_{k=0}^{n-1} (1-(\frac{k}{n})^2) \times \frac{1}{n}$$

$$= \sum_{k=0}^{n-1} (\frac{1}{n} - \frac{k^2}{n^3}) = \sum_{k=0}^{n-1} \frac{1}{n} - \sum_{k=0}^{n-1} \frac{k^2}{n^3}$$

$$= n \times \frac{1}{n} - \frac{1}{n^3} \sum_{k=1}^{n-1} k^2$$

$$= 1 - \frac{1}{n^3} \times \frac{(n-1)n(2n-1)}{6}$$

當 $n \to \infty$ 時,即$[0,1]$上子區間數目無限增大,相應地每個子區間長度趨近於零時,這些小矩形的面積和的極限爲:

$$\lim_{n \to \infty} [1 - \frac{1}{n^3} \times \frac{(n-1)n(2n-1)}{6}] = 1 - \frac{2}{6} = \frac{2}{3}$$

不難想到,這個極限值正是所求陰影區域 $R$ 的面積 $S$,即 $S = \dfrac{2}{3}$.

上述例子中,爲了計算方便,總是用若干個等寬的矩形面積之和作爲區域 $R$ 面積的近似.事實上,由於 $y = 1 - x^2$ 在區間$[0,1]$上是連續的,它在任意一個長度很小的區間上變化都是非常微小的,因此,我們可以把區間$[0,1]$任意分割成若干個小區間,在每個小區間上任取一點,並以該點的函數值爲高作小矩形,那麼,所求區域$R$的面積就近似地等於這些小矩形的面積之和.當每個小矩形的底邊長度趨近於零時,這些小矩形的面積之和的極限值就是區域$R$的面積.

對於圖3-1所示平面圖形$AabB$的面積,其計算步驟可總結如下:

(1) **分割**:先用分點$a = x_0 < x_1 < x_2 < \cdots < x_{n-1} < x_n = b$把區間$[a,b]$分成$n$個小區間$[x_{i-1}, x_i]$,並記$\Delta x_i = x_i - x_{i-1}, \Delta x = \max_{1 \leqslant i \leqslant n}\{\Delta x_i\}$.若以這些小區間爲底邊,則將整個曲邊梯形分成$n$個小的曲邊梯形.

(2) **近似**:在第$i$個小區間$[x_{i-1}, x_i]$上任取一點$\xi_i$,以$f(\xi_i)$爲高,以$[x_{i-1}, x_i]$爲底作小矩形,則由$f(x)$的連續性可知,當$\Delta x_i$足夠小時,第$i$個小矩形的面積$f(\xi_i)\Delta x_i$就是第$i$個小曲邊梯形的面積$\Delta S_i$的近似值,即

$$\Delta S_i \approx f(\xi_i)\Delta x_i, (i = 1, 2, \cdots, n).$$

(3) **求和**:把$n$個小矩形的面積相加,就得到曲邊梯形$AabB$的面積$S$的近似值$S_n$,即

$$S_n \approx \sum_{i=1}^{n} \Delta S_i = \sum_{i=1}^{n} f(\xi_i)\Delta x_i.$$

(4) **取極限**:當$\Delta x \to 0$時,則每個小區間的長度都趨於零,上式中和式的極限就是曲邊梯形的面積,即

$$S = \lim_{\Delta x \to 0} \sum_{i=1}^{n} f(\xi_i)\Delta x_i.$$

**引例2** 某大型企業集團的收益是隨時(連續)流入的.收入流在$t$時刻的單位時間收入$A(t)$(單位:元/年)稱爲收入率.若年利率爲$r$,以連續復利計息.若計算從現在到$T$年後的總收入,可依照引例1同樣的步驟進行:

(1) **分割**:任取分點$0 = t_0 < t_1 < t_2 < \cdots < t_n = T$,把區間$[0, T]$分成$n$個小區間,其中第$i$個小區間的長度記爲$\Delta t_i = t_i - t_{i-1}, (i = 1, 2, \cdots, n)$.

(2) **近似**:可以認爲收入率$A(t)$在$[t_{i-1}, t_i]$上變化不大,任取$\xi_i \in [t_{i-1}, t_i]$,於是,這小段時間內的收入$\approx A(\xi_i)\Delta t_i$.從現在$t_0 = 0$開始,這筆收入是在第$\xi_i$年取得的,需要把它折成現值,故在這小段時間內收入的現值$\Delta R_i \approx A(\xi_i)e^{-r\xi_i}\Delta t_i$.

(3) **求和**:把$n$個時間小段上的收入的現值$\Delta R_i$相加,就得到總收入現值$R$的近似值,即

$$R \approx \sum_{i=1}^{n} A(\xi_i)e^{-r\xi_i}\Delta t_i.$$

(4) **取極限**:當$\lambda = \max_{1 \leqslant i \leqslant n}\{\Delta t_i\} \to 0$時,上式的極限就是總收入的現值,即

$$R = \lim_{\lambda \to 0} \sum_{i=1}^{n} A(\xi_i)e^{-r\xi_i}\Delta t_i.$$

以上兩個引例的實際背景雖然不同,但概括一下,都是在處理一種非均勻分布量的求和問題.引例1中,與一般規則梯形相比,曲邊梯形的高度是不斷變化的.我們

在求其面積時先是通過分割,把整個曲邊梯形劃分爲很多小的曲邊梯形,再近似把每個小曲邊梯形看作是高度不變的小矩形,求出所有這種小矩形的面積的和,就得到整個曲邊梯形面積的一個近似值,最後通過取極限的方式把誤差變爲零,得到曲邊梯形面積的精確值.引例 2 也是如此,先是對時間段進行劃分,在每個時問小段中近似認爲收入率是不變的,然後,求出每個時間小段上的收入加起來就得到總收入的一個近似值,最後還是通過取極限的方式消除誤差.由此可以看出,對於這種非均勻分布量的求和問題都可類似地按照上述**分割 — 近似 — 求和 — 取極限**的過程來處理,最後結果都可以轉化爲求某種特定和式的極限.

拋開這些問題的具體意義,對解決這些問題的方法進行概括,可以抽象出如下的定積分的概念.

**2. 定積分的定義**

**定義 3.3** 設函數 $f(x)$ 在區間 $[a,b]$ 上有界,在 $[a,b]$ 上任意插入分點 $x_0, x_1, x_2, \cdots, x_{n-1}, x_n$,使得

$$a = x_0 < x_1 < x_2 < \cdots < x_{n-1} < x_n = b,$$

記 $\Delta x_i = x_i - x_{i-1} (i = 1,2,\cdots,n)$,$\lambda = max\{\Delta x_1, \Delta x_2, \cdots, \Delta x_n\}$.在每個小區間 $[x_{i-1}, x_i]$ 上任取一點 $\xi_i (x_{i-1} \leq \xi_i \leq x_i)$,作乘積 $f(\xi_i)\Delta x_i$,再作和式 $\sum_{i=1}^{n} f(\xi_i)\Delta x_i$.如果 $\lim_{\lambda \to 0} \sum_{i=1}^{n} f(\xi_i)\Delta x_i$ 存在,則稱 $f(x)$ 在 $[a,b]$ 上可積分(簡稱可積),稱此極限值爲函數 $f(x)$ 在 $[a,b]$ 上的定積分,記爲 $\int_a^b f(x)dx$,即

$$\int_a^b f(x)dx = \lim_{\lambda \to 0} \sum_{i=1}^{n} f(\xi_i)\Delta x_i$$

如果 $\lim_{\lambda \to 0} \sum_{i=1}^{n} f(\xi_i)\Delta x_i$ 不存在,則稱 $f(x)$ 在 $[a,b]$ 上不可積.

在定積分的記號 $\int_a^b f(x)dx$ 中,$f(x)$ 稱爲被積函數,$f(x)dx$ 稱爲被積表達式,$x$ 稱爲積分變量,$a$ 稱爲積分下限,$b$ 稱爲積分上限,$[a,b]$ 稱爲積分區間.

由該定義,前面兩個引例中的問題都可以用定積分表示:

曲邊梯形的面積:$\int_0^1 (1-x^2)dx$; 總收入的現值:$R = \int_0^T A(t)e^{-rt}dt$.

註意理解 $\int_a^b f(x)dx$ 和 $\int f(x)dx$ 的區別是很重要的. $\int_a^b f(x)dx$ 表示的是一個和式的極限,是一個常數,而 $\int f(x)dx$ 表示的是 $f(x)$ 的原函數全體.但是以後術語"積分"經常既用於定積分的求解過程,也用於不定積分的求解過程.因爲這兩者之間有着緊密的聯繫.

對於定積分的概念,還應註意以下幾點:

(1) 若定積分 $\int_a^b f(x)dx$ 存在,則它的值是一個確定的常數,它只與被積函數 $f(x)$ 和積分區間 $[a,b]$ 有關,而與積分變量用什麼字母表示無關.即有

$$\int_a^b f(x)dx = \int_a^b f(t)dt = \int_a^b f(u)du.$$

(2) 在定義中假設了 $a < b$,現補充規定:

當 $a = b$ 時,$\int_a^b f(x)dx = 0$;

當 $a > b$ 時,$\int_a^b f(x)dx = -\int_b^a f(x)dx.$

(3) 定積分的存在性:若 $f(x)$ 在 $[a,b]$ 上連續或只有有限個第一類間斷點(左右極限都存在的間斷點),則 $f(x)$ 在 $[a,b]$ 上的定積分存在,也稱 $f(x)$ 在 $[a,b]$ 上可積.

**例 1** 利用定積分的定義計算定積分 $\int_0^b x^2 dx\,(b>0)$.

**解** 因為函數 $f(x) = x^2$ 在 $[0,b]$ 上連續,所以可積.從而定積分的值與對區間 $[0,b]$ 的分法及 $\xi_i$ 的取法無關.為便於計算,將區間 $[0,b]$ 分成 $n$ 等分,則 $\lambda = \Delta x_i = \dfrac{b}{n}$ ($i = 1, 2, \cdots, n$),取每個小區間的右端點作為 $\xi_i$,則 $\xi_i = \dfrac{ib}{n}$ ($i = 1, 2, \cdots, n$),故

$$\int_0^b x^2 dx = \lim_{\lambda \to 0} \sum_{i=1}^n f(\xi_i) \Delta x_i = \lim_{\lambda \to 0} \sum_{i=1}^n \xi_i^2 \Delta x_i = \lim_{n \to \infty} \sum_{i=1}^n \left(\frac{ib}{n}\right)^2 \cdot \frac{b}{n} = \lim_{n \to \infty} \frac{b^3}{n^3} \sum_{i=1}^n i^2$$

$$= \lim_{n \to \infty} \frac{b^3}{n^3}(1^2 + 2^2 + 3^2 + \cdots + n^2) = \lim_{n \to \infty} \frac{b^3}{n^3} \cdot \frac{n(n+1)(2n+1)}{6}$$

$$= \lim_{n \to \infty} \frac{b^3}{6}\left(1 + \frac{1}{n}\right)\left(2 + \frac{1}{n}\right) = \frac{b^3}{3}.$$

### 3. 定積分的幾何意義

由引例 1,我們發現,定積分的值在幾何上與被積函數、坐標軸及邊界所圍成區域的面積相關.

(1) 當 $f(x) \geq 0$ 時,曲線 $y = f(x)$ 在 $x$ 軸上方,積分值為正,即 $\int_a^b f(x)dx = S$,$S$ 為曲線 $y = f(x)$ 與直線 $x = a$、$x = b$ 及 $x$ 軸所圍成的曲邊梯形的面積.

(2) 當 $f(x) < 0$ 時,曲線 $y = f(x)$ 在 $x$ 軸下方,積分值為負,即 $\int_a^b f(x)dx = -S$,$S$ 為曲線 $y = f(x)$ 與直線 $x = a$、$x = b$ 及 $x$ 軸所圍成的曲邊梯形面積.

(3) 當 $f(x)$ 在 $[a,b]$ 上有正有負時,定積分 $\int_a^b f(x)dx$ 的值就等於曲線 $y = f(x)$ 在 $x$ 軸上方部分與下方部分面積的代數和,即 $\int_a^b f(x)dx = S_1 - S_2 + S_3$,見圖 3-6.

由定積分的幾何意義,可以得出以下結論:

圖 3－6

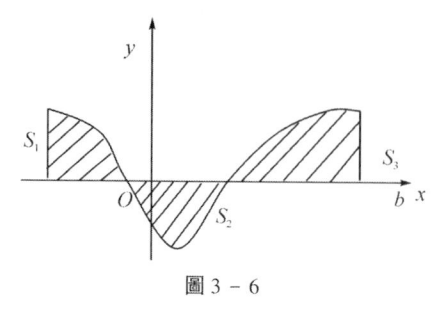

$$\int_{-a}^{a} f(x)dx = \begin{cases} 0, & f(x) \text{ 爲奇函數} \\ 2\int_{0}^{a} f(x)dx, & f(x) \text{ 爲偶函數} \end{cases}$$

**例 2**　利用定積分的幾何意義計算下列定積分：

（1）$\int_{1}^{2}(2x-1)dx$；　　（2）$\int_{a}^{b}dx$；　　（3）$\int_{0}^{2}\sqrt{4-x^2}dx$.

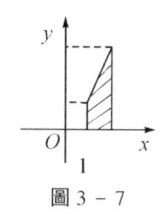

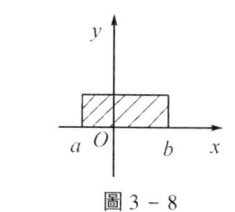

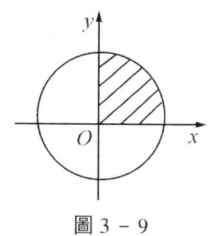

圖 3－7　　　　　　圖 3－8　　　　　　圖 3－9

**解**　（1）如圖 3－7 所示，$\int_{1}^{2}(2x-1)dx = S_{梯形} = \dfrac{1}{2}(1+3) \times 1 = 2.$

（2）如圖 3－8 所示，$\int_{a}^{b}dx = S_{矩形} = b - a.$

（3）如圖 3－9 所示，$\int_{0}^{2}\sqrt{4-x^2}dx = \dfrac{1}{4}S_{圓} = \dfrac{1}{4}\pi \times 2^2 = \pi.$

### 4. 定積分的性質

假設下列性質中出現的定積分都存在.

**性質 1**　被積函數中的常數因子可以提到積分號外面.

$$\int_{a}^{b} kf(x)dx = k\int_{a}^{b} f(x)dx \quad (k \text{ 爲常數}).$$

**性質 2**　函數的代數和的積分等於積分的代數和.

$$\int_{a}^{b}[f(x) \pm g(x)]dx = \int_{a}^{b}f(x)dx \pm \int_{a}^{b}g(x)dx.$$

**性質 3**（積分區間的可加性）　對任意的點 $c$，有

$$\int_{a}^{b}f(x)dx = \int_{a}^{c}f(x)dx + \int_{c}^{b}f(x)dx.$$

**性質 4（積分的單調性）** 在 $[a,b]$ 上，若 $f(x) \geqslant g(x)$，則
$$\int_a^b f(x)dx \geqslant \int_a^b g(x)dx.$$

**性質 5（積分估值定理）** 設 $M$ 和 $m$ 分別是 $f(x)$ 在 $[a,b]$ 上的最大值和最小值，則
$$m(b-a) \leqslant \int_a^b f(x)dx \leqslant M(b-a).$$

**性質 6（積分中值定理）**

如果 $f(x)$ 在 $[a,b]$ 上連續，則至少存在一點 $\xi \in [a,b]$，使得
$$\int_a^b f(x)dx = f(\xi)(b-a).$$

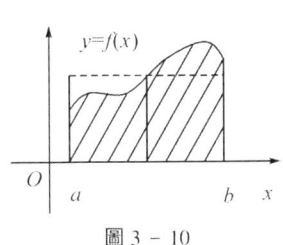

**證明** 將定積分性質 5 中不等式除以 $b-a$，得
$$m \leqslant \frac{1}{b-a}\int_a^b f(x)dx \leqslant M.$$

上式說明，$\frac{1}{b-a}\int_a^b f(x)dx$ 是介於 $f(x)$ 的最小值 $m$ 和最大值 $M$ 之間的一個數，從圖 3 - 10 中可以看出（註：可以用連續函數的介值定理進行證明），至少存在一點 $\xi \in [a,b]$，使得 $f(\xi) = \frac{1}{b-a}\int_a^b f(x)dx$，即

$$\int_a^b f(x)dx = f(\xi)(b-a).$$

圖 3 - 10

**積分中值定理的幾何意義**：對於以 $[a,b]$ 爲底邊，曲線 $y = f(x)(f(x) \geqslant 0)$ 爲曲邊的曲邊梯形，至少存在一個高爲 $f(\xi)(a \leqslant \xi \leqslant b)$ 的同底的矩形，和它的面積相等．

另外，利用此定理，我們還得到

$$\text{區間}[a,b] \text{ 上 } f(x) \text{ 的平均值} = \frac{1}{b-a}\int_a^b f(x)dx.$$

**例 3** 假設 $C(t)$ 表示每天的住房供暖費用，單位爲元／天，這裏 $t$ 以天計，$t = 0$ 對應的時間是某年 1 月 1 日，解釋 $\frac{1}{90-0}\int_0^{90} C(t)dt$．

**解** 定積分 $\int_0^{90} C(t)dt$ 表示的是某年最初的 90 天內，住房供暖的總費用．表達式

$\frac{1}{90-0}\int_0^{90} C(t)dt$ 表示的是某年最初 90 天內的每天平均供暖費用.

**例 4** 比較下列定積分的大小.

$$\int_0^1 e^x dx \text{ 與 } \int_0^1 e^{x^2} dx$$

**解** 因爲在 $[0,1]$ 上有 $x \geq x^2$,而且函數 $y = e^t$ 是單調遞增函數,所以在 $[0,1]$ 上有 $e^x \geq e^{x^2}$.由定積分性質 4 得到

$$\int_0^1 e^x dx > \int_0^1 e^{x^2} dx$$

**例 5** 估計定積分 $\int_{-1}^1 e^{x^2} dx$ 的值.

**解** 先求 $e^{x^2}$ 在 $[-1,1]$ 上的最大值與最小值.
設 $f(x) = e^{x^2}$,則 $f'(x) = (e^{x^2})' = 2xe^{x^2}$,令 $f'(x) = 0$,解得駐點 $x = 0$.
比較 $f(x)$ 在駐點及區間端點處的函數值,$f(0) = e^0 = 1$,$f(-1) = f(1) = e$,故最大值 $M = e$,最小值 $m = 1$.

由估值定理得,$2 \leq \int_{-1}^1 e^{x^2} dx \leq 2e$.

# 習題 3.2

1. 利用定積分的定義,計算 $\int_0^1 (x+2)dx$.

2. 利用定積分的幾何意義,說明下列等式:

   (1) $\int_0^1 \sqrt{1-x^2}dx = \frac{\pi}{4}$  (2) $\int_{-\frac{\pi}{2}}^{\frac{3\pi}{2}} \cos x dx = 0$

   (3) $\int_{-\frac{\pi}{2}}^{\frac{\pi}{2}} \sin x dx = 0$  (4) $\int_{-\frac{\pi}{2}}^{\frac{\pi}{2}} \cos x dx = 2\int_0^{\frac{\pi}{2}} \cos x dx$

3. 確定下列定積分的符號:

   (1) $\int_1^2 x\ln x dx$  (2) $\int_0^{\frac{\pi}{4}} \frac{1-\cos^4 x}{2}dx$

   (3) $\int_0^1 \frac{\sin x - x\cos x}{\cos x + x\sin x}dx$  (4) $\int_{-1}^1 |x|dx$

4. 不計算定積分,比較下列各組積分值的大小:

   (1) $\int_0^1 x^2 dx$ 與 $\int_0^1 x^3 dx$  (2) $\int_1^3 x^2 dx$ 與 $\int_1^3 x^3 dx$

   (3) $\int_1^2 \ln x dx$ 與 $\int_1^2 \ln^2 x dx$  (4) $\int_3^4 \ln x dx$ 與 $\int_3^4 \ln^2 x dx$

5. 不計算定積分,估計下列定積分的取值範圍:

(1) $\int_1^4 (x^2 + 1)dx$

(2) $\int_{\frac{\pi}{4}}^{\frac{5\pi}{4}} (1 + \sin^2 x)dx$

(3) $\int_{\frac{\sqrt{3}}{3}}^{\sqrt{3}} x\arctan x\,dx$

(4) $\int_2^0 e^{x^2-x}dx$

## §3.3 微積分基本定理

用定積分的定義只能求出一些簡單函數的積分值,對於比較複雜的函數,用定義計算定積分,將是十分困難的.

由定積分的定義可以看出,定積分可以用一個量的變化率來表示總變化量.我們知道一個量 $F(t)$ 的變化率就是導數 $F'(t)$.

爲了計算總變化量,我們在區間 $[a,b]$ 中插入 $n-1$ 個分點 $t_1, t_2, \cdots, t_{n-1}$,把 $[a,b]$ 分成 $n$ 個相等的小區間. 令 $t_0 = a, t_n = b$,用 $\Delta t$ 表示每個小區間的長度,$\Delta t = \dfrac{b-a}{n}$.

在第一個小區間上,$F$ 的變化率可用 $F'(t_1)$ 近似,因此,$F$ 的變化量 $\Delta F_1$ 可近似爲

$$\Delta F_1 = 變化率 \times 時間 \approx F'(t_1)\Delta t$$

在第二個小區間上,$F$ 的變化率可用 $F'(t_2)$ 近似,因此,$F$ 的變化量 $\Delta F_2$ 可近似爲

$$\Delta F_2 = 變化率 \times 時間 \approx F'(t_2)\Delta t$$

類似地,每個小區間上都做同樣的近似,則區間 $[a,b]$ 上 $F$ 的總變化量 $\Delta F$ 可以用下面的和式近似

$$\Delta F = \Delta F_1 + \Delta F_2 + \cdots + \Delta F_n \approx \sum_{i=1}^{n} F'(t_i)\Delta t$$

隨著 $n$ 的增大,近似越來越準確.取極限 $n \to \infty$,則有 $\Delta t \to 0$,上面的和變成了積分

$$\Delta F = \lim_{n \to \infty} \sum_{i=1}^{n} F'(t_i)\Delta t = \int_a^b F'(t)dt$$

另外,$F$ 在 $a, b$ 之間的總變化量 $\Delta F = F(b) - F(a)$,故有

$$\int_a^b F'(t)dt = F(b) - F(a)$$

更一般地,我們有如下結果:

**定理3.1** 設 $f(x)$ 在區間 $[a,b]$ 上連續,且 $F(x)$ 是 $f(x)$ 在 $[a,b]$ 上的任意一個原函數,則

$$\int_a^b f(x)dx = F(b) - F(a) \qquad (3-1)$$

(3-1)式稱爲**牛頓-萊布尼茲公式**,也稱爲**微積分基本定理**.該公式揭示了定積分與原函數(或不定積分)之間的聯繫,爲定積分的計算找到了一條捷徑,是整個微積分學最重要的公式.

我們要計算定積分,首先需要找出被積函數的一個原函數,原函數在積分上、下限處的函數值之差即爲定積分的值.

(3-1)式也常記爲

$$\int_a^b f(x)dx = F(x)\Big|_a^b = [F(x)]_a^b = F(b) - F(a)$$

**例1** 求下列定積分的值:(1) $\int_{-\frac{\pi}{2}}^{\frac{\pi}{2}} \cos x dx$; (2) $\int_1^3 3x^2 dx$.

**解** (1) 由於 $(\sin x)' = \cos x$,故由(3-1)式得

$$\int_{-\frac{\pi}{2}}^{\frac{\pi}{2}} \cos x dx = \sin x\Big|_{-\frac{\pi}{2}}^{\frac{\pi}{2}} = \sin\frac{\pi}{2} - \sin(-\frac{\pi}{2}) = 2.$$

(2) 由於 $(x^3)' = 3x^2$,故

$$\int_1^2 3x^2 dx = x^3\Big|_1^2 = 2^3 - 1^3 = 7.$$

**例2** 求下列定積分:

(1) $\int_1^2 (x + \frac{1}{x})^2 dx$; (2) $\int_0^{\frac{\pi}{2}} \sin^2 \frac{x}{2} dx$; (3) $\int_{-1}^2 |1 - 2x| dx$.

**解** (1)

$$\int_1^2 (x + \frac{1}{x})^2 dx = \int_1^2 (x^2 + 2 + \frac{1}{x^2}) dx = (\frac{x^3}{3} + 2x - \frac{1}{x})\Big|_1^2$$
$$= (\frac{2^3}{3} + 2 \times 2 - \frac{1}{2}) - (\frac{1^3}{3} + 2 - \frac{1}{1}) = \frac{29}{6};$$

(2)

$$\int_0^{\frac{\pi}{2}} \sin^2 \frac{x}{2} dx = \int_0^{\frac{\pi}{2}} \frac{1 - \cos x}{2} dx = \frac{1}{2}(x - \sin x)\Big|_0^{\frac{\pi}{2}}$$
$$= \frac{1}{2}\left[(\frac{\pi}{2} - \sin\frac{\pi}{2}) - (0 - \sin 0)\right] = \frac{1}{2}(\frac{\pi}{2} - 1);$$

(3) 由於 $|1 - 2x| = \begin{cases} 1 - 2x, & 當 -1 \le x \le \frac{1}{2} \\ 2x - 1, & 當 \frac{1}{2} \le x \le 2 \end{cases}$

所以

$$\int_{-1}^2 |1 - 2x| dx = \int_{-1}^{\frac{1}{2}} (1 - 2x) dx + \int_{\frac{1}{2}}^2 (2x - 1) dx$$

$$= (x - x^2)\Big|_{-1}^{\frac{1}{2}} + (x^2 - x)\Big|_{\frac{1}{2}}^{2}$$

$$= (\frac{1}{2} - \frac{1}{4}) - (-1 - 1) + (4 - 2) - (\frac{1}{4} - \frac{1}{2}) = \frac{9}{2}.$$

**例3** 計算由曲線 $y = \sin x$ 在 $x = 0, x = \pi$ 之間及 $x$ 軸所圍成的圖形的面積.

**解** 圖形的面積見圖 3 - 11.

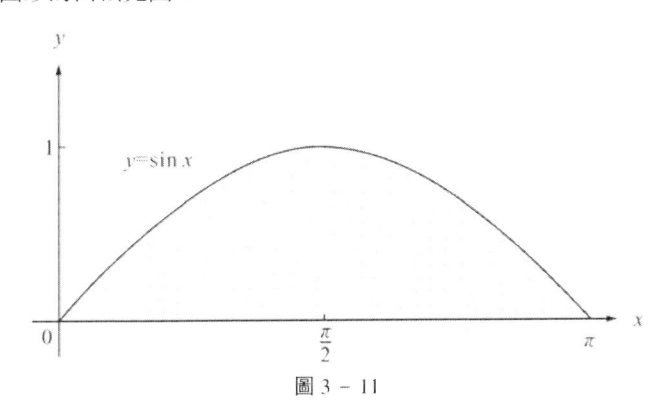

圖 3 - 11

根據定積分的幾何意義, 設所求面積為 $S$, 則

$$S = \int_0^\pi \sin x \, dx = -\cos x\Big|_0^\pi = -\cos\pi - (-\cos 0) = 2.$$

## 習題 3.3

1. 計算下列定積分:

(1) $\int_1^2 dx$ 

(2) $\int_0^1 (2x - e^x) \, dx$

(3) $\int_1^2 \frac{(x-1)(x+1)}{x} dx$

(4) $\int_1^4 \sqrt{x}(\sqrt{x} - 1) \, dx$

(5) $\int_{-\frac{1}{2}}^{\frac{1}{2}} \frac{dx}{\sqrt{1 - x^2}}$

(6) $\int_{\frac{1}{\sqrt{3}}}^{\sqrt{3}} \frac{dx}{1 + x^2}$

(7) $\int_0^5 |x^2 - 3x + 2| \, dx$

(8) $\int_1^2 (x^2 + \frac{4}{x} + t) \, dx$

2. 設 $f(x) = \begin{cases} x + 1, & x \leq 1 \\ \frac{1}{2}x^2, & x > 1 \end{cases}$, 求 $\int_0^2 f(x) \, dx$.

3. 設 $f(x)$ 是連續函數, 且 $f(x) = 4x - \int_0^1 f(t) \, dt$, 求 $f(x)$.

## §3.4 基本積分方法

用直接積分法, 所能求出的不定積分是非常有限的. 爲了能求出更多函數的積分, 我們必須尋求其他的積分方法. 下面主要介紹換元積分法與分部積分法, 它們是最常用、最基本的積分方法.

**1. 第一類換元積分法**

**例 1** 求不定積分 $\int \cos 2x\, dx$.

**解** 因爲被積函數是複合函數, 在基本積分公式中查不到. 但是我們知道: $2dx = d(2x)$. 於是, 可作如下變換和計算:

$$\int \cos 2x\, dx \xrightarrow{湊微分} \frac{1}{2}\int \cos 2x\, d(2x) \xrightarrow{令 t=2x} \frac{1}{2}\int \cos t\, dt \xrightarrow{積分} \frac{1}{2}\sin t + C \xrightarrow{回代} \frac{1}{2}\sin 2x + C$$

一般地, 有

$$\int f[\varphi(x)]\varphi'(x)\, dx \xrightarrow{湊微分} \int f[\varphi(x)]\, d\varphi(x) \xrightarrow{令 \varphi(x)=t} \int f(t)\, dt$$

$$\xrightarrow{積分} F(t) + C \xrightarrow{回代} F[\varphi(x)] + C.$$

以上這種先"湊"成微分式, 再作變量代換的積分方法, 叫做**第一類換元積分法**, 又稱**湊微分法**. 運用湊微分法的難點在於我們應該把被積式中的一部分湊成 $d\varphi(x)$. 下面是一些常用的湊微分等式, 熟記這些等式對解題極有幫助.

(1) $dx = \frac{1}{a}d(ax+b)$ ;  (2) $x\, dx = \frac{1}{2}d(x^2)$ ;

(3) $\frac{dx}{\sqrt{x}} = 2d(\sqrt{x})$ ;  (4) $e^x dx = d(e^x)$ ;

(5) $\frac{dx}{x} = d(\ln|x|)$ ;  (6) $\frac{dx}{x^2} = -d\left(\frac{1}{x}\right)$ ;

(7) $-\sin x\, dx = d(\cos x)$  (8) $\cos x\, dx = d(\sin x)$

(9) $\frac{1}{1+x^2}dx = d(\arctan x)$

**例 2** 求不定積分 $\int \frac{\sin\sqrt{x}}{\sqrt{x}}dx$.

**解** $\int \frac{\sin\sqrt{x}}{\sqrt{x}}dx \xrightarrow{湊微分} 2\int \sin\sqrt{x}\, d(\sqrt{x}) \xrightarrow{令 t=\sqrt{x}} 2\int \sin t\, dt$

$$\xrightarrow{積分} -2\cos t + C \xrightarrow{回代} -2\cos\sqrt{x} + C$$

湊微分法運用熟練以後, 可以省略換元步驟, 直接寫結果.

**例3** 求下列不定積分：

(1) $\int (3x+2)^9 dx$；  (2) $\int \frac{1}{x}\ln x\, dx$；

(3) $\int x\sqrt{x^2+1}\, dx$；  (4) $\int \tan x\, dx$.

**解** (1) $\int (3x+2)^9 dx = \frac{1}{3}\int (3x+2)^9 d(3x+2)$

$$= \frac{1}{3} \times \frac{1}{10}(3x+2)^{10} + C$$

$$= \frac{1}{30}(3x+2)^{10} + C;$$

(2) $\int \frac{1}{x}\ln x\, dx = \int \ln x\, d\ln x = \frac{1}{2}\ln^2 x + C;$

(3) $\int x\sqrt{x^2+1}\, dx = \frac{1}{2}\int \sqrt{x^2+1}\, d(x^2+1)$

$$= \frac{1}{2} \times \frac{2}{3}(x^2+1)^{\frac{3}{2}} + C = \frac{1}{3}(x^2+1)^{\frac{3}{2}} + C;$$

(4) $\int \tan x\, dx = \int \frac{\sin x}{\cos x}\, dx = -\int \frac{1}{\cos x}\, d\cos x = -\ln|\cos x| + C.$

**例4** 求下列定積分：

(1) $\int_{-2}^{3}(x-1)^3 dx$  (2) $\int_{0}^{3}e^{\frac{x}{3}}dx$

(3) $\int_{1}^{2}\frac{e^{\frac{1}{x}}}{x^2}dx$  (4) $\int_{0}^{\frac{\pi}{2}}\frac{\cos x}{1+\sin^2 x}dx.$

**解** (1) $\int_{-2}^{3}(x-1)^3 dx = \frac{1}{4}(x-1)^4 \Big|_{-2}^{3} = -\frac{65}{4};$

(2) $\int_{0}^{3}e^{\frac{x}{3}}dx = 3\int_{0}^{3}e^{\frac{x}{3}}d\left(\frac{x}{3}\right) = 3e^{\frac{x}{3}}\Big|_{0}^{3} = 3e - 3.$

(3) $\int_{1}^{2}\frac{e^{\frac{1}{x}}}{x^2}dx = \int_{1}^{2}e^{\frac{1}{x}}d\left(-\frac{1}{x}\right) = -e^{\frac{1}{x}}\Big|_{1}^{2} = e - e^{\frac{1}{2}};$

(4) 令 $t = \sin x$，則 $x=0$ 時 $t=0$，$x=\frac{\pi}{2}$ 時 $t=1$

$$\int_{0}^{\frac{\pi}{2}}\frac{\cos x}{1+\sin^2 x}dx = \int_{0}^{\frac{\pi}{2}}\frac{1}{1+\sin^2 x}d\sin x = \int_{0}^{1}\frac{1}{1+t^2}dt$$

$$= \arctan t\Big|_{0}^{1} = \arctan 1 - \arctan 0 = \frac{\pi}{4}.$$

## *2. 第二類換元積分法

**例 5**　求 $\int \sqrt{a^2 - x^2}\, dx\ (a > 0)$.

**解**　求這個積分的困難在於有根式 $\sqrt{a^2 - x^2}$, 可以通過適當的變換來消去根式. 這里可以利用三角公式

$$\sin^2 t + \cos^2 t = 1$$

來消去根式.

設 $x = a\sin t$, 則 $dx = a\cos t\, dt$, $t \in \left(-\dfrac{\pi}{2}, \dfrac{\pi}{2}\right)$, $\sqrt{a^2 - x^2} = \sqrt{a^2 - a^2\sin^2 t} = a\cos t$

於是 $\int \sqrt{a^2 - x^2}\, dx = \int a\cos t \cdot a\cos t\, dt = a^2 \int \cos^2 t\, dt = a^2 \int \dfrac{1 + \cos 2t}{2}\, dt$

$$= \dfrac{a^2}{2}\left[t + \dfrac{1}{2}\sin 2t\right] + C$$

$$= \dfrac{a^2}{2}[t + \sin t \cdot \cos t] + C$$

$$= \dfrac{a^2}{2}[t + \sin t \cdot \sqrt{1 - \sin^2 t}] + C$$

$$= \dfrac{a^2}{2}\left[\dfrac{x}{a} \cdot \sqrt{1 - \left(\dfrac{x}{a}\right)^2} + \arcsin\dfrac{x}{a}\right] + C, (結合圖 3-12)$$

$$= \dfrac{x}{2} \cdot \sqrt{a^2 - x^2} + \dfrac{a^2}{2}\arcsin\dfrac{x}{a} + C.$$

圖 3-12

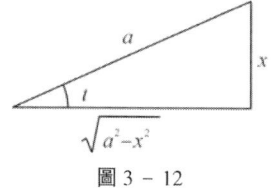

一般而言, 選擇變量代換 $x = g(t)$, 將積分 $\int f(x)\, dx$ 轉化為積分 $\int f[g(t)]g'(t)\, dt$, 即

$$\int f(x)\, dx \xrightarrow{x = g(t)} \int f[g(t)]g'(t)\, dt.$$

這種積分方法稱為第二類換元積分法. 運用該方法時需要滿足一定條件: 首先, 等式右邊的不定積分要存在, 且容易求出來; 其次, $\int f[g(t)]g'(t)\, dt$ 求出後必須用 $x = g(t)$ 的反函數 $t = g^{-1}(x)$ 代回去, 故要求 $x = g(t)$ 的反函數存在而且是單值可導的, 故做變換時 $t$ 都限定在函數 $x = g(t)$ 的某一個單調區間上, 並且 $g'(t) \neq 0$.

**例6** 求 $\int \dfrac{1}{\sqrt{x^2+a^2}} dx \ (a>0)$.

**解** 可以利用三角公式
$$1+\tan^2 t = \sec^2 t$$
來消去根式.

令 $x=a\tan t$, 則 $dx=a\sec^2 t dt, t\in\left(-\dfrac{\pi}{2},\dfrac{\pi}{2}\right)$, 所以

$$\int \dfrac{1}{\sqrt{x^2+a^2}} dx = \int \dfrac{1}{a\sec t} \cdot a\sec^2 t dt = \int \sec t dt = \ln|\sec t + \tan t| + C_1$$

$$= \ln\left|\dfrac{x}{a}+\dfrac{\sqrt{x^2+a^2}}{a}\right|+C_1 \quad (結合圖 3-13)$$

$$= \ln\left|x+\sqrt{x^2+a^2}\right|+C.$$

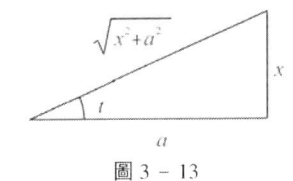

圖 3 - 13

**例7** 求 $\int \dfrac{1}{\sqrt{x^2-a^2}} dx \quad (a>0)$.

**解** 令 $x=a\sec t$, 則 $dx=a\sec t \cdot \tan t \, dt$, $t\in\left(0,\dfrac{\pi}{2}\right)$.

$$\int \dfrac{1}{\sqrt{x^2-a^2}} dx = \int \dfrac{a\sec t \cdot \tan t}{a\tan t} dt = \int \sec t \, dt = \ln|\sec t + \tan t| + C_1$$

$$= \ln\left|\dfrac{x}{a}+\dfrac{\sqrt{x^2-a^2}}{a}\right|+C_1 \quad (結合圖 3-14)$$

$$= \ln\left|x+\sqrt{x^2+a^2}\right|+C.$$

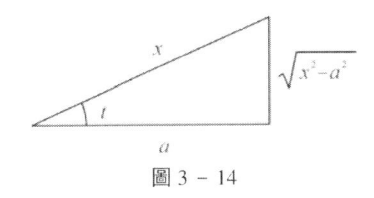

圖 3 - 14

以上例題中都是通過三角代換消去根式, 其一般規律如下:
當被積函數中含有

(1) $\sqrt{a^2-x^2}$, 可令 $x=a\sin t$;

(2) $\sqrt{a^2+x^2}$,可令 $x = a\tan t$;

(3) $\sqrt{x^2-a^2}$,可令 $x = a\sec t$.

第二類換元積分法當然也可以用於求定積分,但有兩點值得注意:① 用 $x = g(t)$ 把原變量 $x$ 換成新變量 $t$ 時,積分限也要換成相應於新變量 $t$ 的積分限;② 求出 $f[g(t)]g'(t)$ 的一個原函數 $\Phi(t)$ 後,不必像計算不定積分那樣再把 $\Phi(t)$ 變換成原來變量 $x$ 的函數,而只要把新變量 $t$ 的上、下限分別代入 $\Phi(t)$ 中然後相減就行了.

**例 8**　求 $\int_0^a \sqrt{a^2-x^2}\,dx$　$(a>0)$.

**解**　令 $x = a\sin t$,則 $dx = a\cos t\,dt$,$\sqrt{a^2-x^2} = a\sqrt{1-\sin^2 t} = a\cos t$

$$\int_0^a \sqrt{a^2-x^2}\,dx = a^2\int_0^{\frac{\pi}{2}} \cos^2 t\,dt = a^2\int_0^{\frac{\pi}{2}} \frac{1+\cos 2t}{2}dt = \frac{a^2}{2}\int_0^{\frac{\pi}{2}}(1+\cos 2t)dt$$

$$= \frac{a^2}{2}\left(t + \frac{1}{2}\sin 2t\right)\Big|_0^{\frac{\pi}{2}} = \frac{\pi a^2}{4}.$$

**例 9**　求 $\int_0^4 \frac{x+2}{\sqrt{2x+1}}dx$.

**解**　令 $t = \sqrt{2x+1}$,則 $x = \frac{t^2-1}{2}$,$dx = t\,dt$,當 $x=0$ 時,$t=1$,當 $x=4$ 時,$t=3$

從而

$$\int_0^4 \frac{x+2}{\sqrt{2x+1}}\,dx = \int_1^3 \frac{\frac{t^2-1}{2}+2}{t}t\,dt = \frac{1}{2}\int_1^3 (t^2+3)dt$$

$$= \frac{1}{2}\left(\frac{1}{3}t^3 + 3t\right)\Big|_1^3 = \frac{1}{2}\left[\left(\frac{27}{3}+9\right) - \left(\frac{1}{3}+3\right)\right] = \frac{22}{3}.$$

**3. 分部積分法**

如 $\int xe^x dx$、$\int x\sin x\,dx$ 等被積函數是兩種不同類型的函數乘積的積分,我們通常利用分部積分法來計算. 分部積分法也是一種基本的積分法,是與乘積的求導法則相對應的,其公式推導如下:

$$(uv)' = uv' + u'v$$

移項得

$$uv' = (uv)' - u'v$$

兩邊積分得

$$\int uv'dx = uv - \int u'v\,dx$$

即

$$\int u\,dv = uv - \int v\,du$$

類似地,對於定積分有

$$\int_a^b u\,dv = [uv]\Big|_a^b - \int_a^b v\,du$$

這兩個公式稱為**分部積分公式**.

**例 10** 求 $\int x\cos x \, dx$.

**解一** 令 $u = \cos x, x dx = d\left(\dfrac{x^2}{2}\right) = dv$,

$$\int x\cos x\,dx = \int \cos x\,d\left(\dfrac{x^2}{2}\right) = \dfrac{x^2}{2}\cos x + \int \dfrac{x^2}{2}\sin x\,dx$$

顯然, 積分更不易求出.

**解二** 令 $u = x, \cos x\,dx = d(\sin x) = dv$,

$$\int x\cos x\,dx = \int x\,d(\sin x) = x\sin x - \int \sin x\,dx = x\sin x + \cos x + C$$

由此可見, 應用分部積分法時, 關鍵是如何選擇 $u$ 和 $v$. 一般要求 $\int v\,du$ 要比 $\int u\,dv$ 容易積出.

關於 $u$ 和 $v$ 的選取, 一般有以下規律. 當被積函數是不同類型的函數的乘積形式時: ① 若其中含有指數函數或正(餘)弦函數, 則將指數函數或正(餘)弦函數放入微分號 $d(\ )$ 內, 湊成 $dv$; ② 若恰好為指數函數與正(餘)弦函數的乘積, 則 $u, dv$ 可隨意選取, 但在兩次分部積分中, 必須選用同類型的 $u$; ③ 若被積函數中指數函數與正(餘)弦函數都沒有, 則將冪函數 $x^a$ 放入微分號 $d(\ )$ 內, 湊成 $dv$.

**例 11** 求不定積分 $\int xe^x\,dx$.

**解** $\int xe^x\,dx = \int x\,d(e^x) = xe^x - \int e^x\,dx = xe^x - e^x + C$.

**例 12** 求 $\int x^3\ln x\,dx$.

**解** 令 $u = \ln x, x^3\,dx = d\left(\dfrac{x^4}{4}\right) = dv$

$$\int x^3\ln x\,dx = \int \ln x\,d\left(\dfrac{x^4}{4}\right) = \dfrac{1}{4}x^4\ln x - \dfrac{1}{4}\int x^3\,dx = \dfrac{1}{4}x^4\ln x - \dfrac{1}{16}x^4 + C.$$

將不定積分的分部積分公式用於定積分, 便得到如下的定積分的分部積分公式

$$\int_a^b u\,dv = [uv]_a^b - \int_a^b v\,du$$

計算時選取 $u$ 和 $dv$ 的方法與不定積分一樣.

**例 13** 求定積分 $\int_0^{\frac{\pi}{2}} x\sin x\,dx$.

**解** $\int_0^{\frac{\pi}{2}} x\sin x\,dx = \int_0^{\frac{\pi}{2}} x\,d(-\cos x) = -x\cos x\Big|_0^{\frac{\pi}{2}} + \int_0^{\frac{\pi}{2}} \cos x\,dx = 0 + \sin x\Big|_0^{\frac{\pi}{2}} = 1$

## 習題 3.4

1. 填空：

(1) $dx = (\quad) d(3x)$

(2) $dx = (\quad) d(1-7x)$

(3) $xdx = (\quad) d(x^2)$

(4) $xdx = (\quad) d(1+2x^2)$

(5) $\dfrac{1}{x}dx = (\quad) d(2\ln x)$

(6) $e^{-\frac{1}{3}x}dx = (\quad) d(e^{-\frac{1}{3}x} - \dfrac{1}{3})$

(7) $\sin 2x\, dx = (\quad) d(\cos 2x)$

(8) $\cos(1-3x)dx = (\quad) d\sin(1-3x)$

(9) $\dfrac{1}{1+4x^2}dx = (\quad) d\arctan 2x$

(10) $\dfrac{1}{\sqrt{1+x}}dx = (\quad) d\sqrt{1+x}$

2. 求下列不定積分：

(1) $\displaystyle\int \dfrac{1}{\sqrt{2-5x}}dx$

(2) $\displaystyle\int \cos(5x+1)dx$

(3) $\displaystyle\int \dfrac{1}{9-4x^2}dx$

(4) $\displaystyle\int \dfrac{2x-5}{x^2-5x+2}dx$

(5) $\displaystyle\int \dfrac{1}{x\ln x}dx$

(6) $\displaystyle\int \dfrac{x}{\sqrt{2-3x^2}}dx$

(7) $\displaystyle\int x\ln x\, dx$

(8) $\displaystyle\int \ln(1+x^2)dx$

(9) $\displaystyle\int x^2 \sin x\, dx$

(10) $\displaystyle\int xe^{-2x}dx$

3. 求下列定積分：

(1) $\displaystyle\int_0^{\sqrt{3}a} \dfrac{dx}{a^2+x^2}$

(2) $\displaystyle\int_0^1 \dfrac{dx}{\sqrt{4-x^2}}$

(3) $\displaystyle\int_0^1 te^{-\frac{t}{2}}dt$

(4) $\displaystyle\int_1^{e^2} \dfrac{dx}{x\sqrt{1+\ln x}}$

(5) $\displaystyle\int_1^4 \dfrac{dx}{1+\sqrt{x}}$

(6) $\displaystyle\int_0^1 xe^{-x}dx$

(7) $\displaystyle\int_1^e x\ln x\, dx$

(8) $\displaystyle\int_1^4 \dfrac{\ln x}{\sqrt{x}}dx$

(9) $\displaystyle\int_0^1 \dfrac{dx}{e^x+1}$

(10) $\displaystyle\int_0^1 x\sqrt{1-x}\, dx$

## §3.5 定積分的應用

定積分的應用極其廣泛,本節僅介紹它在幾何與經濟上的應用.

**1. 微元分析法的基本思想**

我們先來回顧一下在本章第2節中討論過的曲邊梯形的面積問題.

設 $f(x)$ 在區間 $[a,b]$ 上連續且 $f(x) \geq 0$,求以曲線 $y=f(x)$ 爲曲邊,底爲 $[a,b]$ 的曲邊梯形的面積 $A$,如圖 3-15 所示.

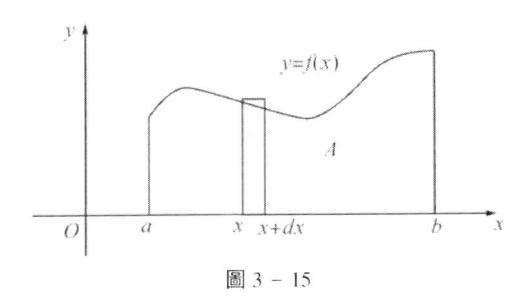

圖 3-15

把這個面積 $A$ 表示爲定積分

$$A = \int_a^b f(x)\,dx$$

的步驟是:

(1) 用任意一組分點把區間 $[a,b]$ 分成長度爲 $\Delta x_i (i=1,2,\cdots,n)$ 的 $n$ 個小區間,相應地把曲邊梯形分成 $n$ 個窄曲邊梯形,第 $i$ 個窄曲邊梯形的面積設爲 $\Delta A_i$,於是有

$$A = \sum_{i=1}^{n} \Delta A_i;$$

(2) 計算 $\Delta A_i$ 的近似值

$$\Delta A_i \approx f(\xi_i)\Delta x_i (\Delta x_{i-1} \leq \xi_i \leq \Delta x_i);$$

(3) 求和,得 $A$ 的近似值

$$A \approx \sum_{i=1}^{n} f(\xi_i)\Delta x_i;$$

(4) 求極限,得

$$A = \lim_{\lambda \to 0} \sum_{i=1}^{n} f(\xi_i)\Delta x_i = \int_a^b f(x)\,dx.$$

由於這個積分的被積表達式 $f(x)dx$,正好是區間 $[a,b]$ 上的任意小區間 $[x, x+dx]$ 上的窄曲邊梯形的面積 $\Delta A$ 的近似值,而當 $dx \to 0$ 時,它與 $\Delta A$ 只差一個高階無窮小量,即 $\Delta A = f(x)dx + o(dx)$.根據微分的定義,就有 $f(x)dx = dA$.

因此,要求圖 3-15 中的曲邊梯形的面積 $A$,只需先在 $[a,b]$ 上任取一個小區間

$[x, x+dx]$,再計算出面積 $A$ 在該小區間上的近似值 $f(x)dx$;這個近似值,就是面積 $A$ 的微分 $dA$;然後,以微分表達式 $f(x)dx$ 爲被積表達式,在 $[a,b]$ 上作定積分即可.

拋開 $A$ 的具體含義,並把這種思想加以抽象,就可得到一個具有普遍意義的重要思想方法:

設總量 $A$ 與區間 $[a,b]$ 上的連續函數 $f(x)$ 有關,且對區間 $[a,b]$ 具有可加性(即全區間上的總量等於各子區間上的相應分量之和),則欲求總量 $A$,只需:

(1) 先在區間 $[a,b]$ 上任取一個小區間 $[x, x+dx]$.根據微分的定義,當 $dx$ 很小時,總量 $A$(可爲面積、體積、質量、功能等)在此區間上的增量 $\Delta A$ 的近似值(見圖 3-15),就是總量 $A$ 的微分 $dA = f(x)dx$(常稱它爲總量 $A$ 的"微元").

(2) 再將微元 $dA = f(x)dx$ 在區間 $[a,b]$ 上積分,則得總量 $A$.即

$$A = \int_a^b dA = \int_a^b f(x)dx.$$

這種思想方法,數學上稱之爲微元分析法,簡稱微元法.它不僅適用於一元函數,而且適合於以後我們將要學習的多元函數.

**2. 幾何應用**

**(1) 平面圖形的面積**

設給定的平面圖形如圖 3-16 所示,我們來研究它的面積.

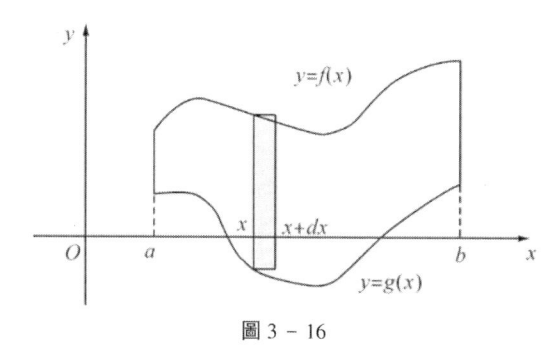

圖 3-16

根據微元法的思想,在 $[a,b]$ 上任取一個小區間 $[x, x+dx]$,相應地得到一個面積微元(如圖 3-16 中陰影部分),其面積爲

$$dA = [f(x) - g(x)]dx$$

於是,在區間 $[a,b]$ 上對上式兩邊求定積分,則得

$$A = \int_a^b [f(x) - g(x)]dx$$

這就是我們要求的給定平面圖形的面積.

把這個結果加以概括和抽象,就可得到下面的結論:

(1) 若平面圖形 $D$ 被夾在直線 $x=a$ 與 $x=b$ 之間,且其上、下邊界的方程分別爲 $y=f(x)$ 和 $y=g(x)$(如圖 3-16 所示),則圖形 $D$ 的面積爲

$$A = \int_a^b [f(x) - g(x)] dx \qquad (3-2)$$

（2）若平面圖形 $D$ 被夾在直線 $y = c$ 和 $y = d$ 之間，且左、右邊界的方程分別為 $x = \varphi_1(y)$ 及 $x = \varphi_2(y)$（如圖 3 - 17 所示），則圖形 $D$ 的面積為

$$A = \int_c^d [\varphi_2(y) - \varphi_1(y)] dy \qquad (3-3)$$

圖 3 - 17

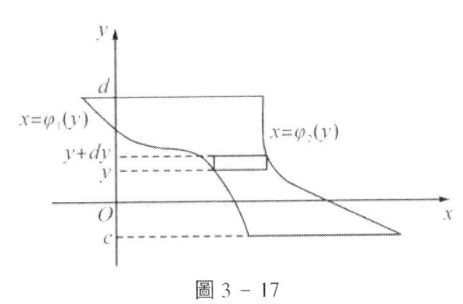

**例1** 求由曲線 $y = 4 - x^2$ 與 $y = x^2 - 4x - 2$ 所圍成的平面圖形的面積.

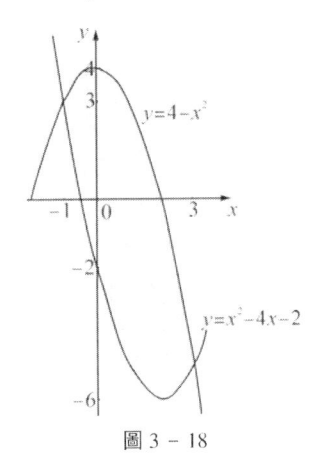

圖 3 - 18

**解** 所圍平面圖形如圖 3 - 18 所示.

解方程組 $\begin{cases} y = 4 - x^2 \\ y = x^2 - 4x - 2 \end{cases}$，得交點 $(-1, 3)$、$(3, -5)$.

因為圖形夾在直線 $x = -1$ 和 $x = 3$ 之間，且上、下邊界曲線的方程分別為 $y = 4 - x^2$ 與 $y = x^2 - 4x - 2$，由公式（3 - 2），所求面積為

$$A = \int_{-1}^{3} [(4 - x^2) - (x^2 - 4x - 2)] dx$$

$$= \int_{-1}^{3} (6 + 4x - 2x^2) dx = \left. \left( 6x + 2x^2 - \frac{2}{3}x^3 \right) \right|_{-1}^{3} = \frac{64}{3}.$$

**例2** 求由 $y^2 = 2x$ 和 $y = x - 4$ 所圍成的平面圖形的面積.

**解** 所圍平面圖形如圖 3 - 19 所示.

圖 3-19

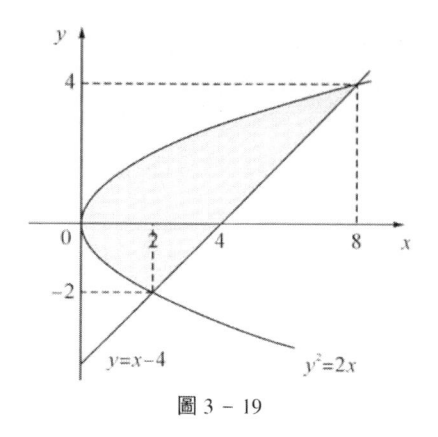

解方程組 $\begin{cases} y^2 = 2x \\ y = x - 4 \end{cases}$，得交點 $(2, -2)$、$(8, 4)$.

因爲圖形夾在直線 $y = -2$ 和 $y = 4$ 之間，且左、右邊界曲線的方程分別爲 $x = \dfrac{y^2}{2}$ 與 $x = y + 4$，所以，由公式 (3-3)，所求面積爲

$$A = \int_{-2}^{4} \left[ (y + 4) - \dfrac{y^2}{2} \right] dy = \left( \dfrac{y^2}{2} + 4y - \dfrac{1}{6} y^3 \right) \Big|_{-2}^{4} = 18.$$

**(2) 立體的體積**

下面僅討論平行截面面積爲已知的立體的體積.

設某立體被夾在過 $x$ 軸上的點 $x = a$ 與 $x = b$ 並垂直於 $x$ 軸的兩平面之間，在區間 $[a, b]$ 上的任意一點 $x$ 處垂直於 $x$ 軸的截面面積爲 $A(x)$（如圖 3-20 所示），現求它的體積 $V$.

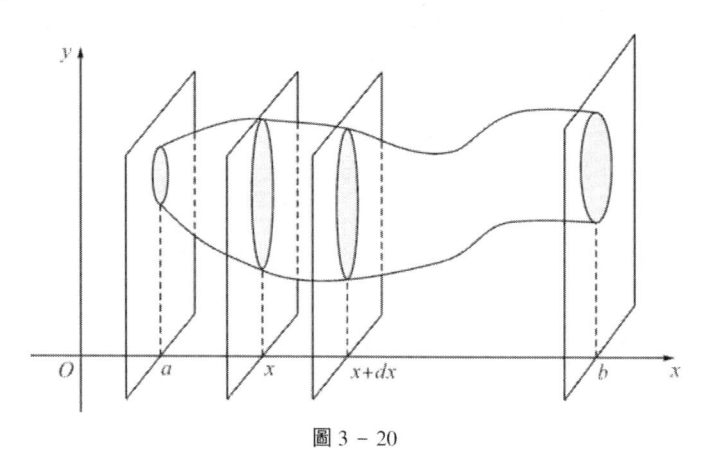

圖 3-20

在 $[a, b]$ 上任取一個小區間 $[x, x + dx]$，得一薄片（體積微元）的體積近似值爲 $A(x) dx$，即 $dV = A(x) dx$，於是得

$$V = \int_a^b dV = \int_a^b A(x)dx \qquad (3-4)$$

類似地,若立體被夾在過 y 軸上的點 $y=c$ 與 $y=d$ 並垂直於 y 軸的兩平面之間,在 $[c,d]$ 上的任意點 y 處垂直於 y 軸的截面面積爲 $A(y)$,則立體的體積爲

$$V = \int_c^d A(y)dy \qquad (3-5)$$

**例 3** 一平面經過半徑爲 R 的圓柱體的底面中心,並與底面交成角 α(如圖 3－21 所示),計算這個平面截圓柱體所得立體的體積.

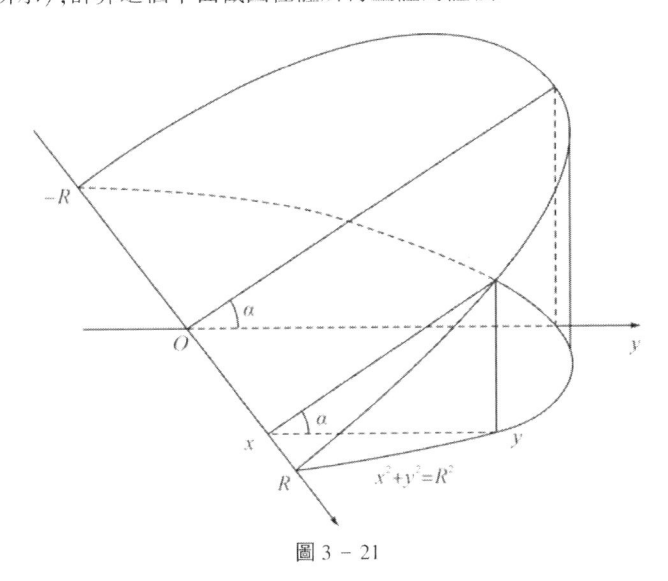

圖 3－21

**解** 顯然,在圖 3－21 中,底面圓的方程爲 $x^2 + y^2 = R^2$.
設 x 爲 $[-R,R]$ 上的任意一點,過該點且垂直 x 軸的截面面積爲 $A(x)$,則

$$A(x) = \frac{1}{2} \cdot y \cdot y\tan\alpha = \frac{1}{2}y^2\tan\alpha = \frac{1}{2}(R^2 - x^2)\tan\alpha.$$

於是,由公式(3－4),所求立體的體積爲

$$V = \int_{-R}^{R} A(x)dx = \frac{1}{2}\int_{-R}^{R}(R^2 - x^2)\tan\alpha dx = \frac{2}{3}R^3\tan\alpha.$$

### 3. 經濟中的應用

**(1) 由邊際函數求總量函數**

若對已知的邊際函數 $F'(x)$ 求積分,則可求得總量函數

$$F(x) = \int_0^x F'(t)dt + F(0) \qquad (3-6)$$

其中,積分常數 $F(0)$ 可由經濟函數的具體條件確定.

在(3－6)式中,當 x 爲產量時,只要將 $F(x)$ 代之以 $C(x)$(成本)、$R(x)$(收益)、$L(x)$(利潤),則有

$$\left.\begin{array}{l} C(x) = \int_0^x C'(t)dt + C(0) \\ R(x) = \int_0^x R'(t)dt + R(0) = \int_0^x R'(t)dt \\ L(x) = \int_0^x L'(t)dt + L(0) = \int_0^x L'(t)dt - C(0) \end{array}\right\} \quad (3-7)$$

其中,$C(0)$ 是固定成本.

**例4** 若一企業生產某產品的邊際成本是產量 $x$ 的函數
$$C'(x) = 2e^{0.2x},$$
固定成本 $C(0) = 90$,求總成本函數.

**解** 由公式(3-7)得
$$C(x) = \int_0^x C'(t)dt + C(0) = \int_0^x 2e^{0.2t}dt + 90 = \frac{2}{0.2}e^{0.2t}\Big|_0^x + 90 = 10e^{0.2x} + 80.$$

**例5** 已知生產某產品 $x$ 單位時的邊際收入爲 $R'(x) = 100 - 2x$(元/單位),求生產 40 單位時的總收入及平均收入,並求再增加生產 10 個單位時所增加的總收入.

**解** 由公式(3-7),生產 40 個單位時的總收入爲
$$R(40) = \int_0^{40} R'(x)dx = \int_0^{40}(100 - 2x)dx = (100x - x^2)\Big|_0^{40} = 2\,400(元),$$
平均收入爲 $\dfrac{R(40)}{40} = \dfrac{2\,400}{40} = 60(元).$

在生產 40 單位後再生產 10 單位所增加的總收入
$$\Delta R = R(50) - R(40) = \int_{40}^{50} R'(x)dx$$
$$= \int_{40}^{50}(100 - 2x)dx = (100x - x^2)\Big|_{40}^{50} = 100(元).$$

**例6** 已知某產品的邊際收入 $R'(x) = 25 - 2x$,邊際成本 $C'(x) = 13 - 4x$,固定成本爲 $C(0) = 10$,求當 $x = 5$ 時的毛利潤和純利潤.

**解** 由於邊際利潤
$$L'(x) = R'(x) - C'(x) = (25 - 2x) - (13 - 4x) = 12 + 2x,$$
可求得 $x = 5$ 時的毛利潤爲
$$\int_0^x L'(t)dt = \int_0^5(12 + 2t)dt = (12t + t^2)\Big|_0^5 = 85,$$
當 $x = 5$ 時的純利潤爲
$$L(5) = \int_0^5 L'(t)dt - C(0) = 85 - 10 = 75.$$

**例7** 假設某產品的邊際收入函數爲 $R'(x) = 9 - x$(萬元/萬臺),邊際成本函數爲 $C'(x) = 4 + \dfrac{x}{4}$(萬元/萬臺),其中產量 $x$ 以萬臺爲單位.

① 試求當產量由 4 萬臺增加到 5 萬臺時利潤的變化量.

② 當產量爲多少時利潤最大?

③ 已知固定成本爲 1 萬元,求總成本函數和利潤函數.

**解** ① 首先求出邊際利潤

$$L'(x) = R'(x) - C'(x) = (9 - x) + \left(4 + \frac{x}{4}\right) = 5 - \frac{5}{4}x$$

故有

$$\Delta L = L(5) - L(4) = \int_4^5 L'(t)dt = \int_4^5 \left(5 - \frac{5}{4}t\right)dt = -\frac{5}{8}(萬元)$$

可見,在 4 萬臺基礎上再生產 1 萬臺,利潤不但未增加,反而減少.

② 令 $L'(x) = 0$,可解得 $x = 4$(萬臺),即產量爲 4 萬臺時利潤最大.

③ 總成本函數

$$C(x) = \int_0^x C'(t)dt + C(0) = \int_0^x \left(4 + \frac{t}{4}\right)dt + 1 = \frac{1}{8}x^2 + 4x + 1$$

利潤函數

$$L(x) = \int_0^x L'(t)dt - C(0) = \int_0^x \left(5 - \frac{5}{4}t\right)dt - 1 = 5x - \frac{5}{8}x^2 - 1.$$

**(2) 消費者剩餘與生產者剩餘**

消費者剩餘和生產者剩餘是經濟福利分析的兩個重要工具.在效用與經濟福利分析中,消費者剩餘是指消費者爲獲得一定數量的某種商品(或服務)所願意支付的最高款額與其實際支付款額之間的差額,是商家的營業收入.生產者剩餘是指生產者銷售某種商品(或服務)所獲得款額與其生產成本之間的差額,是生產者的利潤.

設 $p = D(x)$ 表示消費者購買 $x$ 件商品願意支付的需求單價,它是一個遞減函數.如圖 3-22 所示.曲線下方的曲邊梯形 $AOQB$ 的面積是消費者購買 $Q$ 件商品所獲得的總效用或總滿意度,矩形的面積是消費者以價格 $p$ 購買 $Q$ 件商品的總支出,總滿意度減去總支出就是消費者剩餘.它是消費者從購買該商品中獲得的效用,由

$$\int_0^Q D(x)dx - pQ$$

給出.

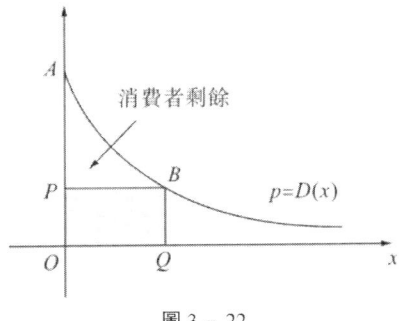

圖 3-22

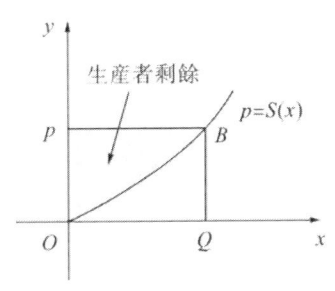

圖 3-23

$p = S(x)$ 表示經營者願意供給 $x$ 件商品的單價,它是一個遞增函數.如圖 3 - 23 所示.矩形 $pOQB$ 的面積是經營者以價格 $p$ 賣出 $Q$ 件商品的總收益,曲線下方的曲邊三角形 $OQB$ 的面積是經營者供給 $Q$ 件商品所支出的成本,總收益減去總支出就是生產者剩餘.它是生產者的效用或滿意度,由

$$pQ - \int_0^Q S(x)dx$$

給出.

**例 8**　對於需求函數 $D(x) = (x-5)^2$,求當 $x = 3$ 時的消費者剩餘.

**解**　當 $x = 3$ 時,$D(3) = (3-5)^2 = 4$.於是

消費者剩餘 $= \int_0^3 (x-5)^2 dx - 3 \times 4 = \frac{1}{3}\left[(x-5)^3\right]_0^3 - 3 \times 4 = 27$.

**例 9**　對於供給函數 $S(x) = x^2 + x + 3$,求當 $x = 3$ 時的生產者剩餘.

**解**　當 $x = 3$ 時,$S(3) = 3^2 + 3 + 3 = 15$.於是

生產者剩餘 $= 3 \times 15 - \int_0^3 (x^2 + x + 3)dx = 45 - \left[\frac{1}{3}x^3 + \frac{1}{2}x^2 + 3x\right]_0^3 = 22.5$.

當需求與供給達到平衡時,經營者與消費者之間真正發生了購買和銷售活動.如圖 3 - 24 所示,我們把供給曲線與需求曲線的交點 $(x_E, p_E)$ 稱爲平衡點.直線 $p = p_E$、$x = 0$ 與曲線 $p = D(x)$ 圍成的曲邊三角形面積是代表消費者剩餘,直線 $p = p_E$、$x = 0$ 與曲線 $p = S(x)$ 圍成的曲邊三角形面積代表生產者剩餘.

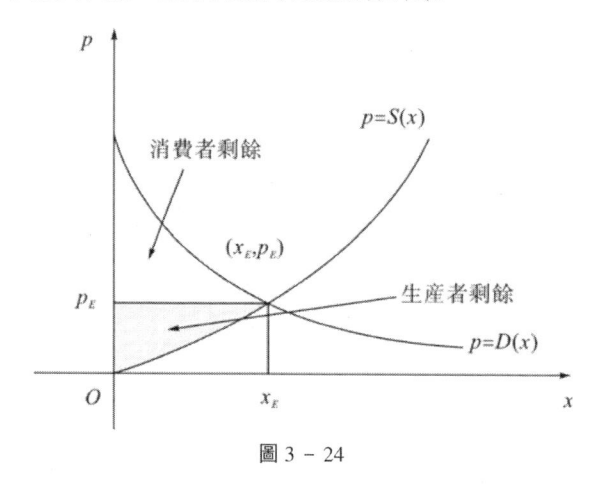

圖 3 - 24

平衡點處的消費者剩餘 $= \int_0^{x_E} D(x)dx - p_E x_E$.它是真正發生購買和銷售活動時商家的營業收入.

平衡點處的生產者剩餘 $= p_E x_E - \int_0^{x_E} S(x)dx$.它是真正發生購買和銷售活動時生產者的利潤.

**例 10**　對已知需求函數 $p = D(x) = (x-5)^2$,供給函數 $p = S(x) = x^2 + x + 3$.
① 求平衡點.

② 求平衡點處的消費者剩餘.
③ 求平衡點處的生產者剩餘.

**解** ① 由 $D(x) = S(x)$, 即 $(x-5)^2 = x^2 + x + 3$ 解得 $x_E = 2$, 代入 $p = D(x) = (x-5)^2$ 求得 $p_E = D(2) = 9$, 所以平衡點爲 $(2, 9)$.

② 平衡點處的消費者剩餘 $= \int_0^{x_E} D(x)dx - p_E x_E$

$$= \int_0^2 (x-5)^2 dx - 2 \times 9$$

$$= \frac{1}{3}[(x-5)^3]_0^2 - 18 = \frac{44}{3} \approx 14.67.$$

③ 平衡點處的生產者剩餘 $= p_E x_E - \int_0^{x_E} S(x)dx$

$$= 2 \times 9 - \int_0^2 (x^2 + x + 3)dx$$

$$= 18 - \left[\frac{1}{3}x^3 + \frac{1}{2}x^2 + 3x\right]_0^2 = \frac{22}{3} \approx 7.33.$$

### (3) 現值和將來值

這裡我們討論當資金是一種連續收入流時的現值和將來值. 將來值表示直到將來某個日子你將擁有的金錢總量, 現值則表示爲了獲取將來你從收入流中得到的等量金錢, 你必須今天存儲的金錢數量.

對於這樣一個連續的收入流, 假定利息是連續復利的. 設 $r$ 爲利息率, 則將來 $t$ 年後得到的儲蓄額 $B$ 的現值 $P = Be^{-rt}$.

假設收入流的速度是 $S(t)$ 元/年, 期限是從現在到將來的 $M$ 年. 我們劃分收入流爲許多小儲蓄, 並且想象每筆儲蓄在瞬間發生. 將區間 $[0, M]$ 劃分爲長度爲很小的子區間 $\Delta t$, 在每個子區間上, 收入流的速度 $S(t)$ 不會變化很大, 於是在 $t$ 到 $t + \Delta t$ 之間:

$$儲蓄額 \approx 儲蓄速度 \times 時間 = S(t)\Delta t 元$$

由於儲蓄額 $S(t)\Delta t$ 發生在將來的 $t$ 年, 故有

$$區間[t, t + \Delta t]上儲蓄額的現值 \approx S(t)\Delta t e^{-rt}$$

對所有子區間求和, 並取極限 $\Delta t \to 0$, 得到

$$現值 = \int_0^M S(t)e^{-rt}dt$$

$$將來值 = 現值 \cdot e^{rM}$$

**例 11** 求每年 1 000 元的常值收入流在 20 年期間的現值和將來值, 假設年利息率是 6%, 並按連續復利計算.

**解** 由於 $S(t) = 1\,000$ 及 $r = 0.06$, 則有

$$現值 = \int_0^{20} 1\,000 e^{-0.06t} dt = 11{,}647 元$$

利用 $B = Pe^{rt}$, 我們可以從現值 $P$ 得到將來值 $B$

$$將來值 = 11{,}647 e^{0.06 \times 20} = 38{,}699 元$$

需要注意, 20 年間總儲蓄額是 20,000 元, 將來值是 38,699 元, 由於利息的作用總

儲蓄額幾乎翻了一倍.

## 習題 3.5

1. 求圖 3 - 25 中各陰影部分的面積:

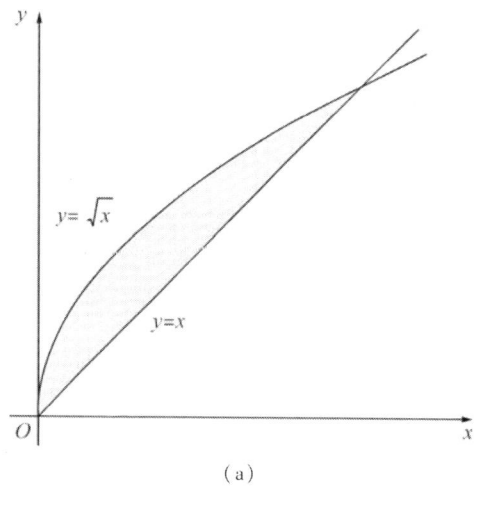

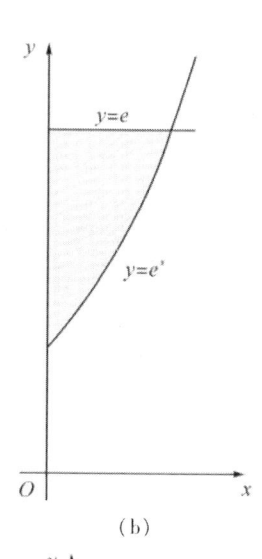

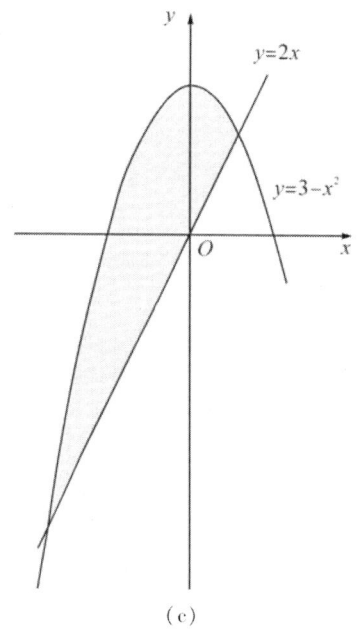

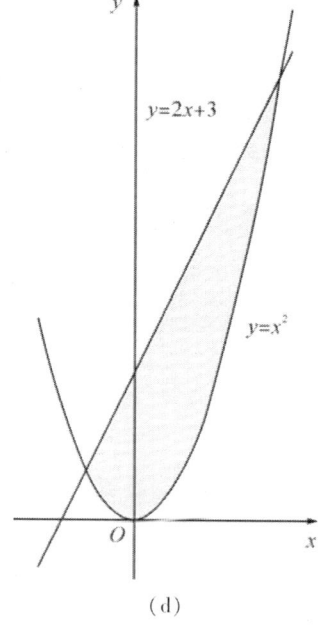

(a) $y=\sqrt{x}$, $y=x$

(b) $y=e$, $y=e^x$

(c) $y=2x$, $y=3-x^2$

(d) $y=2x+3$, $y=x^2$

圖 3 - 25

2. 求下列各題中平面圖形的面積：

（1）曲線 $y = x^2 + 3$ 在區間 $[0,1]$ 上的曲邊梯形．

（2）曲線 $y = x^2$ 與 $y = 2 - x^2$ 所圍成的圖形．

（3）在 $[0, \frac{\pi}{2}]$ 上，曲線 $y = \sin x$ 與直線 $x = 0$、$y = 1$ 所圍成的圖形．

（4）曲線 $y = \frac{1}{x}$ 與直線 $y = x$、$x = 2$ 所圍成的圖形．

（5）曲線 $y = x^2 - 8$ 與直線 $2x + y + 8 = 0$、$y = -4$ 所圍成的圖形．

（6）曲線 $y = x^3 - 3x + 2$ 在 $x$ 軸上介於兩極值點間的曲邊梯形．

3. 設商品的需求函數 $Q = 100 - 5p$（其中：$Q$ 爲需求量，$p$ 爲單價），邊際成本函數 $C'(Q) = 15 - 0.05Q$，且 $C(0) = 12.5$ 元．問 $p$ 爲何值時，工廠利潤達到最大？試求出最大利潤．

4. 某廠生產產品的邊際成本 $C'(Q) = 3Q^2 - 18Q + 33$，且當產量 $Q$ 爲 3 時，成本爲 55，求：

（1）成本函數與平均單位成本函數；

（2）當產量由 2 個單位增至 10 個單位時，成本的增量是多少？

5. 一家公司測定生產某種產品 $x$ 件的邊際成本爲 $C'(x) = x^3 - 2x$．假設固定成本是 100 美元，求總成本函數 $C(x)$．

6. 一家公司測定，銷售某種產品 $x$ 件的邊際收益是 $R'(x) = x^2 - 1$．

（1）假設 $R(0) = 0$，求總收益函數 $R(x)$；

（2）$R(0) = 0$ 的假設的合理性何在？

7. 已知 $D(x) = (x-4)^2$，$S(x) = x^2 + 2x + 6$．求：

（1）平衡點；

（2）在平衡點處的消費者剩餘；

（3）在平衡點處的生產者剩餘．

8. 已知 $D(x) = \dfrac{100}{\sqrt{x}}$，$S(x) = \sqrt{x}$．求：

（1）平衡點；

（2）在平衡點處的消費者剩餘；

（3）在平衡點處的生產者剩餘．

## 本章總習題

1. 選擇題：

(1) 已知 $F(x)$ 是 $f(x)$ 的一個原函數，$C$ 為任意常數，下列等式能成立的是（   ）．

$(A) \int dF(x) = F(x) + C$  $\qquad (B) \int F'(x)dx = F(x)$

$(C) \left[\int f(x)dx\right]' = f(x) + C$  $\qquad (D) d\left[\int f(x)dx\right] = f(x) + C$

(2) 下列等式能成立的是（   ）．

$(A) \int e^{-x}dx = e^{-x} + C$  $\qquad (B) \int \ln x dx = \dfrac{1}{x} + C$

$(C) \int \cos^2 x dx = \dfrac{1}{3}\cos^3 x + C$  $\qquad (D) \int \sin 2x dx = \sin^2 x + C$

(3) 若 $\int f(x)dx = 2\sin\dfrac{x}{2} + C$，則 $f(x) = ($   $)$．

$(A) \cos\dfrac{x}{2} + C$  $\qquad (B) \cos\dfrac{x}{2}$

$(C) 2\cos\dfrac{x}{2} + C$  $\qquad (D) 2\sin\dfrac{x}{2}$

(4) 若 $F'(x) = f(x)$，則 $\int dF(x) = ($   $)$．

$(A) f(x)$  $\qquad (B) F(x)$

$(C) f(x) + C$  $\qquad (D) F(x) + C$

(5) 若 $f(x)$ 的一個原函數為 $\ln x$，則 $f'(x) = ($   $)$．

$(A) x\ln x$  $\qquad (B) \ln x$

$(C) -\dfrac{1}{x^2}$  $\qquad (D) \dfrac{1}{x}$

(6) 若 $\int f(x)dx = F(x) + C$，則 $\int \sin x f(\cos x) dx = ($   $)$．

$(A) F(\sin x) + C$  $\qquad (B) -F(\sin x) + C$

$(C) F(\cos x) + C$  $\qquad (D) -F(\cos x) + C$

(7) 下列式子正確的是（   ）．

$(A) \int_0^1 e^x dx > \int_0^1 e^{x^2} dx$  $\qquad (B) \int_0^1 e^x dx < \int_0^1 e^{x^2} dx$

$(C) \int_0^1 e^x dx = \int_0^1 e^{x^2} dx$  $\qquad (D)$ 以上都不對

(8) 下列積分值小於零的是( ).

(A) $\int_0^\pi \dfrac{1}{\sin x} dx$    (B) $\int_{-1}^1 xe^{-x} dx$

(C) $\int_{\frac{1}{2}}^1 \dfrac{dx}{\ln x}$    (D) 以上都不對

(9) 下列等式正確的是( ).

(A) $d\int f(x) dx = f(x)$    (B) $d\int f(x) dx = f(x) dx$

(C) $\dfrac{d}{dx}\int f(x) dx = f(x) dx$    (D) $\dfrac{d}{dx}\int f(x) dx = f(x) + C$

(10) 原函數 $f(x) + C$ 可寫成( ) 形式.

(A) $\int f'(x) dx$    (B) $[\int f(x) dx]'$

(C) $d[\int f(x) dx]$    (D) $\int F'(x) dx$

(11) 若 $\int f(x) dx = e^x \cos 2x + C$,則 $f(x) = ($ ).

(A) $e^x \cos 2x$    (B) $e^x(\cos 2x - 2\sin 2x) + C$

(C) $e^x(\cos 2x - 2\sin 2x)$    (D) $-e^x \sin 2x$

(12) 下列各等式中錯誤的是( ).

(A) $dx = d(\sqrt{2} x)$    (B) $x dx = \dfrac{1}{2} d(x^2 + 1)$

(C) $\dfrac{1}{\sqrt{x}} dx = 2 d\sqrt{x}$    (D) $\cos(\dfrac{x}{3} - 2) dx = 3 d[\sin(\dfrac{x}{3} - 2)]$

2. 填空題：

(1) $f(x) = \ln(x^2)$ 在 $(-\infty, +\infty)$ 上連續,則 $d\int \ln(x^2) dx = $ _____.

(2) $\int x f'(x^2) dx = $ _____.

(3) 已知 $e^{-x}$ 是 $f(x)$ 的一個原函數,則 $\int x f(x) dx = $ _____.

(4) $\int_0^2 |x - 1| dx = $ _____.

(5) 若 $\int_a^b \dfrac{f(x)}{f(x) + g(x)} dx = 1$,則 $\int_a^b \dfrac{g(x)}{f(x) + g(x)} dx = $ _____.

3. 求曲線 $y = x^3$ 和直線 $y = 2$ 及 $x = 0$ 所圍成的平面圖形的面積.

4. 求由曲線 $y = \sin x$ 與 $y = \sin 2x$ 在 $[0, \pi]$ 上所圍成的圖形的面積.

5. 已知 $A$ 工廠生產某產品 $Q$ 單位時,總收益的變化率為 $R'(x) = 200 - \dfrac{x}{100}, x \geq 0$.

(1) 求生產該產品 10 單位時的總收益.

（2）若已生產了 100 個單位後,求再生產 100 個單位時總收益的增加值.

6. 某產品的邊際收益函數與邊際成本函數分別為 $R'(Q) = 18$(萬元／噸),$C'(Q) = 3Q^2 - 18Q + 33$(萬元／噸),其中 $Q$ 為產量(單位:噸),$0 \leq Q \leq 10$,且固定成本為 10 萬元,求當產量為多少時利潤最大? 達到利潤最大的產量後又生產了一噸,總利潤減少了多少?

7. 設 $f(x)$ 的一個原函數是 $\dfrac{\ln x}{x}$,試證明:$\int x^2 f'(x) dx = \ln^2 x - 3\ln x + C$.

# 第4章　多元函數微分學及其應用

一元微分學中,我們討論的函數都只有一個自變量,但在許多實際問題中,往往要考慮多個變量之間的關係,反應到數學上,就是一個變量的變化可能依賴於多個其他變量的變化,由此引入多元函數的概念.

我們將在一元函數微積分的基礎上,進一步討論多元函數的微積分學.本章主要介紹二元函數微分學及其應用.這些概念和方法大都能推廣到二元以上的多元函數.

## §4.1　多元函數的基本概念

### 1. 平面區域的概念

討論一元函數時,經常用到鄰域和區間概念.由於討論二元函數的需要,我們首先把鄰域和區間概念加以推廣,同時還要涉及一些其他概念.

**(1) 鄰域**

設 $P_0(x_0,y_0)$ 是 $xy$ 平面上的一個點,$\delta$ 是某一正數,與點 $P_0(x_0,y_0)$ 距離小於 $\delta$ 的點 $P(x,y)$ 的全體,稱為點 $P_0$ 的 $\delta$ 鄰域,記為 $U(P_0,\delta)$,即
$$U(P_0,\delta) = \{P \mid |PP_0| < \delta\},$$
也就是
$$U(P_0,\delta) = \{(x,y) \mid \sqrt{(x-x_0)^2+(y-y_0)^2} < \delta\}.$$
$U(P_0,\delta)$ 如圖4-1所示.

圖4-1

如果不需要強調鄰域半徑 $\delta$,則用 $U(P_0)$ 表示點 $P_0$ 的 $\delta$ 鄰域.點 $P_0$ 的去心鄰域記作 $\overset{\circ}{U}(P_0)$.

**(2) 區域**

設 $E$ 是平面上的一個點集,$P$ 是平面上的一個點.如果存在點 $P$ 的某一鄰域 $U(P)$

使 $U(P) \subset E$，則稱 $P$ 爲 $E$ 的內點（見圖 4-2）.顯然，$E$ 的內點屬於 $E$.

圖 4-2

圖 4-3

如果點集 $E$ 的點都是內點，則稱 $E$ 爲開集.例如，點集 $E_1 = \{(x,y) | 1 < x^2 + y^2 < 4\}$ 中每個點都是 $E_1$ 的內點，因此 $E_1$ 爲開集.見圖 4-3.

如果點 $P$ 的任一鄰域內既有屬於 $E$ 的點，也有不屬於 $E$ 的點（點 $P$ 本身可以屬於 $E$，也可以不屬於 $E$），則稱 $P$ 爲 $E$ 的邊界點（見圖 4-4）.$E$ 的邊界點的全體稱爲 $E$ 的邊界.例如上例中，$E$ 的邊界是圓周 $x^2 + y^2 = 1$ 和 $x^2 + y^2 = 4$.

設 $D$ 是開集.如果對於 $D$ 內任何兩點，都可用折線連結起來，且該折線上的點都屬於 $D$，則稱開集 $D$ 是連通的.見圖 4-5.

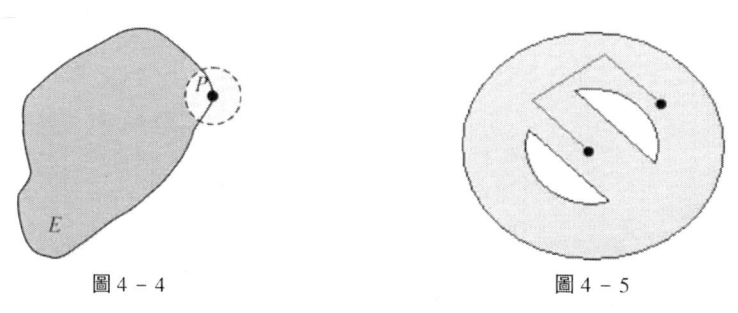

圖 4-4

圖 4-5

連通的開集稱爲區域或開區域，例如，
$$\{(x,y) | x + y > 0\} \text{ 及 } \{(x,y) | 1 < x^2 + y^2 < 4\}$$
都是區域.

開區域連同它的邊界一起，稱爲閉區域，例如
$$\{(x,y) | x + y \geq 0\} \text{ 及 } \{(x,y) | 1 \leq x^2 + y^2 \leq 4\}$$
都是閉區域.

對於點集 $E$，如果存在正數 $K$，使任意一點 $P \in E$ 與某一定點 $A$ 間的距離 $|AP|$ 不超過 $K$，即
$$|AP| \leq K$$
則稱 $E$ 爲有界點集；否則，稱爲無界點集.例如，$\{(x,y) | 1 \leq x^2 + y^2 \leq 4\}$ 是有界閉區域，$\{(x,y) | x + y > 0\}$ 是無界開區域.

**2. 多元函數的概念**

設長方體的長、寬、高分別爲 $x$、$y$、$z$，則長方體的表面積爲

$$S = 2(xy + yx + xz) \quad (x > 0, y > 0, z > 0),$$

顯然,當 $x, y, z$ 變化時,$S$ 將隨著變化.因此,長方體的表面積是其長、寬、高三個變量的函數,稱為三元函數.

又如,在生產中,產量 $Y$ 與投入的資金 $K$ 和勞動力 $L$ 之間,有如下的關係

$$Y = AK^\alpha L^\beta,$$

其中 $A$、$\alpha$、$\beta$ 為正的常數.在西方經濟學中稱此函數關係為 $Cobb-Douglas$ 生產函數.

由此可見,所謂多元函數是指依賴於多個自變量的函數關係.下面給出二元函數的定義:

**定義 4.1** 設 $D$ 為平面上的一個非空點集,若對於 $D$ 內任意點 $P(x,y)$,按照某種對應法則 $f$,都有唯一確定的實數 $z$ 與之對應,則稱 $f$ 為 $D$ 上的二元函數,記做

$$z = f(P) \text{ 或 } z = f(x,y) \quad (x,y) \in D,$$

其中 $x, y$ 稱為自變量,$z$ 為因變量,$D$ 為該函數的定義域,集合 $\{z \mid z = f(x,y), (x,y) \in D\}$ 稱為該函數的值域.

類似地,可定義三元及三元以上函數.當 $n \geq 2$ 時,$n$ 元函數統稱為多元函數.

**例 1** 求二元函數 $f(x,y) = \dfrac{\sqrt{4x - y^2}}{\ln(1 - x^2 - y^2)}$ 的定義域,並畫出定義域的示意圖.

**解** 由 $\begin{cases} 4x - y^2 \geq 0 \\ 1 - x^2 - y^2 > 0, \\ 1 - x^2 - y^2 \neq 1 \end{cases}$ 解得 $\begin{cases} y^2 \leq 4x \\ 0 < x^2 + y^2 < 1 \end{cases},$

所以函數的定義域為

$$D = \{(x,y) \mid y^2 \leq 4x, 0 < x^2 + y^2 < 1\}.$$

函數定義域如圖 4-6 所示陰影部分.

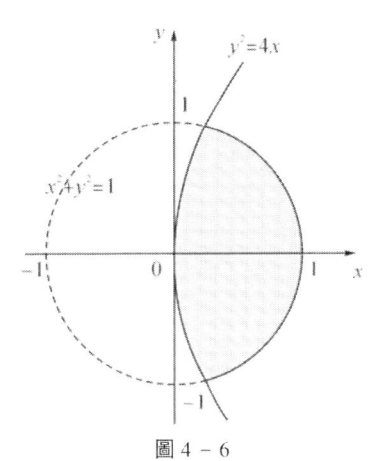

圖 4-6

設函數 $z = f(x,y)$ 的定義域為 $D$.對於任意取定的點 $P(x,y) \in D$,對應的函數值為 $z = f(x,y)$.這樣,以 $x$ 為橫坐標、$y$ 為縱坐標、$z$ 為豎坐標在空間就確定一點 $M(x,y,z)$.當

$(x,y)$ 遍取 $D$ 上的一切點時,得到一個空間點集
$$\{(x,y,z)\mid z=f(x,y),(x,y)\in D\}$$
這個點集稱為二元函數 $z=f(x,y)$ 的圖形(見圖4-7).通常而言,二元函數的圖形是一個曲面.

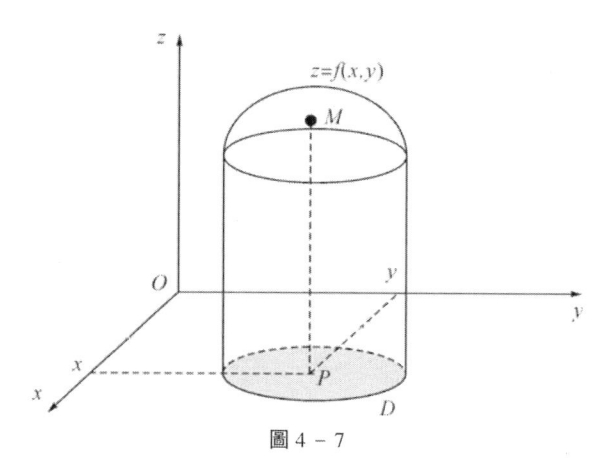

圖 4-7

### 3. 二元函數的極限與連續性

與一元函數的極限概念類似,如果在 $P(x,y)\to P_0(x_0,y_0)$ 的過程中,對應的函數值 $f(x,y)$ 無限趨於一個常數 $A$,則稱 $A$ 為函數 $z=f(x,y)$ 當 $x\to x_0, y\to y_0$ 時的極限,記為 $\lim\limits_{\substack{x\to x_0\\y\to y_0}} f(x,y)=A$.

其嚴格的數學定義如下:

* 定義4.2  設函數 $f(x,y)$ 在開區域(或閉區域)$D$ 內有定義,$P_0(x_0,y_0)$ 是 $D$ 的內點或邊界點.如果對於任意給定的正數 $\varepsilon$,總存在正數 $\delta$,使得對於滿足不等式
$$0<|PP_0|=\sqrt{(x-x_0)^2+(y-y_0)^2}<\delta$$
的一切點 $P(x,y)\in D$,都有
$$|f(x,y)-A|<\varepsilon$$
成立,則稱常數 $A$ 為函數 $z=f(x,y)$ 當 $x\to x_0, y\to y_0$ 時的極限,記作
$$\lim_{\substack{x\to x_0\\y\to y_0}} f(x,y)=A \text{ 或 } \lim_{P\to P_0} f(x,y)=A$$
或
$$f(x,y)\to A \quad (\rho\to 0),$$
這裏 $\rho=|PP_0|$.

對於二元函數的極限定義,應特別注意:

(1)$P\to P_0$ 的方式是任意的,而不局限於某一種特定路徑,這比一元函數更為複雜;如果當 $P(x,y)$ 以不同方式趨於 $P_0(x_0,y_0)$ 時,函數趨於不同的值,那麼就可以斷定函數的極限不存在.

（2）求極限的運算法則與一元函數極限運算法則類似.

（3）當點 $P$ 按某一特殊方式趨於點 $P_0$ 時，函數 $f(x,y)$ 的極限存在，並不能保證 $P \to P_0$ 時，函數 $f(x,y)$ 的極限存在.

**例2** 求極限 $\lim\limits_{\substack{x\to 0\\ y\to 0}}(x^2+y^2)\sin\dfrac{1}{x^2+y^2}$.

**解** 令 $u = x^2+y^2$，則 $\lim\limits_{\substack{x\to 0\\ y\to 0}}(x^2+y^2)\sin\dfrac{1}{x^2+y^2} = \lim\limits_{u\to 0}u\sin\dfrac{1}{u} = 0$.

**例3** 求極限 $\lim\limits_{\substack{x\to\infty\\ y\to\infty}}\dfrac{x+y}{x^2+y^2}$.

**解** 當 $xy \neq 0$ 時，

$$0 \leqslant \left|\dfrac{x+y}{x^2+y^2}\right| \leqslant \dfrac{|x|+|y|}{x^2+y^2} \leqslant \dfrac{|x|+|y|}{2|xy|} = \dfrac{1}{2|y|} + \dfrac{1}{2|x|} \to 0 \ (x\to\infty, y\to\infty),$$

所以 $\lim\limits_{\substack{x\to\infty\\ y\to\infty}}\dfrac{x+y}{x^2+y^2} = 0$.

**例4** 考察函數 $f(x,y) = \begin{cases}\dfrac{xy}{x^2+y^2}, & x^2+y^2 \neq 0 \\ 0, & x^2+y^2 = 0\end{cases}$ 在 $(0,0)$ 點的極限.

**解** 顯然，當點 $P(x,y)$ 沿 $x$ 軸趨於點 $(0,0)$ 時，

$$\lim\limits_{x\to 0}f(x,0) = \lim\limits_{x\to 0}0 = 0;$$

又當點 $P(x,y)$ 沿 $y$ 軸趨於點 $(0,0)$ 時，

$$\lim\limits_{y\to 0}f(0,y) = \lim\limits_{y\to 0}0 = 0.$$

可見當點 $P(x,y)$ 以上述兩種特殊方式（沿 $x$ 軸或沿 $y$ 軸）趨於原點時函數的極限存在並且相等.

但當點 $P(x,y)$ 沿著直線 $y = kx$ 趨於點 $(0,0)$ 時，有

$$\lim\limits_{\substack{x\to 0\\ y=kx\to 0}}\dfrac{xy}{x^2+y^2} = \lim\limits_{x\to 0}\dfrac{kx^2}{x^2+k^2x^2} = \dfrac{k}{1+k^2},$$

顯然它是隨著 $k$ 值的不同而改變的，因此 $\lim\limits_{\substack{x\to 0\\ y=kx\to 0}}\dfrac{xy}{x^2+y^2}$ 是不存在的.

**例5** 證明 $\lim\limits_{\substack{x\to 0\\ y\to 0}}\dfrac{x^3y}{x^6+y^2}$ 不存在.

**證明** 取 $y = kx^3$，$\lim\limits_{\substack{x\to 0\\ y\to 0}}\dfrac{x^3y}{x^6+y^2} = \lim\limits_{\substack{x\to 0\\ y=kx^3\to 0}}\dfrac{x^3\cdot kx^3}{x^6+k^2x^6} = \dfrac{k}{1+k^2}$，其值隨 $k$ 的不同而變化，故極限不存在.

與一元函數完全類似，利用二元函數的極限，不難定義二元函數的連續性.

**定義4.3** 如果函數 $f(x,y)$ 滿足：

（1）$f(x,y)$ 在 $P_0(x_0, y_0)$ 點有定義；

(2) $\lim\limits_{\substack{x \to x_0 \\ y \to y_0}} f(x,y)$ 存在；

(3) $\lim\limits_{\substack{x \to x_0 \\ y \to y_0}} f(x,y) = f(x_0, y_0)$.

則稱函數 $f(x,y)$ 在點 $P_0(x_0, y_0)$ 連續.

如果函數 $f(x,y)$ 在開區域(或閉區域) $D$ 內的每一點連續, 那麼就稱函數 $f(x,y)$ 在 $D$ 內連續, 或者稱 $f(x,y)$ 是 $D$ 內的連續函數.

**例 6** 討論二元函數 $f(x,y) = \begin{cases} \dfrac{x^3 + y^3}{x^2 + y^2}, & (x,y) \neq (0,0) \\ 0, & (x,y) = (0,0) \end{cases}$ 在點 $(0,0)$ 處的連續性.

**解** 由 $f(x,y)$ 表達式的特徵, 設 $x = \rho\cos\theta, y = \rho\sin\theta$, 則
$$\lim_{(x,y) \to (0,0)} f(x,y) = \lim_{\rho \to 0} \rho(\sin^3\theta + \cos^3\theta) = 0 = f(0,0),$$
所以函數在點 $(0,0)$ 處連續.

**例 7** 討論函數 $f(x,y) = \begin{cases} \dfrac{xy}{x^2 + y^2}, & (x,y) \neq (0,0) \\ 0, & (x,y) = (0,0) \end{cases}$ 在點 $(0,0)$ 處間斷.

**解** 函數 $f(x,y)$ 在 $(0,0)$ 處有定義, 即 $f(0,0) = 0$, 但由例 4 已知 $\lim\limits_{(x,y) \to (0,0)} \dfrac{xy}{x^2 + y^2}$ 不存在, 故點 $(0,0)$ 是該函數的間斷點.

以上有關二元函數連續性的概念, 可相應推廣到多元函數上去.

若函數 $f(x,y)$ 在區域 $D$ 上每一點都連續, 則稱函數在 $D$ 上連續. 在有界閉區域上的多元連續函數也有如下性質:

**定理 4.1（有界性與最值原理）** 有界閉區域 $D$ 上的多元連續函數, 在 $D$ 上有界, 且能取得最大值和最小值.

**定理 4.2（介值定理）** 有界閉區域 $D$ 上的多元連續函數, 可取得介於最大值和最小值之間的任何值.

與一元函數類似, 一切多元初等函數在其定義區域內是連續的. 由多元初等函數的連續性, 如果要求它在點 $P_0$ 處的極限, 而該點又在此函數的定義區域內, 則極限值就是函數在該點的函數值, 即 $\lim\limits_{P \to P_0} f(P) = f(P_0)$.

**例 8** 求 $\lim\limits_{\substack{x \to 0 \\ y \to 1}} \left[ \ln(y-x) + \dfrac{y}{\sqrt{1-x^2}} \right]$.

**解** $\lim\limits_{\substack{x \to 0 \\ y \to 1}} \left[ \ln(y-x) + \dfrac{y}{\sqrt{1-x}} \right] = \ln(1-0) + \dfrac{1}{\sqrt{1-0^2}} = 1$.

**例 9** 求 $\lim\limits_{\substack{x \to 0 \\ y \to 1}} \dfrac{e^x + y}{x + y}$.

**解** 因初等函數 $f(x,y) = \dfrac{e^x + y}{x + y}$ 在 $(0,1)$ 處連續, 故

$$\lim_{\substack{x\to 0\\ y\to 1}}\frac{e^x+y}{x+y}=\frac{e^0+1}{0+1}=2$$

## 習題 4.1

1. 設 $f(x,y)=xy+\dfrac{x}{y}$，求 $f\left(\dfrac{1}{2},\dfrac{1}{3}\right)$.

2. 已知 $f\left(x+y,\dfrac{y}{x}\right)=x^2-y^2$，求 $f(x,y)$.

3. 求下列函數的定義域並畫出定義域的示意圖：

   (1) $z=\ln(y^2-2x+1)$    (2) $z=\dfrac{1}{\sqrt{x+y}}+\dfrac{1}{\sqrt{x-y}}$

   (3) $z=\sqrt{x-\sqrt{y}}$

   (4) $z=\ln[(16-x^2-y^2)(x^2+y^2-4)]$

4. 求下列各極限，若不存在，說明理由：

   (1) $\lim\limits_{\substack{x\to 0\\ y\to 1}}\dfrac{1-xy}{x^2+y^2}$    (2) $\lim\limits_{\substack{x\to 1\\ y\to 0}}\dfrac{\ln(x+e^y)}{x^2+y^2}$

   (3) $\lim\limits_{(x,y)\to(0,0)}\dfrac{xy}{\sqrt{xy+1}-1}$    (4) $\lim\limits_{(x,y)\to(2,0)}\dfrac{\sin xy}{y}$

   (5) $\lim\limits_{\substack{x\to 0\\ y\to 0}}\dfrac{x+y}{x-y}$    (6) $\lim\limits_{\substack{x\to 0\\ y\to 0}}\dfrac{xy}{x^2+y^4}$

5. 指出下列函數的間斷點或間斷線：

   (1) $z=\dfrac{1}{\sqrt{x^2+y^2}}$    (2) $z=\dfrac{xy}{x+y}$

   (3) $z=\sin\dfrac{1}{xy}$    (4) $z=\dfrac{y^2+2x}{y^2-2x}$

## §4.2 偏導數與全微分

多元函數對某一個自變量求導，求導過程中其他自變量保持不變，即看作常數一樣，這樣求得的導數稱為偏導數．

**1. 偏導數的定義**

**定義 4.4** 設函數 $z=f(x,y)$ 在點 $(x_0,y_0)$ 的某一鄰域內有定義，如果固定 $y=y_0$

後，一元函數 $z = f(x, y_0)$ 在 $x = x_0$ 可導，即極限

$$\lim_{\Delta x \to 0} \frac{f(x_0 + \Delta x, y_0) - f(x_0, y_0)}{\Delta x}$$

存在，則稱此極限值爲函數 $z = f(x, y)$ 在點 $(x_0, y_0)$ 處關於自變量 $x$ 的偏導數，記作

$$\left.\frac{\partial z}{\partial x}\right|_{\substack{x=x_0 \\ y=y_0}}, \left.\frac{\partial f}{\partial x}\right|_{\substack{x=x_0 \\ y=y_0}}, \left.z'_x\right|_{\substack{x=x_0 \\ y=y_0}}, f'_x(x_0, y_0) \text{ 或 } \left.f'_1\right|_{\substack{x=x_0 \\ y=y_0}}.$$

即 $\left.\dfrac{\partial z}{\partial x}\right|_{\substack{x=x_0 \\ y=y_0}} = \left.\dfrac{\partial f}{\partial x}\right|_{\substack{x=x_0 \\ y=y_0}} = \left.z'_x\right|_{\substack{x=x_0 \\ y=y_0}} = f'_x(x_0, y_0) = \lim\limits_{\Delta x \to 0} \dfrac{f(x_0 + \Delta x, y_0) - f(x_0, y_0)}{\Delta x}.$

類似地，可定義函數 $z = f(x, y)$ 在點 $(x_0, y_0)$ 處關於自變量 $y$ 的偏導數，記作

$$\left.\frac{\partial z}{\partial y}\right|_{\substack{x=x_0 \\ y=y_0}}, \left.\frac{\partial f}{\partial y}\right|_{\substack{x=x_0 \\ y=y_0}}, \left.z'_y\right|_{\substack{x=x_0 \\ y=y_0}}, f'_y(x_0, y_0) \text{ 或 } \left.f'_2\right|_{\substack{x=x_0 \\ y=y_0}}.$$

如果函數 $z = f(x, y)$ 在區域 $D$ 內每一點 $(x, y)$ 處對 $x$ 的偏導數都存在，那麼這個偏導數就是 $x$、$y$ 的函數，稱爲函數 $z = f(x, y)$ 對自變量 $x$ 的偏導函數，記作

$$\frac{\partial z}{\partial x}, \frac{\partial f}{\partial x}, z'_x, f'_x(x, y) \text{ 或 } f'_1.$$

類似地，可以定義函數 $z = f(x, y)$ 對自變量 $y$ 的偏導函數，記作

$$\frac{\partial z}{\partial y}, \frac{\partial f}{\partial y}, z'_y, f'_y(x, y) \text{ 或 } f'_2.$$

由偏導函數的概念可知，$f(x, y)$ 在點 $(x_0, y_0)$ 處對 $x$ 的偏導數 $f'_x(x_0, y_0)$ 顯然就是偏導函數 $f'_x(x, y)$ 在點 $(x_0, y_0)$ 處的函數值；$f'_y(x_0, y_0)$ 就是偏導函數 $f'_y(x, y)$ 在點 $(x_0, y_0)$ 處的函數值. 就像一元函數的導函數一樣，以後在不至於混淆的地方也把偏導函數簡稱爲偏導數.

偏導數的概念還可以推廣到二元以上的函數. 例如三元函數 $u = f(x, y, z)$ 在點 $(x, y, z)$ 處對 $x$ 的偏導數定義爲

$$f'_x(x, y, z) = \lim_{\Delta x \to 0} \frac{f(x + \Delta x, y, z) - f(x, y, z)}{\Delta x}$$

其中 $(x, y, z)$ 是函數 $u = f(x, y, z)$ 的定義域內的點.

求 $z = f(x, y)$ 的偏導數，並不需要用新的方法，因爲這裡只有一個自變量在變動，另一個自變量看作是固定的，所以仍是一元函數的求導問題.

**例 1** 求 $z = f(x, y) = x^2 + 3xy + y^2$ 在點 $(1, 2)$ 處的偏導數.

**解法一** 當 $y = 2$ 時，$f(x, 2) = x^2 + 6x + 9$，$f'_x(x, 2) = \dfrac{df(x, 2)}{dx} = 2x + 6$

當 $x = 1$ 時，$f(1, y) = 1 + 3y + y^2$，$f'_y(1, y) = \dfrac{df(1, y)}{dy} = 3 + 2y$

故所求偏導數

$f'_x(1, 2) = 2 \times 1 + 6 = 8,$

$f'_y(1, 2) = 3 + 2 \times 2 = 7.$

**解法二** 把 $y$ 看作常數,對 $x$ 求導得到 $f'_x(x,y) = 2x + 3y$,
把 $x$ 看作常數,對 $y$ 求導得到 $f'_y(x,y) = 3x + 2y$,
故所求偏導數
$f'_x(1,2) = 2 \times 1 + 3 \times 2 = 8$,
$f'_y(1,2) = 3 \times 1 + 2 \times 2 = 7$.

**例 2** 求三元函數 $u = \sin(x + y^2 - e^z)$ 的偏導數.

**解** 把 $y$ 和 $z$ 看作常數,對 $x$ 求導得 $\dfrac{\partial u}{\partial x} = \cos(x + y^2 - e^z)$;

把 $x$ 和 $z$ 看作常數,對 $y$ 求導得 $\dfrac{\partial u}{\partial y} = 2y\cos(x + y^2 - e^z)$;

把 $x$ 和 $y$ 看作常數,對 $z$ 求導得 $\dfrac{\partial u}{\partial z} = -e^z\cos(x + y^2 - e^z)$.

**2. 偏導數的經濟意義**

如果 $z = f(x,y)$ 是一個經濟函數,那麼 $z = f(x,y)$ 對自變量的偏導數表示因變量關於自變量的邊際. $\dfrac{\partial z}{\partial x}$ 在經濟學中解釋為:固定 $y = y_0$,當自變量 $x$ 在 $x_0$ 的基礎上再增加一個單位量時,因變量 $z$ 將近似增加 $\dfrac{\partial z}{\partial x}$;同理, $\dfrac{\partial z}{\partial y}$ 在經濟學中解釋為:固定 $x = x_0$,當自變量 $y$ 在 $y_0$ 的基礎上再增加一個單位量時,因變量 $z$ 將近似增加 $\dfrac{\partial z}{\partial y}$.

與一元函數類似,也可以定義多元函數的彈性概念,稱為偏彈性. 對於函數 $z = f(x,y)$,稱

$$E_x = \lim_{\Delta x \to 0} \frac{\frac{\Delta z}{z}}{\frac{\Delta x}{x}} = \frac{x}{z} \cdot \frac{\partial z}{\partial x} = \frac{x}{f(x,y)} \cdot f'_x(x,y)$$

為函數 $z = f(x,y)$ 對自變量 $x$ 的偏彈性,其意義為:保持自變量 $y$ 不變,當自變量 $x$ 有 $1\%$ 的改變時,函數 $z = f(x,y)$ 將改變 $E_x \%$;同樣稱

$$E_y = \lim_{\Delta y \to 0} \frac{\frac{\Delta z}{z}}{\frac{\Delta y}{y}} = \frac{y}{z} \cdot \frac{\partial z}{\partial y} = \frac{y}{f(x,y)} \cdot f'_y(x,y)$$

為函數 $z = f(x,y)$ 對自變量 $y$ 的偏彈性,其意義為:保持自變量 $x$ 不變,當自變量 $y$ 有 $1\%$ 的改變時,函數 $z = f(x,y)$ 將改變 $E_y \%$.

在商業和經濟中經常要考慮的一個生產函數是科布 — 道格拉斯($Cobb$ - $Douglas$)生產函數:

$$Q(x,y) = Ax^\alpha y^{1-\alpha}, A > 0 \text{ 且 } 0 < \alpha < 1$$

其中 $Q$ 是由 $x$ 個人力單位和 $y$ 個資本單位生產出的產品數量.偏導數

$$\frac{\partial Q}{\partial x} \text{ 和 } \frac{\partial Q}{\partial y}$$

分別稱爲人力邊際生產力和資本邊際生產力.

例3　某移動電話公司的某種產品有下面的生產函數：

$$Q(x,y) = 50x^{\frac{2}{3}}y^{\frac{1}{3}}$$

(1) 求由 125 個人力單位和 64 個資本單位生產的產品數量；

(2) 求邊際生產力；

(3) 計算在 $x = 125$ 和 $y = 64$ 時的生產力；

(4) 求產量對人力的彈性以及產量對資本的彈性.

**解**　(1) $Q(125,64) = 50 \times 125^{\frac{2}{3}} \times 64^{\frac{1}{3}} = 5\,000$；

(2) $\frac{\partial Q}{\partial x} = 50 \times \frac{2}{3}x^{-\frac{1}{3}}y^{\frac{1}{3}} = \frac{100}{3}x^{-\frac{1}{3}}y^{\frac{1}{3}}, \frac{\partial Q}{\partial y} = 50 \times \frac{1}{3}x^{\frac{2}{3}}y^{-\frac{2}{3}} = \frac{50}{3}x^{\frac{2}{3}}y^{-\frac{2}{3}}$；

(3) $\left.\frac{\partial Q}{\partial x}\right|_{\substack{x=125\\y=64}} = \left.(50 \times \frac{2}{3}x^{-\frac{1}{3}}y^{\frac{1}{3}})\right|_{\substack{x=125\\y=64}} = 50 \times \frac{2}{3} \times 125^{-\frac{1}{3}} \times 64^{\frac{1}{3}} = \frac{80}{3} \approx 26.67$,

$\left.\frac{\partial Q}{\partial y}\right|_{\substack{x=125\\y=64}} = \left.(50 \times \frac{1}{3}x^{\frac{2}{3}}y^{-\frac{2}{3}})\right|_{\substack{x=125\\y=64}} = 50 \times \frac{1}{3} \times 125^{\frac{2}{3}} \times 64^{-\frac{2}{3}} = \frac{625}{24} \approx 26.04$；

(4) $E_x = \frac{x}{Q(x,y)} \cdot \frac{\partial Q}{\partial x} = \frac{x}{50x^{\frac{2}{3}}y^{\frac{1}{3}}} \cdot \frac{100}{3}x^{-\frac{1}{3}}y^{\frac{1}{3}} = \frac{2}{3}$,

$E_y = \frac{y}{Q(x,y)} \cdot \frac{\partial Q}{\partial y} = \frac{y}{50x^{\frac{2}{3}}y^{\frac{1}{3}}} \cdot \frac{50}{3}x^{\frac{2}{3}}y^{-\frac{2}{3}} = \frac{1}{3}$.

\*3. 高階偏導數

設函數 $z = f(x,y)$ 在區域 $D$ 內具有偏導數

$$\frac{\partial z}{\partial x} = f'_x(x,y), \frac{\partial z}{\partial y} = f'_y(x,y)$$

那麼在 $D$ 內 $f'_x(x,y)$、$f'_y(x,y)$ 都是 $x,y$ 的函數.如果這兩個函數的偏導數也存在,則稱它們是函數 $z = f(x,y)$ 的二階偏導數.按照對變量求導次序的不同有下列四個二階偏導數：

$$\frac{\partial}{\partial x}\left(\frac{\partial z}{\partial x}\right) = \frac{\partial^2 z}{\partial x^2} = f''_{xx}(x,y), \quad \frac{\partial}{\partial y}\left(\frac{\partial z}{\partial x}\right) = \frac{\partial^2 z}{\partial x \partial y} = f''_{xy}(x,y),$$

$$\frac{\partial}{\partial x}\left(\frac{\partial z}{\partial y}\right) = \frac{\partial^2 z}{\partial y \partial x} = f''_{yx}(x,y), \quad \frac{\partial}{\partial y}\left(\frac{\partial z}{\partial y}\right) = \frac{\partial^2 z}{\partial y^2} = f''_{yy}(x,y).$$

其中 $\frac{\partial^2 z}{\partial x \partial y}, \frac{\partial^2 z}{\partial y \partial x}$ 稱爲二階混合偏導數.同樣可以定義三階、四階以及 $n$ 階偏導數,二階及二階以上的偏導數統稱爲高階偏導數.

例4　設 $z = 4x^3 + 3x^2y - 3xy^2 - x + y$，求 $\dfrac{\partial^2 z}{\partial x^2}$, $\dfrac{\partial^2 z}{\partial y \partial x}$, $\dfrac{\partial^2 z}{\partial x \partial y}$, $\dfrac{\partial^2 z}{\partial y^2}$.

解　$\dfrac{\partial z}{\partial x} = 12x^2 + 6xy - 3y^2 - 1$, $\dfrac{\partial z}{\partial y} = 3x^2 - 6xy + 1$,

$\dfrac{\partial^2 z}{\partial x^2} = 24x + 6y$, $\dfrac{\partial^2 z}{\partial y^2} = -6x$,

$\dfrac{\partial^2 z}{\partial x \partial y} = 6x - 6y$, $\dfrac{\partial^2 z}{\partial y \partial x} = 6x - 6y$.

由上面計算結果知：$\dfrac{\partial^2 z}{\partial x \partial y} = \dfrac{\partial^2 z}{\partial y \partial x} = 6x - 6y$，二階偏導數是否都有此性質，關於這一點，我們有下面結論：

**定理4.3**　如果函數 $z = f(x,y)$ 的兩個二階混合導數 $\dfrac{\partial^2 z}{\partial x \partial y}$ 和 $\dfrac{\partial^2 z}{\partial y \partial x}$ 在區域 $D$ 內連續，那麼在該區域內這兩個二階混合偏導數必相等.

這就是說，二階混合偏導數在連續的條件下與求導次序無關.

**4. 全微分**

對於一元函數 $y = f(x)$，為了近似計算函數的改變量

$$\Delta y = f(x + \Delta x) - f(x) \approx f'(x)\Delta x,$$

我們引入了微分 $dy = f'(x)\Delta x$. 在 $|\Delta x|$ 比較小時，可用 $dy$ 近似代替 $\Delta y$，計算簡單且近似程度較好.

對於二元函數也有類似的問題，若函數 $z = f(x,y)$ 在點 $P_0(x_0, y_0)$ 關於 $x, y$ 分別有改變量 $\Delta x, \Delta y$，函數的改變量

$$\Delta z = f(x_0 + \Delta x, y_0 + \Delta y) - f(x_0, y_0)$$

稱為全改變量，由此我們引入全微分的概念.

**定義4.5**　如果函數 $z = f(x,y)$ 在點 $(x_0, y_0)$ 處的改變量 $\Delta z$ 可表示為

$$\Delta z = f(x_0 + \Delta x, y_0 + \Delta y) - f(x_0, y_0) = A\Delta x + B\Delta y + o(\rho) \tag{4-1}$$

其中，$A = A(x_0, y_0)$、$B = B(x_0, y_0)$ 與 $\Delta x$、$\Delta y$ 無關，$\rho = \sqrt{(\Delta x)^2 + (\Delta y)^2}$. 則稱表達式 (4-1) 中的線性主部 $A\Delta x + B\Delta y$ 為函數 $z = f(x,y)$ 在點 $(x_0, y_0)$ 處的全微分，記為 $dz$，即

$$dz = A\Delta x + B\Delta y \tag{4-2}$$

並稱函數 $z = f(x,y)$ 在點 $(x_0, y_0)$ 處可微分或可微.

**定理4.4（可微分的必要條件）**　若函數 $z = f(x,y)$ 在點 $(x_0, y_0)$ 處可微，則該函數在點 $(x_0, y_0)$ 處的偏導數存在，且有

$$A = \dfrac{\partial z}{\partial x}\bigg|_{\substack{x = x_0 \\ y = y_0}}, B = \dfrac{\partial z}{\partial y}\bigg|_{\substack{x = x_0 \\ y = y_0}}$$

於是，由(4-2)式有

$$dz = \frac{\partial z}{\partial x}\Delta x + \frac{\partial z}{\partial y}\Delta y. \tag{4-3}$$

若令 $z = f(x,y) = x$，則 $dz = dx = \Delta x$，同理有 $dy = \Delta y$，於是(4-3)式可記為

$$dz = \frac{\partial z}{\partial x}dx + \frac{\partial z}{\partial y}dy \tag{4-4}$$

**例 5** 求函數 $z = 4xy^3 + 5x^2y^6$ 的全微分.

**解** 因為 $\dfrac{\partial z}{\partial x} = 4y^3 + 10xy^6, \dfrac{\partial z}{\partial y} = 12xy^2 + 30x^2y^5$,

所以，$dz = (4y^3 + 10xy^6)dx + (12xy^2 + 30x^2y^5)dy$.

**例 6** 計算函數 $z = x^y$ 在點 $(2,1)$ 處的全微分.

**解** 因為 $f'_x(x,y) = yx^{y-1}, f'_y(x,y) = x^y \ln x$，所以

$$f'_x(2,1) = 1, \; f'_y(2,1) = 2\ln 2,$$

從而所求全微分 $dz\big|_{(2,1)} = dx + 2\ln 2\, dy$.

## 習題 4.2

1. 求下列函數的一階偏導數：

(1) $z = x^3y - xy^3$        (2) $z = \sqrt{\ln(xy)}$

(3) $z = y^2 \cos(xy)$        (4) $z = (1 + xy)^y$

(5) $z = \ln \dfrac{y}{x}$        (6) $z = e^{xy} + yx^2$

2. 設 $f(x,y) = x + y - \sqrt{x^2 + y^2}$，求 $f'_x(3,4), f'_y(3,4)$.

3. 求下列函數的全微分：

(1) $z = xy + \dfrac{x}{y}$        (2) $z = e^{x-2y}$

(3) $z = \dfrac{y}{\sqrt{x^2 + y^2}}$        (4) $u = x^{yz}$

4. 求下列函數在已給條件下全微分的值：

(1) 函數 $z = x^2y^3$，當 $x = 2, y = -1, \Delta x = 0.02, \Delta y = -0.01$.

(2) 函數 $z = e^{xy}$，當 $x = 1, y = 1, \Delta x = 0.15, \Delta y = 0.1$.

5. 求下列函數的二階導數：

(1) $z = \sin(2x + y)$        (2) $z = y^x$

(3) $z = x^4 + y^4 - 4x^2y^2$        (4) $z = x\ln(x + y)$

6. 某出版公司的某種產品有生產函數 $p(x,y) = 1\,800x^{0.621}y^{0.379}$，其中 $p$ 是由 $x$ 個人力單位和 $y$ 個資本單位所生產的產品的數量.

(1) 求由 2,500 個人力單位和 1,700 個資本單位生產的產品數量；

(2) 求邊際生產力;

(3) 說明在(2)中求出的邊際生產力的意義;

(4) 計算在 $x = 2,500$ 和 $y = 1,700$ 時的邊際生產力.

7. 已知某商品的需求量 $Q$ 是該商品的價格 $p_1$、另一相關商品價格 $p_2$ 及消費者收入 $y$ 的函數,且 $Q = \frac{1}{200} p_1^{-\frac{3}{8}} p_2^{-\frac{2}{5}} y^{\frac{5}{2}}$. 試求需求量 $Q$ 分別關於自身價格 $p_1$、相關價格 $p_2$ 及消費者收入 $y$ 的彈性,並闡述它們的經濟意義.

## §4.3 多元複合函數的求導法則

一元函數微分學中複合函數的求導法則可以直接推廣到多元複合函數的情形.

**定理 4.5** 如果函數 $u = u(x,y)$ 及 $v = v(x,y)$ 都在點 $(x,y)$ 具有對 $x$ 及對 $y$ 的偏導數,函數 $z = f(u,v)$ 在對應點 $(u,v)$ 具有連續偏導數,則複合函數 $z = f[u(x,y), v(x,y)]$ 在點 $(x,y)$ 的兩個偏導數存在,且有:

$$\frac{\partial z}{\partial x} = \frac{\partial z}{\partial u} \frac{\partial u}{\partial x} + \frac{\partial z}{\partial v} \frac{\partial v}{\partial x} \qquad (4-5)$$

$$\frac{\partial z}{\partial y} = \frac{\partial z}{\partial u} \frac{\partial u}{\partial y} + \frac{\partial z}{\partial v} \frac{\partial v}{\partial y} \qquad (4-6)$$

定理 4.5 中各變量的鏈接關係可以用圖 4-8 來描述, 公式(4-5)和公式(4-6)也稱為複合函數求導的鏈式法則. 這一法則形式上可簡單概括為"連線相乘,分線相加".

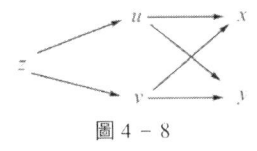

圖 4-8

**例 1** 設 $z = e^u \sin v$, 而 $u = xy, v = x + y$, 求 $\frac{\partial z}{\partial x}$ 和 $\frac{\partial z}{\partial y}$.

**解** $\frac{\partial z}{\partial x} = \frac{\partial z}{\partial u} \cdot \frac{\partial u}{\partial x} + \frac{\partial z}{\partial v} \cdot \frac{\partial v}{\partial x} = e^u \sin v \cdot y + e^u \cos v \cdot 1$

$= e^u (y \sin v + \cos v) = e^{xy}[y \sin(x+y) + \cos(x+y)],$

$\frac{\partial z}{\partial y} = \frac{\partial z}{\partial u} \cdot \frac{\partial u}{\partial y} + \frac{\partial z}{\partial v} \cdot \frac{\partial v}{\partial y} = e^u \sin v \cdot x + e^u \cos v \cdot 1$

$= e^u (x \sin v + \cos v) = e^{xy}[x \sin(x+y) + \cos(x+y)].$

當中間變量多於兩個的時候,我們有類似的結論. 如果函數 $u = u(x,y)$, $v = v(x,y)$ 及 $w = w(x,y)$ 都在點 $(x,y)$ 具有對 $x$ 及對 $y$ 的偏導數,函數 $z = f(u,v,w)$ 在對應點 $(u,v,w)$ 具有連續偏導數,則複合函數 $z = f[u(x,y), v(x,y), w(x,y)]$ 在點

$(x,y)$ 的兩個偏導數存在,且有:

$$\frac{\partial z}{\partial x} = \frac{\partial z}{\partial u}\frac{\partial u}{\partial x} + \frac{\partial z}{\partial v}\frac{\partial v}{\partial x} + \frac{\partial z}{\partial w}\frac{\partial w}{\partial x} \tag{4-7}$$

$$\frac{\partial z}{\partial y} = \frac{\partial z}{\partial u}\frac{\partial u}{\partial y} + \frac{\partial z}{\partial v}\frac{\partial v}{\partial y} + \frac{\partial z}{\partial w}\frac{\partial w}{\partial y} \tag{4-8}$$

比較特別情形是,設 $z = f(u,v)$ 是自變量為 $u$ 和 $v$ 的二元函數,而 $u = u(t)$, $v = v(t)$ 是自變量 $t$ 的一元函數,則 $z = f[u(t),v(t)]$ 是 $t$ 的一元函數.這個複合函數 $z$ 對 $t$ 的導數 $\frac{dz}{dt}$ 稱為全導數.

**定理 4.6** 如果函數 $u = u(t)$ 及 $v = v(t)$ 都在點 $t$ 可導,函數 $z = f(u,v)$ 在對應點 $(u,v)$ 具有連續偏導數,則複合函數 $z = f[u(t),v(t)]$ 在點 $t$ 可導,且

$$\frac{dz}{dt} = \frac{\partial z}{\partial u}\frac{du}{dt} + \frac{\partial z}{\partial v}\frac{dv}{dt} \tag{4-9}$$

定理 4.6 中各變量的鏈接關係與求導法則分別參見圖 4-9 與圖 4-10.

圖 4-9

圖 4-10

**例 2** 設 $z = uv$,而 $u = \sqrt{1+e^t}$, $v = \cos t$,求全導數 $\frac{dz}{dt}$.

**解** $\frac{dz}{dt} = \frac{\partial z}{\partial u} \cdot \frac{du}{dt} + \frac{\partial z}{\partial v} \cdot \frac{dv}{dt} = v \cdot \frac{e^t}{2\sqrt{1+e^t}} - u\sin t = \frac{e^t \cos t}{2\sqrt{1+e^t}} - \sqrt{1+e^t}\sin t.$

## 習題 4.3

1. 設 $z = u^2 \ln v$,而 $u = \frac{x}{y}$, $v = 3x - 2y$,求 $\frac{\partial z}{\partial x}$, $\frac{\partial z}{\partial y}$.

2. 設 $z = e^{x-2y}$,而 $x = \sin t$, $y = t^3$,求 $dz$.

3. 設 $z = \arctan(xy)$,而 $y = e^x$,求 $\frac{dz}{dx}$.

4. 設 $u = \frac{e^{ax}(y-z)}{a^2+1}$,而 $y = a\sin x$, $z = \cos x$,求 $\frac{du}{dx}$.

5. 設 $z = \arctan\frac{x}{y}$,而 $x = u + v$, $y = u - v$,求證 $\frac{\partial z}{\partial u} + \frac{\partial z}{\partial v} = \frac{u-v}{u^2+v^2}$.

6. 設 $z = f(x + y, x^2 - y^2)$，且 $f$ 具有一階連續偏導數，求 $\dfrac{\partial z}{\partial x}$ 和 $\dfrac{\partial z}{\partial y}$.

7. 若 $z = f(ax + by)$，且 $f$ 具有一階連續偏導數，證明：$b\dfrac{\partial z}{\partial x} - a\dfrac{\partial z}{\partial y} = 0$.

## §4.4 多元函數的極值與最值

與一元函數相類似,多元函數的最值與極值有密切聯繫,這裡我們以二元函數為例來進行討論.

**1. 二元函數的無條件極值**

定義 4.6 設函數 $z = f(x, y)$ 在點 $(x_0, y_0)$ 的某個鄰域內有定義,對於該鄰域內異於 $(x_0, y_0)$ 的點 $(x, y)$：如果都滿足不等式 $f(x, y) < f(x_0, y_0)$,則稱函數在點 $(x_0, y_0)$ 有極大值 $f(x_0, y_0)$；如果都滿足不等式 $f(x, y) > f(x_0, y_0)$,則稱函數在點 $(x_0, y_0)$ 有極小值 $f(x_0, y_0)$.極大值、極小值統稱為極值.使函數取得極值的點稱為極值點.

例 1 函數 $z = 3x^2 + 4y^2$ 在點 $(0, 0)$ 處有極小值.因為對於點 $(0, 0)$ 的任一鄰域內異於 $(0, 0)$ 的點,函數值都為正,而在點 $(0, 0)$ 處的函數值為零.從圖形(見圖 4 – 11)上看這是顯然的,因為點 $(0, 0, 0)$ 是開口朝上的橢圓拋物面 $z = 3x^2 + 4y^2$ 的頂點.

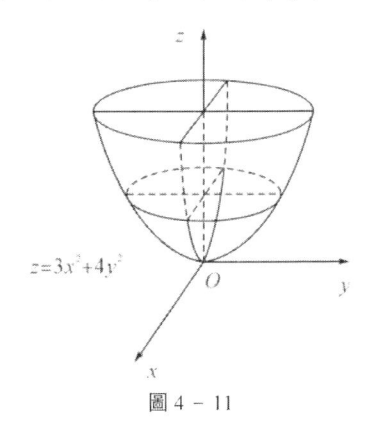

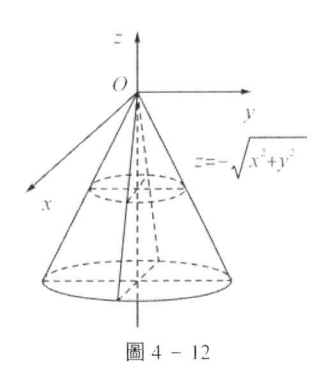

圖 4 – 11

圖 4 – 12

例 2 函數 $z = -\sqrt{x^2 + y^2}$ 在點 $(0, 0)$ 處有極大值.因為在點 $(0, 0)$ 處函數值為零,而對於點 $(0, 0)$ 的任一鄰域內異於 $(0, 0)$ 的點,函數值都為負.點 $(0, 0, 0)$ 是位於 $xy$ 平面下方的錐面 $z = -\sqrt{x^2 + y^2}$ 的頂點(如圖 4 – 12 所示).

例 3 函數 $z = xy$ 在點 $(0, 0)$ 處既不取得極大值也不取得極小值.因為在點 $(0, 0)$ 處的函數值為零,而在點 $(0, 0)$ 的任一鄰域內,總有使函數值為正的點,也有使函數值爲負的點.

對於二元函數的極值判定,有下面的結論.

**定理 4.7(必要條件)** 設函數 $z = f(x,y)$ 在點 $(x_0, y_0)$ 具有偏導數,且在點 $(x_0, y_0)$ 處有極值,則它在該點的偏導數必然爲零:$f'_x(x_0, y_0) = 0, f'_y(x_0, y_0) = 0$.

在二元函數中,我們也把使函數 $z = f(x,y)$ 的兩個偏導數爲零的點,稱爲這個函數的**駐點**.

由定理 4.7 可知,具有偏導數的函數的極值點必定是駐點,但函數的駐點不一定是極值點.例如,點 $(0,0)$ 是函數 $z = xy$ 的駐點,但函數在該點並無極值.

**定理 4.8(充分條件)** 設函數 $z = f(x,y)$ 在點 $(x_0, y_0)$ 的某鄰域內連續且有一階及二階連續偏導數,且 $f'_x(x_0, y_0) = 0, f'_y(x_0, y_0) = 0$,令

$$f''_{xx}(x_0, y_0) = A, f''_{xy}(x_0, y_0) = B, f''_{yy}(x_0, y_0) = C,$$

則 $f(x,y)$ 在點 $(x_0, y_0)$ 處是否取得極值的條件如下:

(1) $AC - B^2 > 0$ 時具有極值,且當 $A < 0$ 時有極大值,當 $A > 0$ 時有極小值;

(2) $AC - B^2 < 0$ 時沒有極值;

(3) $AC - B^2 = 0$ 時可能有極值,也可能沒有極值,還需另作討論.

**例 4** 求函數 $f(x,y) = x^3 - y^3 + 3x^2 + 3y^2 - 9x$ 的極值.

**解** 先解方程組

$$\begin{cases} f'_x(x,y) = 3x^2 + 6x - 9 = 0 \\ f'_y(x,y) = -3y^2 + 6y = 0 \end{cases},$$

求得駐點爲 $(1, 0), (1, 2), (-3, 0), (-3, 2)$.

再求出二階偏導數 $f''_{xx}(x,y) = 6x + 6, f''_{xy}(x,y) = 0, f''_{yy}(x,y) = -6y + 6$.

在點 $(1, 0)$ 處,$AC - B^2 = 12 \times 6 = 72 > 0$,又 $A = 6 > 0$,故函數在該點處有極小值 $f(1,0) = -5$;

在點 $(1, 2)$ 處,$AC - B^2 = 12 \times (-6) = -72 < 0$,故函數在該點處沒有極值;

在點 $(-3, 0)$ 處,$AC - B^2 = (-12) \times 6 = -72 < 0$,故函數在該點處沒有極值;

在點 $(-3, 2)$ 處,$AC - B^2 = -12 \times (-6) = 72 > 0$,又 $A < 0$,故函數在該點處有極大值 $f(-3, 2) = 31$.

**註意** 討論函數的極值問題時,如果函數在所討論的區域內具有偏導數,則極值只可能在駐點處取得.然而,如果函數在個別點處的偏導數不存在,這些點當然不是駐點,但可能是極值點.例如在例 2 中,函數 $z = -\sqrt{x^2 + y^2}$ 在點 $(0,0)$ 處的偏導數不存在,但該函數在點 $(0,0)$ 處卻具有極大值.因此,在考慮函數的極值問題時,除了考慮函數的駐點外,如果有偏導數不存在的點,那麼對這些點也應當考慮.

**例 5** 判斷 $z = 1 - \sqrt{x^2 + y^2}$ 的極值.

**解** 因爲 $z'_x = -\dfrac{x}{\sqrt{x^2 + y^2}}, z'_y = -\dfrac{y}{\sqrt{x^2 + y^2}}$,所以,在 $(0, 0)$ 處,$z'_x$ 與 $z'_y$ 都不存在.

而當$(x,y) = (0,0)$時,$z(0,0) = 1$,當$(x,y) \neq (0,0)$時,$z(x,y) = 1 - \sqrt{x^2 + y^2} < 1$,所以,$z(0,0) = 1$爲極大值.

與一元函數類似,我們可以利用函數的極值來求函數的最大值和最小值.如果$f(x,y)$在有界閉區域$D$上連續,則$f(x,y)$在$D$上必定能取得最大值和最小值.這種使函數取得最大值或最小值的點既可能在$D$的內部,也可能在$D$的邊界上.我們假定,函數在$D$上連續、在$D$內可微分且只有有限個駐點,這時如果函數在$D$的內部取得最大值(最小值),那麼這個最大值(最小值)也是函數的極大值(極小值).因此,在上述假定下,求函數的最大值和最小值的一般方法是:將函數$f(x,y)$在$D$內的所有駐點處的函數值及在$D$的邊界上的最大值和最小值相互比較,其中最大的就是最大值,最小的就是最小值.但這種做法,由於要求出$f(x,y)$在$D$的邊界上的最大值和最小值,所以往往相當複雜.在通常遇到的實際問題中,如果根據問題的性質,知道函數$f(x,y)$的最大值(最小值)一定在$D$的內部取得,而函數在$D$內只有一個駐點,那麼可以肯定該駐點處的函數值就是函數$f(x,y)$在$D$上的最大值(最小值).

**例6** 求函數$f(x,y) = x^2 - 2xy + 2y$在矩形區域
$$D = \{(x,y) | 0 \leq x \leq 3, 0 \leq y \leq 2\}$$
上的最大值和最小值.

**解** 首先求函數$f(x,y)$在$D$內駐點.由$\begin{cases} f'_x = 2x - 2y = 0 \\ f'_y = -2x + 2 = 0 \end{cases}$求得$f$在$D$內部的唯一駐點$(1,1)$,且$f(1, 1) = 1$.

其次求函數$f(x, y)$在$D$的邊界上的最大值和最小值.

如圖4-13所示.區域$D$的邊界包含四條直線段$L_1, L_2, L_3, L_4$.

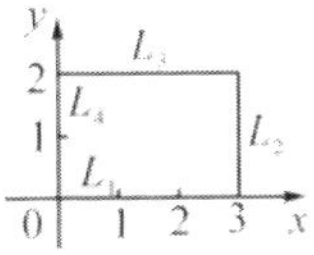

圖4-13

在$L_1$上$y = 0$,$f(x, 0) = x^2$,$0 \leq x \leq 3$.這是$x$的單調增加函數,故在$L_1$上$f$的最大值爲$f(3, 0) = 9$,最小值爲$f(0,0) = 0$.

同樣在$L_2$和$L_4$上$f$也是單調的一元函數,易得最大值、最小值分別爲

$f(3, 0) = 9, f(3, 2) = 1$(在$L_2$上),

$f(0, 2) = 4, f(0, 0) = 0$(在$L_4$上).

而在$L_3$上$y = 2$,$f(x, 2) = x^2 - 4x + 4$,$0 \leq x \leq 3$,易求出$f$在$L_3$上的最大值$f(0, 2) = 4$,最小值$f(2, 2) = 0$.

將$f$在駐點上的值$f(1, 1)$與$L_1, L_2, L_3, L_4$上的最大值和最小值比較,最後得到$f$在$D$上的最大值$f(3,0) = 9$,最小值$f(0,0) = f(2,2) = 0$.

**例7** 某廠要用鐵板做成一個體積爲$2m^3$的有蓋長方體水箱.問當長、寬、高各取

怎樣的尺寸時,才能使用料最省?

**解** 設水箱的長爲 $x$ m,寬爲 $y$ m,則其高應爲 $\dfrac{2}{xy}$ m. 此水箱所用材料的面積

$$A = 2\left(xy + y \cdot \dfrac{2}{xy} + x \cdot \dfrac{2}{xy}\right) = 2\left(xy + \dfrac{2}{x} + \dfrac{2}{y}\right) \quad (x > 0, y > 0).$$

此爲目標函數.下面求使這個函數取得最小值的點 $(x, y)$.

令 $\begin{cases} A'_x = 2\left(y - \dfrac{2}{x^2}\right) = 0 \\ A'_y = 2\left(x - \dfrac{2}{y^2}\right) = 0 \end{cases}$,解這個方程組,得唯一的駐點

$x = \sqrt[3]{2} \approx 1.26, y = \sqrt[3]{2} \approx 1.26.$

根據題意可斷定,該駐點即爲所求最小值點.

因此當水箱的長爲 $1.26$ m、寬爲 $1.26$ m、高爲 $1.26$ m 時,水箱所用的材料最省.

**例 8** 設 $q_1$ 爲商品 $A$ 的需求量,$q_2$ 爲商品 $B$ 的需求量,其需求函數分別爲 $q_1 = 16 - 2p_1 + 4p_2, q_2 = 20 + 4p_1 - 10p_2$,總成本函數爲 $C = 3q_1 + 2q_2$,其中 $p_1, p_2$ 爲商品 $A$ 和 $B$ 的價格,試問價格 $p_1, p_2$ 取何值時可使利潤最大?

**解** 按題意,總收益函數爲

$$R = p_1 q_1 + p_2 q_2 = p_1(16 - 2p_1 + 4p_2) + p_2(20 + 4p_1 - 10p_2),$$

於是總利潤函數爲

$$L = R - C = q_1(p_1 - 3) + q_2(p_2 - 2)$$
$$= (p_1 - 3)(16 - 2p_1 + 4p_2) + (p_2 - 2)(20 + 4p_1 - 10p_2)$$

令 $\begin{cases} \dfrac{\partial L}{\partial p_1} = 14 - 4p_1 + 8p_2 = 0 \\ \dfrac{\partial L}{\partial p_2} = 4(p_1 - 3) + (20 + 4p_1 - 10p_2) - 10(p_2 - 2) = 0 \end{cases}$

解得 $p_1 = 31.5, p_2 = 14$,又因

$$(L''_{xy})^2 - L''_{xx} \cdot L''_{yy} = 8^2 - (-4)(-20) < 0.$$

故當價格 $p_1 = 31.5, p_2 = 14$ 時利潤可達最大,而此時產量爲 $q_1 = 9, q_2 = 6$.

### 2. 二元函數的條件極值

前面所討論的極值問題,對於函數的自變量,除了限制在函數的定義域內以外,並無其他條件,所以稱之爲無條件極值.但在實際問題中,有時會遇到對函數的自變量還有附加條件的極值問題.例如,求表面積爲 $a^2$ 而體積爲最大的長方體的體積問題.設長方體的三稜的長 $x, y, z$,則體積 $V = xyz$. 又因假定表面積爲 $a^2$,所以自變量 $x, y, z$ 還必須滿足附加條件 $2(xy + yz + xz) = a^2$.對於有些實際問題,可以把條件極值化爲無條件極值,然後利用前面介紹的方法加以解決.例如上述問題,可由條件 $2(xy + yz + xz) = a^2$,將 $z$ 表示爲 $x, y$ 的函數

$$z = \frac{a^2 - 2xy}{2(x+y)}.$$

再把它代入 $V = xyz$ 中,於是問題就化爲求

$$V = \frac{xy}{2} \cdot \frac{a^2 - 2xy}{x+y}.$$

的無條件極值. 例 7 也是屬於把條件極值化爲無條件極值的例子.

但在很多情形下,將條件極值化爲無條件極值並不容易. 下面介紹一種直接尋求條件極值的方法.

**拉格朗日乘數法** 要找函數 $z = f(x, y)$ 在附加條件 $\varphi(x, y) = 0$ 下的可能極值點,可以先構造輔助函數

$$F(x, y, \lambda) = f(x, y) + \lambda \varphi(x, y)$$

其中 $\lambda$ 爲某一常數(稱爲拉格朗日乘數). 然後,求 $F(x, y, \lambda)$ 對各變量的一階偏導數,並使之爲零,得到方程組:

$$\begin{cases} F'_x(x, y, \lambda) = f'_x(x, y) + \lambda \varphi'_x(x, y) = 0 \\ F'_y(x, y, \lambda) = f'_y(x, y) + \lambda \varphi'_y(x, y) = 0 \\ F'_\lambda(x, y, \lambda) = 0 \end{cases} \quad (4-10)$$

由這方程組解出 $x, y$ 及 $\lambda$,則其中 $x, y$ 就是可能極值點的坐標. 注意方程組中第三個方程 $F'_\lambda(x, y, \lambda) = 0$ 其實就是附加條件 $\varphi(x, y) = 0$.

這方法還可以推廣到自變量多於兩個或條件多於一個的情形.

至於如何確定所求得的點是否極值點,在實際問題中往往可根據問題本身的性質來判定,所以拉格朗日乘數法適用於求解具有實際背景的應用問題.

**例 9** 求表面積爲 $a^2$ 而體積最大的長方體的體積.

**解** 設長方體的三棱長爲 $x, y, z$,則問題就是在條件

$$\varphi(x, y, z) = 2xy + 2yz + 2xz - a^2 = 0$$

下,求函數 $V = xyz (x > 0, y > 0, z > 0)$ 的最大值.

作拉格朗日函數

$$F(x, y, z, \lambda) = xyz + \lambda(2xy + 2yz + 2xz - a^2)$$

由 $\begin{cases} F'_x = yz + 2\lambda(y + z) = 0 \\ F'_y = xz + 2\lambda(x + z) = 0 \\ F'_z = xy + 2\lambda(y + x) = 0 \\ F'_\lambda = 2xy + 2yz + 2xz - a^2 = 0 \end{cases}$,解得 $x = y = z = \frac{\sqrt{6}a}{6}$,由問題本身意義知,此點

就是所求最大值點. 即表面積爲 $a^2$ 的長方體中,以棱長爲 $\frac{\sqrt{6}a}{6}$ 的正方體的體積最大,

最大體積 $V = \frac{\sqrt{6}}{36} a^3$.

**例 10** 現在已知某製造商的 $Cobb-Douglas$ 生產函數是 $f(x, y) = 100 x^{\frac{3}{4}} y^{\frac{1}{4}}$(式中

$x$ 代表勞動力的數量,$y$ 爲單位資本數量,函數值表示生產量),每個勞動力與每單位資本的成本分別是 150 元及 250 元.該製造商的總預算是 50 000 元.問他該如何分配這筆錢用於雇用勞動力與資本,以使生產量最高.

**解** 這是個條件極值問題,求函數 $f(x,y) = 100x^{\frac{3}{4}}y^{\frac{1}{4}}$ 在條件 $150x + 250y = 50\ 000$ 下的最大值. 令

$$F(x,y,\lambda) = 100x^{\frac{3}{4}}y^{\frac{1}{4}} + \lambda(50\ 000 - 150x - 250y)$$

由方程組 $\begin{cases} F'_x = 75x^{-\frac{1}{4}}y^{\frac{1}{4}} - 150\lambda = 0 \\ F'_y = 25x^{\frac{3}{4}}y^{-\frac{3}{4}} - 250\lambda = 0 \\ F'_\lambda = 50\ 000 - 150x - 250y = 0 \end{cases}$ ,解得唯一可能的極值點 $(250, 50)$,

該問題本身有最大值,所以,該製造商應該雇用 250 個勞動力而把剩餘的資金作爲資本投入,這時可獲得最大產量 $f(250, 50) = 16\ 719$.

# 習題 4.4

1. 求下列函數的極值:

(1) $f(x,y) = 4(x - y) - x^2 - y^2$  (2) $f(x,y) = x^2 + (y - 1)^2$

(3) $f(x,y) = (x - y + 1)^2$  (4) $f(x,y) = e^{2x}(x + y^2 + 2y)$

2. 求下列條件極值:

(1) 求函數 $f(x,y) = xy$ 在條件 $2x + 3y - 6 = 0$ 下的極值.

(2) 求函數 $f(x,y) = x + 2y$ 在條件 $x^2 + y^2 = 5$ 下的極值.

3. 求抛物線 $y = x^2$ 到直線 $x - y - 2 = 0$ 之間的最短距離.

4. 某工廠預計生產 $A$、$B$ 兩種產品.當 $A$、$B$ 的產量分別爲 $x$、$y$ 時,成本爲 $C(x,y) = 400 + 2x + 3y + 0.01(3x^2 + xy + 3y^2)$(元).已知 $A$、$B$ 的售價分別爲 10 元、9 元,試求兩種產品各生產多少時,工廠可獲得最大利潤?

5. 甲、乙兩廠共同生產同種產品供應市場,當產量分別爲 $x$ 和 $y$ 單位時,其成本函數分別爲 $C_1 = 2x^2 + 16x + 18$ 和 $C_2 = y^2 + 32y + 70$.已知該產品的需求函數爲 $Q = 30 - \dfrac{p}{4}$($p$ 爲售價),且需求量即兩廠的總產量,求使該產品獲得最大利潤的總產量、各廠產量、產品售價及最大利潤.

6. 某廠生產 $A$、$B$ 兩種產品供應某地區,$A$、$B$ 的需求量分別爲 $x$、$y$.其需求函數分別是 $x = 20 - 5p + 3q$,$y = 10 + 3p - 2q$(其中 $p$ 與 $q$ 分別是產品 $A$ 與 $B$ 的價格),其成本函數爲 $C(x,y) = 2x^2 - 2xy + y^2 + 37.5$,求利潤最大時兩種產品的產出水平及最大利潤.

7. 某商品的生產函數爲 $Q = 6K^{\frac{1}{3}}L^{\frac{1}{2}}$,其中 $Q$ 爲產品產量,$K$ 爲資本投入,$L$ 爲勞動

力投入；又知資本投入價格爲4,勞動力投入價格爲3,產品銷售價格爲$p=2$,求：

（1）該產品利潤最大時的投入和產出水平以及最大利潤；

（2）若投入總額限定爲60個單位之內,求這時產品取得最大利潤時的投入及最大利潤.

## 本章總習題

1. 選擇題：

（1）設函數$z=f(x,y)$的定義域爲$D=\{(x,y)|0\leqslant x\leqslant 1,0\leqslant y\leqslant 1\}$,則函數$f(x^2,y^2)$的定義域爲（    ）.

(A) $\{(x,y)|0\leqslant x\leqslant 1,0\leqslant y\leqslant 1\}$

(B) $\{(x,y)|-1\leqslant x\leqslant 1,0\leqslant y\leqslant 1\}$

(C) $\{(x,y)|0\leqslant x\leqslant 1,-1\leqslant y\leqslant 1\}$

(D) $\{(x,y)|-1\leqslant x\leqslant 1,-1\leqslant y\leqslant 1\}$

（2）設$z=y\sin xu, u=\dfrac{x}{\sqrt{y}}$,則$\dfrac{\partial z}{\partial y}=$（    ）.

(A) $\sin xu - \dfrac{x}{2\sqrt{y}}\sin xu$  　　　　(B) $\sin xu - \dfrac{x^2}{2\sqrt{y}}\cos xu$

(C) $-\dfrac{x}{2\sqrt{y^3}}\sin xu$ 　　　　(D) $\dfrac{x}{2\sqrt{y^3}}\cos xu$

（3）使$\dfrac{\partial^2 z}{\partial x \partial y}=2x-y$成立的函數是（    ）.

(A) $z=x^2y-\dfrac{1}{2}xy^2+e^{x+y}$ 　　　　(B) $z=x^2y-\dfrac{1}{2}xy^2+e^x$

(C) $z=x^2y-\dfrac{1}{2}xy^2+\sin(xy)$ 　　　　(D) $z=x^2y-\dfrac{1}{2}xy^2+e^{xy}+3$

（4）設$z=xy+x^2$,則$\dfrac{\partial z}{\partial x}+\dfrac{\partial z}{\partial y}=$（    ）.

(A) $x+y+2x^2$ 　　　　(B) $x+y+3x^2$

(C) $2x+y+3x^2$ 　　　　(D) $x+y$

（5）函數$f(x,y)=4(x-y)-x^2-y^2$（    ）.

(A) 有極大值8 　　　　(B) 有極小值8

(C) 無極值 　　　　(D) 有無極值不確定

（6）求函數$f(x,y)=x^3-y^3+3x^2+3y^2-9x$的極值,得駐點之一(1,0),此點是（    ）.

(A) 極大值點 　　　　(B) 極小值點

(C) 不是極值點  (D) 不能確定

2. 求下列極限:

(1) $\lim\limits_{(x,y)\to(0,1)} \dfrac{xy+1}{x+2y}$

(2) $\lim\limits_{(x,y)\to(0,0)} \dfrac{\sin(xy)}{x}$

(3) $\lim\limits_{\substack{x\to\infty \\ y\to a}} \left(1+\dfrac{1}{xy}\right)^{\frac{x^2}{x+y}}$  $(a\neq 0)$

(4) $\lim\limits_{\substack{x\to+\infty \\ y\to+\infty}} (x^2+y^2)e^{-(x+y)}$

3. 求下列函數的一階偏導數:

(1) $z=\sin\dfrac{x}{y}+xe^{-xy}$

(2) $u=\dfrac{x}{x^2+y^2+z^2}$

(3) $z=xf(x-y)$

(4) $u=f(x,xy,xyz)$

4. 求函數 $z=\dfrac{xy}{x^2-y^2}$ 當 $x=2,y=1,\Delta x=0.01,\Delta y=0.03$ 時的全增量和全微分.

5. 求函數 $z=\ln(1+x^2+y^2)$ 當 $x=1,y=2$ 時的全微分.

6. 設 $z=x^2y+\sqrt{y}, y=\sin x$, 求全導數 $\dfrac{dz}{dx}$.

7. 求函數 $f(x,y)=x^3+y^3-9xy+27$ 的極值.

8. 某地區用 $k$ 單位資金投資三個項目, 投資額分別爲 $x,y,z$ 單位, 所能獲得的效益爲 $R=x^\alpha y^\beta z^\gamma$, 且 $\alpha,\beta,\gamma$ 爲正的常數, 問如何分配這 $k$ 單位的投資額, 才能使效益最大? 最大效益爲多少?

# 第 5 章　多元函數積分學及其應用

在一元函數微積分學中我們知道,定積分是某種確定形式的和的極限,用於計算關於一個變量的非均勻量的累積.若被積函數由一元函數推廣到多元函數,積分區間推廣到區域、曲線或曲面上,便得到重積分、曲線積分或曲面積分,這就是多元函數積分學.本章僅介紹二重積分的概念、性質、計算及應用.

## §5.1 二重積分的概念與性質

### 1. 曲頂柱體的體積

設有一個立體,它的底是 $xy$ 平面上的有界閉區域 $D$,它的側面是以 $D$ 的邊界曲線爲準線而母線平行於 $z$ 軸的柱面,它的頂是曲面 $z=f(x,y)$,這里 $f(x,y)\geqslant 0$ 且在 $D$ 上連續(見圖 5 - 1),這種立體叫做曲頂柱體.現在我們來討論如何計算曲頂柱體的體積.

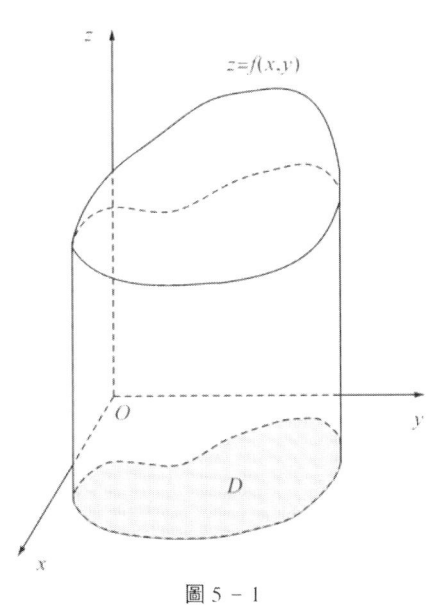

圖 5 - 1

我們知道,平頂柱體的高是不變的,它的體積有計算公式

$$體積 = 高 \times 底面積$$

關於曲頂柱體,當點 $(x,y)$ 在區域 $D$ 上變動時,高度 $f(x,y)$ 是個變量,因此它的體積不能直接用上式來計算.與求曲邊梯形面積的問題類似,我們可以用以下的方法來處理.

首先,化整爲零.用一組曲線網把 $D$ 分成 $n$ 個小閉區域 $\Delta\sigma_1, \Delta\sigma_2, \cdots, \Delta\sigma_n$,如圖 5-2 所示.

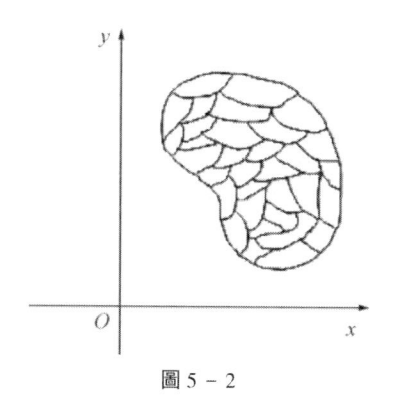

圖 5-2

分別以這些小閉區域的邊界曲線爲準線,作母線平行於 $z$ 軸的柱面,這些柱面把原來的曲頂柱體分爲 $n$ 個小曲頂柱體,如圖 5-3 所示.

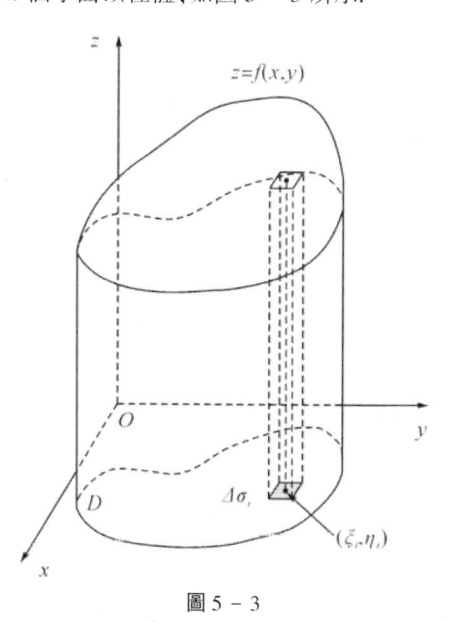

圖 5-3

其次,以平代曲.當這些小閉區域的直徑(我們把區域邊界上任意兩點間距離的最大值稱爲區域的直徑)很小時,由於 $f(x,y)$ 連續,對同一個小閉區域來説,$f(x,y)$

變化很小,這時小曲頂柱體可近似看作平頂柱體.我們在每個 $\Delta\sigma_i$(這小閉區域的面積也記作 $\Delta\sigma_i$)中任取一點 $(\xi_i,\eta_i)$,以 $f(\xi_i,\eta_i)$ 爲高而底爲 $\Delta\sigma_i$ 的平頂柱體(見圖 5-3)的體積爲

$$f(\xi_i,\eta_i)\Delta\sigma_i \quad (i=1,2,\cdots,n).$$

這 $n$ 個平頂柱體體積之和

$$\sum_{i=1}^{n} f(\xi_i,\eta_i)\Delta\sigma_i$$

可以作爲整個曲頂柱體體積的近似值.

最後,求極限.令 $n$ 個小閉區域的直徑中的最大值(記作 $\lambda$)趨於零,求上述和的極限,所得的極限便自然地定義爲所求曲頂柱體的體積 $V$,即

$$V = \lim_{\lambda \to 0} \sum_{i=1}^{n} f(\xi_i,\eta_i)\Delta\sigma_i.$$

由於這種和式的極限應用極廣,各個領域中的不少非均勻量的累積問題,通常都化歸成這種和式的極限,數學上我們把這種和式的極限稱爲二重積分.

**2. 二重積分的概念**

將上述思想歸納起來並抽象得到下面的定義.

**定義5.1** 設 $f(x,y)$ 是有界閉區域 $D$ 上的有界函數.將閉區域 $D$ 任意分成 $n$ 個小閉區域

$$\Delta\sigma_1, \Delta\sigma_2, \cdots, \Delta\sigma_n,$$

其中 $\Delta\sigma_i$ 表示第 $i$ 個小閉區域,也表示它的面積.在每個 $\Delta\sigma_i$ 上任取一點 $(\xi_i,\eta_i)$,作乘積 $f(\xi_i,\eta_i)\Delta\sigma_i (i=1,2,\cdots,n)$,並作和 $\sum_{i=1}^{n} f(\xi_i,\eta_i)\Delta\sigma_i$.如果當各小閉區域的直徑的最大值 $\lambda$ 趨於零時,這和的極限總存在,則稱此極限爲函數 $f(x,y)$ 在閉區域 $D$ 上的二重積分,記作 $\iint_D f(x,y)d\sigma$,即

$$\iint_D f(x,y)d\sigma = \lim_{\lambda \to 0} \sum_{i=1}^{n} f(\xi_i,\eta_i)\Delta\sigma_i \tag{5-1}$$

其中 $f(x,y)$ 叫做被積函數,$f(x,y)d\sigma$ 叫做被積表達式,$d\sigma$ 叫做面積元素,$x$ 與 $y$ 叫做積分變量,$D$ 叫做積分區域,$\sum_{i=1}^{n} f(\xi_i,\eta_i)\Delta\sigma_i$ 叫做積分和.

在二重積分的定義中對閉區域 $D$ 的劃分是任意的,如果在直角坐標系中用平行於坐標軸的直線簇來劃分 $D$(見圖 5-4),那麼除了包含邊界點的一些小閉區域外,其餘的小閉區域都是矩形閉區域.

設矩形閉區域 $\Delta\sigma_i$ 的邊長爲 $\Delta x_i$ 和 $\Delta y_i$,則 $\Delta\sigma_i = \Delta x_i \cdot \Delta y_i$.因此在直角坐標系中,有時也把面積元素 $d\sigma$ 記作 $d\sigma = dxdy$,而把二重積分記作

$$\iint_D f(x,y)dxdy$$

圖 5-4

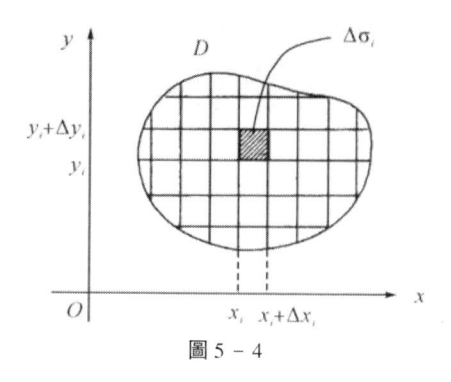

其中 $dxdy$ 叫做直角坐標系中的面積元素.

這裡我們要指出,當 $f(x,y)$ 在閉區域 $D$ 上連續時,(5-1) 式右端的和的極限必定存在,也就是說,函數 $f(x,y)$ 在 $D$ 上的二重積分必定存在.我們總假定函數 $f(x,y)$ 在閉區域 $D$ 上連續,所以 $f(x,y)$ 在 $D$ 上的二重積分都是存在的,以後就不再每次加以說明了.

由二重積分的定義可知,曲頂柱體的體積是函數 $f(x,y)$ 在底 $D$ 上的二重積分

$$V = \iint_D f(x,y) d\sigma.$$

一般地,如果 $f(x,y) \geq 0$,被積函數 $f(x,y)$ 可解釋為曲頂柱體的頂在點 $(x,y)$ 處的竪坐標,所以二重積分的幾何意義就是柱體的體積.如果 $f(x,y)$ 是負的,柱體就在 $xy$ 平面的下方,二重積分的絕對值仍等於柱體的體積,但二重積分的值是負的.如果 $f(x,y)$ 在 $D$ 的若干部分區域上是正的,而在其他的部分區域上是負的,我們可以把 $xy$ 平面上方的柱體體積取成正,$xy$ 平面下方的柱體體積取成負,那麼,$f(x,y)$ 在 $D$ 上的二重積分就等於這些部分區域上的柱體體積的代數和.

**3. 二重積分的性質**

比較定積分與二重積分的定義可知,二重積分與定積分有類似的性質.

**性質 1** 被積函數的常數因子可以提到二重積分號的外面,即

$$\iint_D kf(x,y) d\sigma = k\iint_D f(x,y) d\sigma \quad (k \text{ 是為常數}).$$

**性質 2** 函數的和(或差)的二重積分等於各個函數的二重積分的和(或差).

例如

$$\iint_D [f(x,y) \pm g(x,y)] d\sigma = \iint_D f(x,y) d\sigma \pm \iint_D g(x,y) d\sigma$$

**性質 3** 如果閉區域 $D$ 被有限條曲線分為有限個部分閉區域,則在 $D$ 上的二重積分等於在各部分閉區域上的二重積分的和.例如 $D$ 分為兩個閉區域 $D_1$ 與 $D_2$,則

$$\iint_D f(x,y) d\sigma = \iint_{D_1} f(x,y) d\sigma + \iint_{D_2} f(x,y) d\sigma$$

這個性質表示二重積分對於積分區域具有可加性.

**性質 4** 如果在 $D$ 上, $f(x,y)=1$, $\sigma$ 爲 $D$ 的面積,則

$$\iint_D f(x,y)d\sigma = \iint_D d\sigma = \sigma$$

這個性質的幾何意義是很明顯的,因爲高爲 1 的平頂柱體的體積在數值上就等於柱體的底面積.

**性質 5** 如果在 $D$ 上, $f(x,y) \leq g(x,y)$,則有不等式

$$\iint_D f(x,y)d\sigma \leq \iint_D g(x,y)d\sigma$$

特別地,由於

$$-|f(x,y)| \leq f(x,y) \leq |f(x,y)|,$$

又有不等式

$$\left|\iint_D f(x,y)d\sigma\right| \leq \iint_D |f(x,y)|d\sigma.$$

**性質 6** 設 $M$、$m$ 分別是 $f(x,y)$ 在閉區域 $D$ 上的最大值和最小值,$\sigma$ 是 $D$ 的面積,則有

$$m\sigma \leq \iint_D f(x,y)d\sigma \leq M\sigma$$

上述不等式是對於二重積分估值的不等式.

**性質 7(二重積分的中值定理)** 設函數 $f(x,y)$ 在閉區域 $D$ 上連續,$\sigma$ 是 $D$ 的面積,則在 $D$ 上至少存在一點 $(\xi,\eta)$,使得

$$\iint_D f(x,y)d\sigma = f(\xi,\eta) \cdot \sigma \text{ 或 } f(\xi,\eta) = \frac{1}{\sigma}\iint_D f(x,y)d\sigma$$

上式中 $f(\xi,\eta) = \frac{1}{\sigma}\iint_D f(x,y)d\sigma$ 也叫平均值公式,可以用於求非均勻量的累積量的平均值.

**例 1** 判斷 $\iint_D \ln(x^2+y^2)dxdy$ $(r < 1)$ 的符號.

其中 $D = \{(x,y) \mid r \leq |x|+|y| \leq 1\}$.

**解** 當 $r \leq |x|+|y| \leq 1$ 時,$0 < x^2+y^2 \leq (|x|+|y|)^2 \leq 1$,故 $\ln(x^2+y^2) \leq 0$;又當 $|x|+|y| < 1$ 時,$\ln(x^2+y^2) < 0$,於是

$$\iint_D \ln(x^2+y^2)dxdy < 0.$$

**例 2** 比較積分 $\iint_D \ln(x+y)d\sigma$ 與 $\iint_D [\ln(x+y)]^2 d\sigma$ 的大小,其中區域 $D$ 是三角形閉區域,三頂點各爲 $(1,0)$,$(1,1)$,$(2,0)$.

**解** 積分區域 $D$ 如圖 5-5 所示.

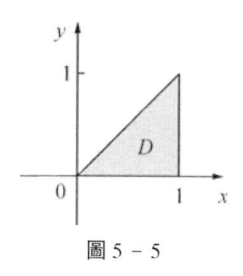

圖 5-5

三角形斜邊的方程爲 $x+y=2$,在 $D$ 內有 $1 \leqslant x+y \leqslant 2 < e$,故 $0 \leqslant \ln(x+y) < 1$,於是 $\ln(x+y) > [\ln(x+y)]^2$,因此

$$\iint_D \ln(x+y)d\sigma > \iint_D [\ln(x+y)]^2 d\sigma.$$

**例 3** 不作計算,估計 $I = \iint_D e^{(x^2+y^2)} d\sigma$ 的值,其中 $D = \{(x,y) \mid \dfrac{x^2}{a^2} + \dfrac{y^2}{b^2} \leqslant 1\}$ $(0 < b < a)$.

**解** 區域 $D$ 的面積 $\sigma = ab\pi$,在 $D$ 上,因爲 $0 \leqslant x^2+y^2 \leqslant a^2$,所以 $1 = e^0 \leqslant e^{x^2+y^2} \leqslant e^{a^2}$,由性質 6 知

$$\sigma \leqslant \iint_D e^{(x^2+y^2)} d\sigma \leqslant \sigma \cdot e^{a^2}, ab\pi \leqslant \iint_D e^{(x^2+y^2)} d\sigma \leqslant ab\pi e^{a^2}.$$

**例 4** 估計二重積分 $I = \iint_D \dfrac{d\sigma}{\sqrt{x^2+y^2+2xy+16}}$ 的值,其中積分區域 $D$ 爲矩形閉區域 $\{(x,y) \mid 0 \leqslant x \leqslant 1, 0 \leqslant y \leqslant 2\}$.

**解** 因爲 $f(x,y) = \dfrac{1}{\sqrt{(x+y)^2+16}}$,積分區域面積 $\sigma = 2$,在 $D$ 上 $f(x,y)$ 的最大值 $M = \dfrac{1}{4}$ $(x=y=0)$,最小值 $m = \dfrac{1}{\sqrt{3^2+4^2}} = \dfrac{1}{5}$ $(x=1, y=2)$,故 $\dfrac{2}{5} \leqslant I \leqslant \dfrac{2}{4}$, $0.4 \leqslant I \leqslant 0.5$.

## 習題 5.1

1. 用二重積分表示以曲面 $z = x+y+2$ 爲頂,以 $x=0, x=1, y=0, y=x+2$ 所圍成的區域爲底的曲頂柱體的體積.

2. 說明下列等式的幾何意義:

(1) $\iint_D k d\sigma = kS_D$ $(k > 0)$.

(2) $\iint\limits_{D} \sqrt{R^2 - x^2 - y^2}\,d\sigma = \frac{2}{3}\pi R^3$, $D = \{(x,y) \mid x^2 + y^2 \leq R^2\}$.

3. 根據二重積分的性質,比較下列積分的大小:

(1) $I_1 = \iint\limits_{D} (x+y)^2 d\sigma$ 與 $I_2 = \iint\limits_{D} (x+y)^3 d\sigma$, $D$ 是由 $x$ 軸、$y$ 軸及直線 $x + y = 1$ 所圍成.

(2) $I_1 = \iint\limits_{D} e^{x+y} d\sigma$ 與 $I_2 = \iint\limits_{D} e^{(x+y)^2} d\sigma$, $D$ 是由直線 $x + y = 1$ 及兩坐標軸所圍成.

4. 根據二重積分的性質,估計下列二重積分的取值範圍:

(1) $\iint\limits_{D} xy(x+y)\,d\sigma$, $D = \{(x,y) \mid 0 \leq x \leq 1, 0 \leq y \leq 1\}$.

(2) $\iint\limits_{D} (x+y+1)\,d\sigma$, $D = \{(x,y) \mid 0 \leq x \leq 1, 0 \leq y \leq 2\}$.

(3) $\iint\limits_{D} (x^2 + 4y^2 + 9)\,d\sigma$, $D = \{(x,y) \mid x^2 + y^2 \leq 4\}$.

## §5.2 二重積分的計算方法

二重積分的定義本身已經給出了二重積分的計算方法. 由於計算積分和很繁瑣,按照二重積分的定義計算二重積分有很大的局限性. 爲了解決這個問題,在計算二重積分時,常常採用累次積分法,即計算兩次定積分,使計算相對簡化.

如何將二重積分化爲累次積分,往往要根據積分區域 $D$ 的形狀,有時還需要交換積分次序甚至做一些變換. 下面簡要介紹在直角坐標系下及在極坐標變換下的二重積分計算方法.

**1. 積分區域的分類及描述**

如果穿過閉區域 $D$ 內部且平行於 $y$ 軸的直線與 $D$ 的邊界相交不多於兩點,我們稱閉區域 $D$ 爲 $X$ 型區域,如圖 5-6 所示. $X$ 型區域 $D$ 可表示爲

$$D = \{(x,y) \mid \varphi_1(x) \leq y \leq \varphi_2(x), a \leq x \leq b\},$$

其中函數 $\varphi_1(x)$、$\varphi_2(x)$ 在區間 $[a,b]$ 上連續.

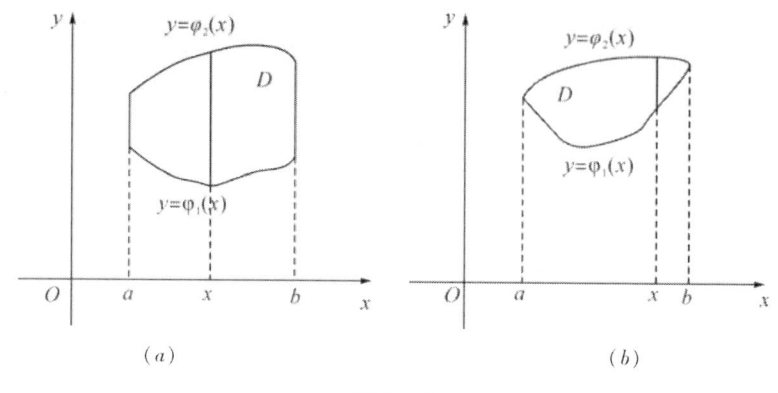

圖 5 - 6

如果穿過閉區域 $D$ 內部且平行於 $x$ 軸的直線與 $D$ 的邊界相交不多於兩點,我們稱區域 $D$ 為 $Y$ 型區域,如圖 5 - 7 所示. $Y$ 型區域 $D$ 可表示為
$$D = \{(x,y) \mid \psi_1(y) \leq x \leq \psi_2(y), c \leq y \leq d\},$$
其中函數 $\psi_1(y)$、$\psi_2(y)$ 在區間 $[c,d]$ 上連續.

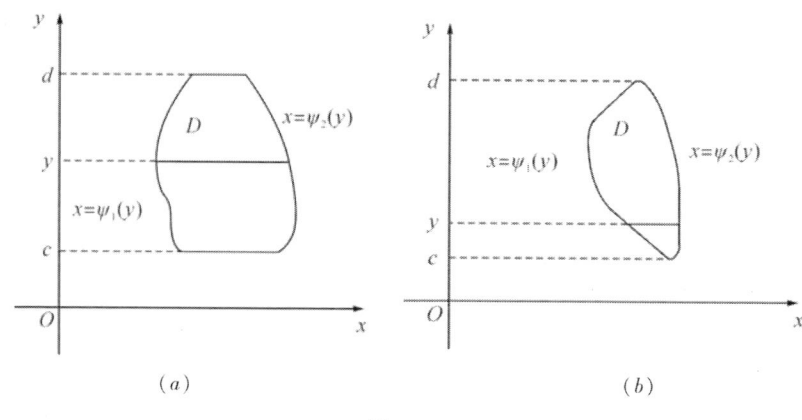

圖 5 - 7

如果閉區域 $D$ 如圖 5 - 8 那樣,既有一部分使穿過 $D$ 內部且平行於 $y$ 軸的直線與 $D$ 的邊界相交多於兩點;又有一部分使穿過 $D$ 內部且平行於 $x$ 軸的直線與 $D$ 的邊界相交多於兩點,即 $D$ 既不是 $X$ 型區域,又不是 $Y$ 型區域.對於這種情形,我們可以把 $D$ 分成幾部分,使每個部分是 $X$ 型區域或是 $Y$ 型區域.

對於任何一個閉區域 $D$,我們既可以把它當作 $X$ 型區域來描述,又可以把它當作 $Y$ 型區域來描述.對於有些複雜的區域,有時需要將 $D$ 分成幾部分,使每個部分是 $X$ 型區域或是 $Y$ 型區域.

圖 5 – 8

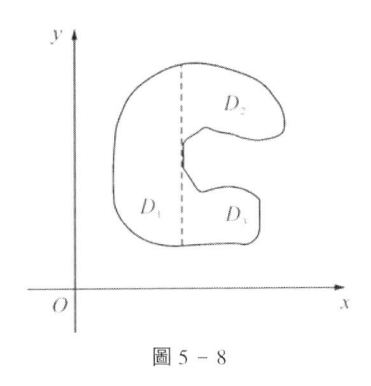

## 2. 直角坐標系下二重積分的計算

下面用幾何觀點來討論二重積分 $\iint_D f(x,y)d\sigma$ 的計算問題. 在討論中, 我們假定 $f(x,y) \geq 0$.

**(1) 積分區域 $D$ 是 $X$ 型區域**

$$D = \{(x,y) \mid \varphi_1(x) \leq y \leq \varphi_2(x), a \leq x \leq b\}$$

根據二重積分的幾何意義, $\iint_D f(x,y)d\sigma$ 的值等於以 $D$ 為底, 以曲面 $z = f(x,y)$ 為頂的曲頂柱體(如圖 5 – 9 所示)的體積. 下面我們應用微元法來計算這個曲頂柱體的體積.

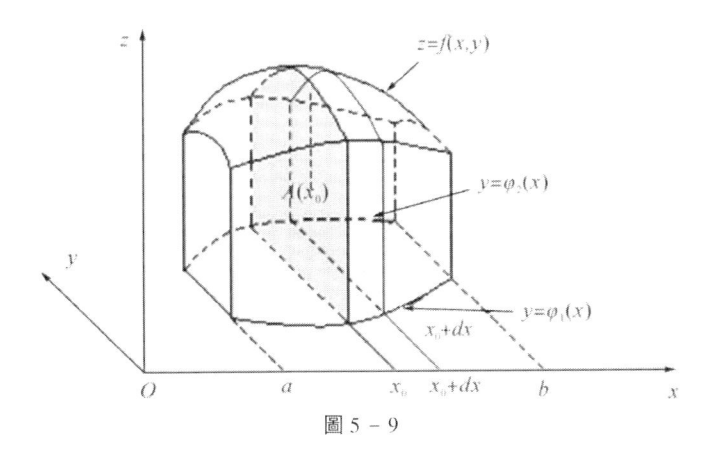

圖 5 – 9

在區間 $[a,b]$ 上任意取定一點 $x_0$, 過 $x = x_0$ 及 $x = x_0 + dx$ 作平行於 $yz$ 平面的兩個平面, 截曲頂柱體得到一個小薄片, 即一個體積微元, 我們先求這個小薄片的體積. 將這個小薄片近似看作一個小柱體, 其底面即為平面 $x = x_0$ 截曲頂柱體的截面, 高為 $dx$. 平面 $x = x_0$ 截曲頂柱體所得截面是一個以區間 $[\varphi_1(x_0), \varphi_2(x_0)]$ 為底、曲線 $z = f(x_0, y)$ 為曲邊的曲邊梯形(圖 5 – 9 中陰影部分), 所以這截面的面積為

$$A(x_0) = \int_{\varphi_1(x_0)}^{\varphi_2(x_0)} f(x_0, y) \, dy.$$

相應地,這個體積微元的體積為

$$dV = A(x_0) \, dx = \left[ \int_{\varphi_1(x)}^{\varphi_2(x)} f(x_0, y) \, dy \right] dx$$

更一般地,將 $x_0$ 換為區間 $[a, b]$ 上任一點 $x$,則得到相應的微元體積為

$$dV = A(x) \, dx = \left[ \int_{\varphi_1(x)}^{\varphi_2(x)} f(x, y) \, dy \right] dx,$$

於是,得曲頂柱體的體積為

$$V = \int_a^b dV = \int_a^b \left[ \int_{\varphi_1(x)}^{\varphi_2(x)} f(x, y) \, dy \right] dx.$$

這個體積也就是所求二重積分的值,從而有等式

$$\iint_D f(x, y) \, d\sigma = \int_a^b \left[ \int_{\varphi_1(x)}^{\varphi_2(x)} f(x, y) \, dy \right] dx. \quad (5-2)$$

上式右端的積分叫做先對 $y$、後對 $x$ 的累次積分(也叫二次積分),其實質為二次一元函數的定積分,即先把 $x$ 看作常數,把 $f(x,y)$ 只看作 $y$ 的函數,並對 $y$ 計算從 $\varphi_1(x)$ 到 $\varphi_2(x)$ 的定積分;然後把算得的結果(是 $x$ 的函數)再對 $x$ 計算在區間 $[a, b]$ 上的定積分.這個先對 $y$、後對 $x$ 的二次積分也常記作

$$\int_a^b dx \int_{\varphi_1(x)}^{\varphi_2(x)} f(x, y) \, dy.$$

因此,公式(5-2)也寫成

$$\iint_D f(x, y) \, d\sigma = \int_a^b dx \int_{\varphi_1(x)}^{\varphi_2(x)} f(x, y) \, dy. \quad (5-3)$$

在上述討論中,我們假定 $f(x, y) \geq 0$,但實際上公式(5-2)的成立並不受此條件限制.

**(2) 積分區域 $D$ 是 $Y$ 型區域**

$$D = \{(x, y) \mid \psi_1(y) \leq x \leq \psi_2(y), c \leq y \leq d\}$$

與前面類似,當積分區域是圖5-7所示的 $Y$ 型區域時,二重積分也可化成下面的累次積分

$$\iint_D f(x, y) \, d\sigma = \int_c^d \left[ \int_{\psi_1(y)}^{\psi_2(y)} f(x, y) \, dx \right] dy. \quad (5-4)$$

上式右端的積分叫做先對 $x$、後對 $y$ 的累次積分,這個積分也常記作

$$\iint_D f(x, y) \, d\sigma = \int_c^d dy \int_{\psi_1(y)}^{\psi_2(y)} f(x, y) \, dx. \quad (5-5)$$

**(3) 積分區域 $D$ 既不是 $X$ 型區域也不是 $Y$ 型區域**

如果積分區域 $D$ 既不是 $X$ 型區域,又不是 $Y$ 型區域.我們可以把 $D$ 分成幾部分,使每個部分是 $X$ 型區域或是 $Y$ 型區域.例如,在圖5-8中,把 $D$ 分成 $D_1, D_2, D_3$ 三部分,它們都是 $X$ 型區域,從而在這三部分上的二重積分都可應用公式(5-2).各部分上的二重積分求得後,根據二重積分的性質3,它們的和就是在 $D$ 上的二重積分.

二重積分化爲累次積分時,確定積分的上、下限是一個關鍵.積分上、下限是根據積分區域 $D$ 來確定的,先畫出積分區域 $D$ 的圖形.假如積分區域 $D$ 是 $X$ 型的,如圖 5-10 所示,在區間 $[a,b]$ 上任意取定一個 $x$ 值,積分區域上以這個 $x$ 值爲橫坐標的點在一段直線上,這段直線平行於 $y$ 軸,該線段上點的縱坐標從 $\varphi_1(x)$ 到 $\varphi_2(x)$,這就是公式(5-2)中先把 $x$ 看作常量而對 $y$ 積分時的下限和上限.因爲上面的 $x$ 值是在 $[a,b]$ 上任意取定的,所以再把 $x$ 看作變量而對 $x$ 積分時,積分區間就是 $[a,b]$.

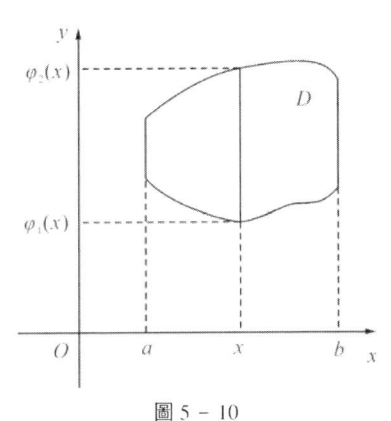

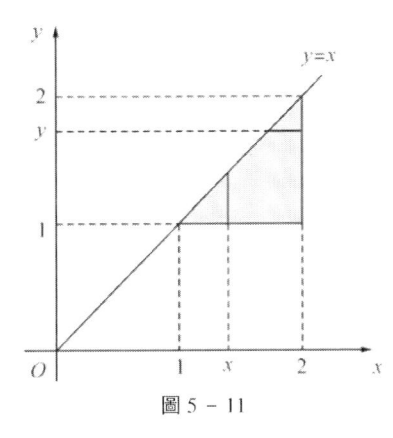

圖 5-10

圖 5-11

**例1** 計算 $\iint\limits_D xy\,d\sigma$,其中 $D$ 是由直線 $y=1, x=2$ 及 $y=x$ 所圍成的閉區域.

**解一** 如圖 5-11 所示,將積分區域視爲 $X$ 型,

$$\iint\limits_D xy\,d\sigma = \int_1^2 \left[\int_1^x xy\,dy\right]dx = \int_1^2 \left[x\cdot\frac{y^2}{2}\right]_1^x dx = \int_1^2 \left[\frac{x^3}{2}-\frac{x}{2}\right]dx = \left[\frac{x^4}{8}-\frac{x^2}{4}\right]_1^2 = \frac{9}{8}.$$

**解二** 如圖 5-11 所示,將積分區域視爲 $Y$ 型,

$$\iint\limits_D xy\,d\sigma = \int_1^2 \left[\int_y^2 xy\,dx\right]dy = \int_1^2 \left[y\cdot\frac{x^2}{2}\right]_y^2 dy = \int_1^2 \left[2y-\frac{y^3}{2}\right]dy = \left[y^2-\frac{y^4}{8}\right]_1^2 = \frac{9}{8}.$$

**例2** 計算 $\iint\limits_D y\sqrt{1+x^2-y^2}\,d\sigma$,其中 $D$ 是由直線 $y=x$、$x=-1$ 和 $y=1$ 所圍成的閉區域.

**解** 如圖 5-12 所示,$D$ 既是 $X$ 型區域,又是 $Y$ 型區域.

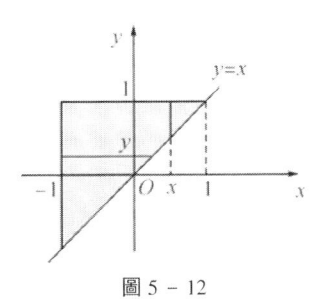

圖 5-12

若視爲 $X$ 型,則

$$\iint_D y\sqrt{1+x^2-y^2}\,d\sigma = \int_{-1}^1 \left[\int_x^1 y\sqrt{1+x^2-y^2}\,dy\right]dx$$

$$= -\frac{1}{3}\int_{-1}^1 \left[(1+x^2-y^2)^{\frac{3}{2}}\right]_x^1 dx$$

$$= -\frac{1}{3}\int_{-1}^1 (|x|^3-1)\,dx = -\frac{2}{3}\int_0^1 (x^3-1)\,dx = \frac{1}{2}.$$

若視爲 $Y$ 型,則

$$\iint_D y\sqrt{1+x^2-y^2}\,d\sigma = \int_{-1}^1 y\left[\int_{-1}^y \sqrt{1+x^2-y^2}\,dx\right]dy$$

其中關於 $x$ 的積分計算比較麻煩,故合理選擇積分次序對重積分的計算非常重要.

**例3** 計算 $\iint_D |y-x^2|\,dxdy$,其中 $D=\{(x,y)\,|\,-1\leq x\leq 1, 0\leq y\leq 1\}$.

**解** 因爲 $|y-x^2|=\begin{cases}y-x^2, & y\geq x^2\\ x^2-y, & y<x^2\end{cases}$,所以,如圖 5-13 所示,積分區域 $D$ 需要分成 $D_1$ 和 $D_2$ 兩部分.

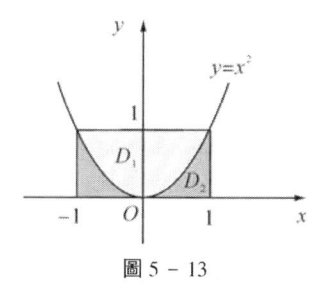

圖 5-13

$D_1=\{(x,y)\,|\,x^2\leq y\leq 1, -1\leq x\leq 1\}$,
$D_2=\{(x,y)\,|\,0\leq y\leq x^2, -1\leq x\leq 1\}$,

於是

$$\iint_D |y-x^2|\,dxdy = \iint_{D_1}(y-x^2)\,dxdy + \iint_{D_2}(x^2-y)\,dxdy$$

$$= \int_{-1}^1 dx\int_{x^2}^1 (y-x^2)\,dy + \int_{-1}^1 dx\int_0^{x^2}(x^2-y)\,dy$$

$$= \int_{-1}^1\left(\frac{1}{2}-x^2+\frac{1}{2}x^4\right)dx + \int_{-1}^1 \frac{1}{2}x^4\,dx = \frac{11}{15}.$$

**例4** 計算二重積分 $\iint_D e^{x+y}\,dxdy$,其中區域 $D$ 是由 $x=0, x=1, y=0, y=1$ 所圍成的矩形.

**解** 如圖 5-14 所示.

圖 5－14

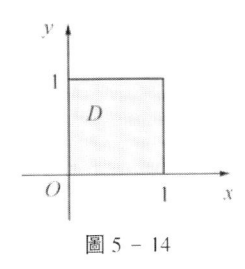

$$\iint_D e^{x+y}dxdy = \int_0^1 \left[\int_0^1 e^x e^y dy\right]dx = \int_0^1 \left[e^x \int_0^1 e^y dy\right]dx = \left(\int_0^1 e^x dx\right)\left(\int_0^1 e^y dy\right)$$
$$= (e^x|_0^1)(e^y|_0^1) = (e-1)^2.$$

此例的情況具有代表性. 一般說來, 如果積分區域 $D$ 是一個矩形區域 $\{(x,y)|a \leqslant x \leqslant b, c \leqslant y \leqslant d\}$, 並且被積函數 $f(x,y)$ 可以寫成兩個一元函數的乘積, 即 $f(x,y) = g(x)h(y)$, 則二重積分 $\iint_D f(x,y)d\sigma$ 可以表示成兩個定積分的乘積, 即

$$\iint_D f(x,y)d\sigma = \int_a^b g(x)dx \cdot \int_c^d h(y)dy.$$

**3. 交換累次積分的積分次序**

由前面知道, 計算二重積分的基本思路是根據積分區域的形狀, 將二重積分化為恰當的累次積分. 不同的積分次序可能導致計算複雜度不同, 如例 2. 有時某一種積分次序可能導致積不出來, 所以, 我們有些時候需要交換累次積分的次序.

交換累次積分的積分次序, 就是把先對 $x$ 積分, 後對 $y$ 積分的累次積分改換成先對 $y$ 積分, 後對 $x$ 積分的累次積分(或者是把先對 $y$ 積分, 後對 $x$ 積分的累次積分改換成先對 $x$ 積分, 後對 $y$ 積分的累次積分). 交換累次積分的積分次序遵循以下步驟:

第一步, 根據給定的累次積分的積分限(即積分變量 $x, y$ 的取值範圍)確定出積分區域 $D$.

第二步, 重新描述積分區域 $D$, 可能的話畫出 $D$ 的草圖.

第三步, 根據第二步對積分區域 $D$ 的重新描述寫出相應的二次積分.

**例 5** 交換 $\int_0^1 dx \int_0^{1-x} f(x,y)dy$ 的積分次序.

**解** 根據原積分的表達式, 易得積分區域 $D$ 為

$$0 \leqslant x \leqslant 1, 0 \leqslant y \leqslant 1-x$$

畫出積分區域 $D$ 如圖 5－15 陰影所示.

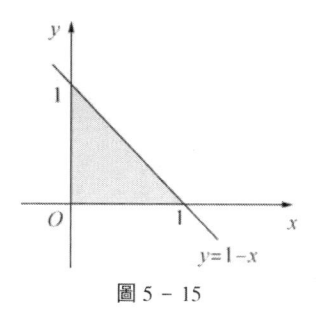

圖 5 - 15

由以上圖形,重新描述積分區域 $D$,得到
$$D = \{(x,y) \mid 0 \leq x \leq 1-y, 0 \leq y \leq 1\},$$
故
$$\int_0^1 dx \int_0^{1-x} f(x,y) dy = \int_0^1 dy \int_0^{1-y} f(x,y) dx.$$

**例 6** 交換 $\int_0^1 dx \int_0^{\sqrt{2x-x^2}} f(x,y) dy + \int_1^2 dx \int_0^{2-x} f(x,y) dy$ 的積分次序.

**解** 根據原累次積分表達式,畫出積分區域 $D$ 如圖 5 - 16 陰影所示.

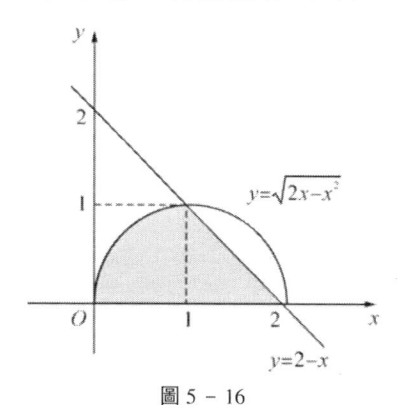

圖 5 - 16

所以,$D = \{(x,y) \mid 1-\sqrt{1-y^2} \leq x \leq 2-y, 0 \leq y \leq 1\}$,
$$\int_0^1 dx \int_0^{\sqrt{2x-x^2}} f(x,y) dy + \int_1^2 dx \int_0^{2-x} f(x,y) dy = \int_0^1 dy \int_{1-\sqrt{1-y^2}}^{2-y} f(x,y) dx.$$

**4. 極坐標系下二重積分的計算**

計算二重積分時,被積函數與積分區域都可能導致積分困難,甚至積不出來.這時往往需要引進適當的變換,將積分簡化.如果積分區域的邊界是由圓弧段和射線組成的,則用極坐標變換往往能將積分區域簡化.另外,若被積函數爲 $f(x^2 + y^2)$、$f(\frac{y}{x})$、$f(\frac{x}{y})$ 這些形式時,採用極坐標變換,被積函數的形式往往也會變得更方便處理.

極坐標變換是一種常用的變量替換，直角坐標系與極坐標系的變換公式爲

$$\begin{cases} x = r\cos\theta \\ y = r\sin\theta \end{cases} 或 \begin{cases} r = \sqrt{x^2 + y^2} \\ \theta = \arctan\dfrac{y}{x} \end{cases}$$

要採用極坐標計算二重積分，首先需要把在直角坐標系下表示的二重積分 $\iint\limits_D f(x,y)d\sigma$ 轉換爲極坐標系下的二重積分 $\iint\limits_\Omega f(r\cos\theta, r\sin\theta)\,rdrd\theta$。其中 $rdrd\theta$ 爲極坐標系下的面積微元，直角坐標系下 $xy$ 平面中的積分區域 $D$ 相應變換成 $r\theta$ 平面中的積分區域 $\Omega$。

一般情況下，我們總是在 $xy$ 平面中計算二重積分，不再單獨畫出 $r\theta$ 平面中的積分區域 $\Omega$，我們一般把坐標原點 $O$ 當作極點，$x$ 軸的正向當作極軸，直接根據區域 $D$，確定出 $r,\theta$ 的取值範圍，將積分 $\iint\limits_\Omega f(r\cos\theta, r\sin\theta)\,rdrd\theta$ 化成關於 $r$ 和 $\theta$ 的累次積分。

**例7** 計算 $\iint\limits_D \dfrac{dxdy}{1+x^2+y^2}$，其中 $D = \{(x,y) \mid x^2 + y^2 \leq 1\}$。

**解** 積分區域 $D$ 如圖 5-17 所示。

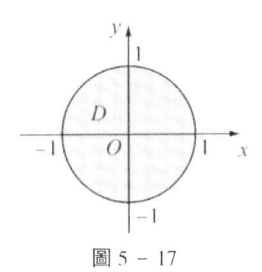

圖 5-17

顯然有 $\Omega = \{(r,\theta) \mid 0 \leq r \leq 1, 0 \leq \theta \leq 2\pi\}$，

故 $\iint\limits_D \dfrac{dxdy}{1+x^2+y^2} = \int_0^{2\pi} d\theta \int_0^1 \dfrac{rdr}{1+r^2} = \int_0^{2\pi} \left( \dfrac{1}{2}\ln(1+r^2) \bigg|_0^1 \right) d\theta$

$= \int_0^{2\pi} \dfrac{1}{2}\ln 2\, d\theta = \dfrac{1}{2}\ln 2 \cdot \theta \bigg|_0^{2\pi} = \pi \ln 2.$

**例8** 計算 $\iint\limits_D \dfrac{\sin(\pi\sqrt{x^2+y^2})}{\sqrt{x^2+y^2}} dxdy$，積分區域 $D = \{(x,y) \mid 1 \leq x^2 + y^2 \leq 4\}$。

**解** 積分區域 $D$ 如圖 5-18 陰影所示。

$\iint\limits_D \dfrac{\sin(\pi\sqrt{x^2+y^2})}{\sqrt{x^2+y^2}} dxdy = \int_0^{2\pi} d\theta \int_1^2 \dfrac{\sin\pi r}{r} r\,dr$

$= 2\pi \cdot \left[ -\dfrac{1}{\pi}\cos\pi r \right]_1^2 = -4.$

圖 5 - 18

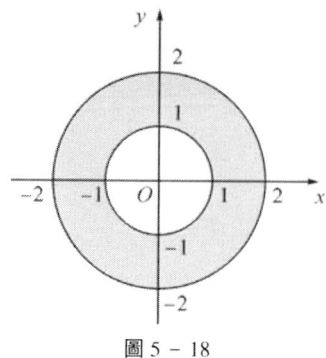

**例 9** 計算 $\iint\limits_{D}(x^2+y^2)dxdy$，其中 $D$ 爲由圓 $x^2+y^2=2y, x^2+y^2=4y$ 及直線 $x-\sqrt{3}y=0, y-\sqrt{3}x=0$ 所圍成的平面閉區域.

**解** 積分區域 $D$ 如圖 5 - 19 陰影所示.

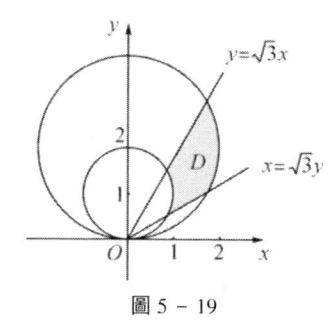

圖 5 - 19

直線 $y-\sqrt{3}x=0$ 的極坐標形式爲 $\theta=\dfrac{\pi}{3}$，圓 $x^2+y^2=4y$ 的極坐標形式爲 $r=4\sin\theta$，直線 $x-\sqrt{3}y=0$ 的極坐標形式爲 $\theta=\dfrac{\pi}{6}$，圓 $x^2+y^2=2y$ 的極坐標形式爲 $r=2\sin\theta$，所以 $\Omega=\{(r,\theta)\,\big|\,\dfrac{\pi}{6}\leqslant\theta\leqslant\dfrac{\pi}{3}, 2\sin\theta\leqslant r\leqslant 4\sin\theta\}$，則

$$\iint\limits_{D}(x^2+y^2)dxdy=\int_{\frac{\pi}{6}}^{\frac{\pi}{3}}d\theta\int_{2\sin\theta}^{4\sin\theta}r^2\cdot rdr=60\int_{\frac{\pi}{6}}^{\frac{\pi}{3}}\sin^4\theta d\theta=15\left(\dfrac{\pi}{2}-\sqrt{3}\right).$$

## 習題 5.2

1. 化二重積分 $\iint\limits_{D}f(x,y)d\sigma$ 爲累次積分（分別列出對兩個變量先後次序不同的兩個累次積分），其中積分區域 $D$ 是：

(1) 由直線 $y = x$ 及拋物線 $y^2 = 4x$ 所圍成的閉區域.

(2) 由 $x$ 軸及半圓 $x^2 + y^2 = r^2 (y \geq 0)$ 所圍成的閉區域.

(3) 由直線 $y = x, x = 2$ 及雙曲線 $y = \dfrac{1}{x} (x > 0)$ 所圍成的閉區域.

(4) 環形閉區域 $1 \leq x^2 + y^2 \leq 4$.

2. 改換下列累次積分的積分次序:

(1) $\int_0^2 dy \int_{y^2}^{2y} f(x,y) dx$

(2) $\int_1^2 dx \int_{2-x}^{\sqrt{2x-x^2}} f(x,y) dy$

(3) $\int_0^1 dy \int_{-\sqrt{1-y^2}}^{\sqrt{1-y^2}} f(x,y) dx$

(4) $\int_0^1 dx \int_0^x f(x,y) dy + \int_1^3 dx \int_0^{\frac{3-x}{2}} f(x,y) dy$

3. 計算下列二重積分:

(1) $\iint_D x\sqrt{y}\, d\sigma$, 其中 $D$ 是由拋物線 $y = x^2$ 與 $y = \sqrt{x}$ 所圍成的區域.

(2) $\iint_D xy^2 d\sigma$, 其中 $D$ 是由圓 $x^2 + y^2 = 4$ 與 $y$ 軸所圍成的右半區域.

(3) $\iint_D (x^2 + y^2 - x) d\sigma$, 其中 $D$ 是由 $y = 2$ 與 $y = x$ 及 $y = 2x$ 所圍成的區域.

(4) $\iint_D x^2 y\, d\sigma$, 其中 $D$ 為矩形區域 $\{(x,y) \mid 0 \leq x \leq 1, 0 \leq y \leq 2\}$.

(5) $\iint_D \dfrac{x^2}{y^2} d\sigma$, 其中 $D$ 是由直線 $x = 2, y = x$ 及曲線 $xy = 1$ 所圍成的閉區域.

(6) $\iint_D \sqrt{\dfrac{1 - x^2 - y^2}{1 + x^2 + y^2}}\, d\sigma$, 其中 $D$ 是由圓周 $x^2 + y^2 = 1$ 及坐標軸所圍成的在第一象限內的閉區域.

(7) $\iint_D (x^2 + y^2) d\sigma$, 其中 $D$ 是由直線 $y = x, y = x + a, y = a, y = 3a (a > 0)$ 所圍成的閉區域.

(8) $\iint_D \sqrt{x^2 + y^2}\, d\sigma$, 其中 $D = \{(x,y) \mid a^2 \leq x^2 + y^2 \leq b^2\}$.

4. 設函數 $f(x)$ 在區間 $[0,1]$ 上連續, 證明: $\int_0^1 dx \int_0^x f(y) dy = \int_0^1 (1-x) f(x) dx$.

## §5.3 二重積分的應用

二重積分在幾何、物理、經濟等方面有着較爲廣泛的應用.

**1. 幾何中的應用**

(1) 計算平面區域的面積

當被積函數 $f(x,y) = 1$ 時，二重積分 $\iint\limits_D f(x,y)dxdy = \iint\limits_D dxdy$ 表示的就是區域 $D$ 的面積.

**例 1**　計算由曲線 $y = \sin x, y = \cos x, x = \dfrac{\pi}{2}, x = \pi$ 所圍成區域的面積.

**解**　曲線圍成的區域如圖 5-20 所示.

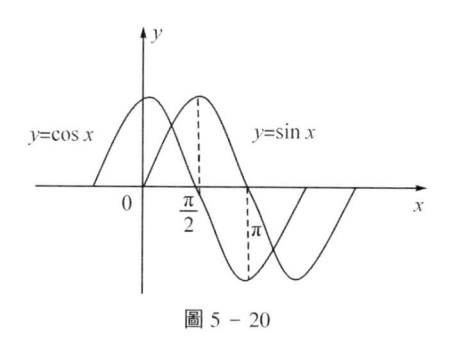

圖 5-20

由圖 5-20 可知,

$$S_D = \iint\limits_D dxdy = \int_{\frac{\pi}{2}}^{\pi} dx \int_{\cos x}^{\sin x} dy = \int_{\frac{\pi}{2}}^{\pi}(\sin x - \cos x)dx = -(\cos x + \sin x)\Big|_{\frac{\pi}{2}}^{\pi} = 2$$

(2) 計算立體的體積

根據二重積分的幾何意義，當 $f(x,y) \geq 0$ 時，二重積分 $\iint\limits_D f(x,y)dxdy$ 表示的是以平面區域 $D$ 爲底、平面 $D$ 上的曲面 $z = f(x,y)$ 爲頂的立體體積.

**例 2**　求兩個底圓半徑都等於 $R$ 的直交圓柱面所圍成的立體的體積.

**解**　設兩個底圓半徑都等於 $R$ 的直交圓柱爲 $x^2 + y^2 = R^2$ 及 $x^2 + z^2 = R^2$. 利用立體關於坐標平面的對稱性，只要算出它在第一卦限部分的體積 $V_1$，然後再乘以 8 即可. 如圖 5-21 所示.

易見所求立體在第一卦限部分可以看成是一個曲頂柱體，它的底爲

$$D = \{(x,y) \mid 0 \leq y \leq \sqrt{R^2 - x^2}, 0 \leq x \leq R\},$$

它的頂是柱面 $z = \sqrt{R^2 - x^2}$. 於是，

$$V_1 = \iint_D \sqrt{R^2 - x^2}\,d\sigma = \int_0^R \left[\int_0^{\sqrt{R^2-x^2}} \sqrt{R^2 - x^2}\,dy\right] dx = \int_0^R \left[\sqrt{R^2 - x^2}\,y\right]_0^{\sqrt{R^2-x^2}} dx$$

$$= \int_0^R (R^2 - x^2)\,dx = \frac{2}{3}R^3$$

故所求體積爲 $V = 8V_1 = \dfrac{16R^3}{3}$.

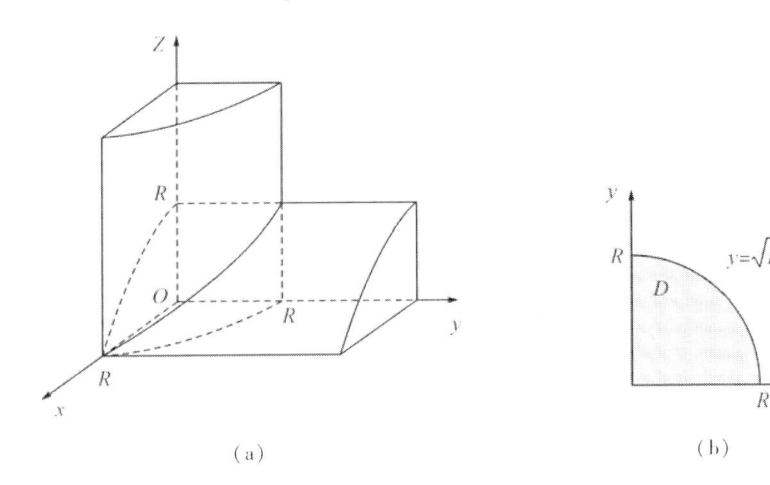

圖 5 - 21

**2. 物理中的應用**

設有平面薄片 $D$, 其上點 $(x,y)$ 處的密度爲 $f(x,y)$, 則薄片 $D$ 的質量爲

$$M = \iint_D f(x,y)\,dxdy$$

**例3** 設平面薄片所占 $xoy$ 平面上的區域爲 $1 \leqslant x^2 + y^2 \leqslant 4, x \geqslant 0, y \geqslant 0$, 其面密度爲 $f(x,y) = x^2 + y^2$, 求該薄片的質量 $M$.

**解** 由已知可得

$$M = \iint_D f(x,y)\,dxdy = \iint_D (x^2 + y^2)\,dxdy = \int_0^{\frac{\pi}{2}} d\theta \int_1^2 r^3\,dr = \frac{15}{8}\pi$$

**3. 經濟中的應用**

**例4（平均利潤）** 設公司銷售商品甲 $x$ 個單位, 商品乙 $y$ 個單位的利潤由下式確定

$$L(x,y) = -(x - 200)^2 - (y - 100)^2 + 5\,000.$$

現已知一周銷售商品甲在 150 ~ 200 變化, 一周銷售商品乙在 80 ~ 100 變化. 試求銷售這兩種商品一周的平均利潤.

**解** 由題意知, $D = \{(x,y) \mid 150 \leqslant x \leqslant 200, 80 \leqslant y \leqslant 100\}$, 則區域 $D$ 的面積 $\sigma =$

$50 \times 20 = 1\ 000$.

這家公司銷售兩種商品一周的平均利潤爲

$$\frac{1}{\sigma}\iint_D L(x,y)d\sigma = \frac{1}{1\ 000}\iint_D [1-(x-200)^2-(y-100)^2+5\ 000]dxdy$$

$$= \frac{1}{1\ 000}\int_{150}^{200}dx\int_{80}^{100}[-(x-200)^2-(y-100)^2+5\ 000]dy$$

$$= \frac{1}{1\ 000}\int_{150}^{200}\left[-(x-200)^2 y-\frac{1}{3}(y-100)^3+5\ 000y\right]_{80}^{100}dx$$

$$= \frac{1}{3\ 000}\left[-20(x-200)^2+292\ 000x\right]_{150}^{200}$$

$$= \frac{12\ 100\ 000}{3\ 000} \approx 4\ 033\ 元.$$

## 習題 5.3

1. 利用二重積分計算下列曲線所圍成區域的面積.
(1) $y^2 = 2x, y = x$.
(2) $x^2 + y^2 = 1, x^2 + y^2 = 2x(x \geq 1, y \geq 0)$.

2. 求以下平面或曲面所圍成幾何體的體積.
(1) $x = 0, y = 0, z = 0, z = 6 - 2x - 3y$.
(2) $x + y + z = 3, x^2 + y^2 = 1, z = 0$.

3. 設平面 $x = 1, x = -1, y = 1$ 和 $y = -1$ 圍成的柱體被坐標平面 $z = 0$ 和平面 $x + y + z = 0$ 所截,求截下部分立體的體積.

## 本章總習題

1. 選擇題:

(1) 若二重積分 $\iint_D f(x,y)dxdy$ 存在,則其值僅與( )有關.

(A) 區域 $D$ 的劃分方法

(B) 每個小區域 $D_k$ 中點 $(x_k, y_k)$ 的取法

(C) 積分區域 $D$ 和被積函數 $f(x,y)$

(D) 積分區域 $D$、區域 $D$ 的劃分方法、每個小區域 $D_k$ 中點 $(x_k, y_k)$ 的取法和被積函數 $f(x,y)$

(2) 若 $f(x,y) = 1, \sigma$ 代表區域 $D$ 的面積,則 $\iint_D f(x,y)dxdy$ 等於( ).

(A) 1          (B) $\sigma$
(C) D          (D) $f(x,y)$

(3) 設 $D = \{(x,y) | 0 \leq x \leq 2, 1 \leq y \leq 3\}$，則 $\iint_D (2x + 3y) dxdy = (\quad)$．

(A) $\int_0^2 (2x+3y)dx \times \int_1^3 (2x+3y)dy$   (B) $\int_0^2 (2x+3y)dx + \int_1^3 (2x+3y)dy$

(C) $\int_0^2 1 dx \times \int_1^3 (2x+3y)dy$     (D) $\int_0^2 \left[\int_1^3 (2x+3y)dy\right]dx$

(4) 設 $f(x,y) = 4, D = \{(x,y) | 2 \leq x \leq 3, 2 \leq y \leq x\}$，則 $\iint_D f(x,y)dxdy = (\quad)$．

(A) 4          (B) 2
(C) 8          (D) 3

(5) 設 $f(x,y) = 4x + 2y, D = \{(x,y) | 1 \leq x \leq 2, x \leq y \leq x^2\}$，則 $\iint_D f(x,y)dxdy$ 化爲累次積分形式爲 ( )．

(A) $\int_x^{x^2} \left[\int_1^2 (4x+2y)dx\right]dy$   (B) $\int_1^2 \left[\int_x^{x^2} (4x+2y)dy\right]dx$

(C) $\int_1^2 4xdx + \int_x^{x^2} 2ydy$     (D) $\int_1^2 4xdx \cdot \int_x^{x^2} 2ydy$

(6) $\int_0^2 dx \int_{x^2}^{\sqrt{8x}} f(x,y)dy = (\quad)$．

(A) $\int_{x^2}^{\sqrt{8x}} dy \int_0^2 f(x,y)dx$    (B) $\int_0^2 dy \int_{x^2}^{\sqrt{8x}} f(x,y)dx$

(C) $\int_0^2 dy \int_{\frac{y^2}{8}}^{\sqrt{y}} f(x,y)dx$     (D) $\int_0^2 dx \int_{\frac{y^2}{8}}^{\sqrt{y}} f(x,y)dy$

(7) 設 $D = \{(x,y) | -2 \leq x \leq 2, 0 \leq y \leq 2\}$，則 $\iint_D xy^2 dxdy$ 等於 ( )．

(A) 1          (B) 2
(C) 3          (D) 0

(8) 設 $D = \{(x,y) | 1 \leq x^2 + y^2 \leq 4, x \geq 0, y \geq 0\}$，將 $\iint_D e^{-(x^2+y^2)} dxdy$ 化爲極坐標系下累次積分的形式是 ( )．

(A) $\int_0^{\frac{\pi}{2}} d\theta \int_1^2 e^{-r^2} \cdot rdr$     (B) $\int_0^{\frac{\pi}{2}} d\theta \int_1^2 e^{-r^2} dr$

(C) $\int_0^{\pi} d\theta \int_1^2 e^{-r^2} \cdot rdr$     (D) $\int_0^{\frac{\pi}{2}} d\theta \int_1^2 e^{-r^2} dr$

(9) 設 $D = \{(x,y) | x \leq x^2 + y^2 \leq 1, x \geq 0, y \geq 0\}$，將 $\iint_D \sqrt{x^2 + y^2} dxdy$ 化爲極坐標系下累次積分的形式是 ( )．

(A) $\int_0^{\frac{\pi}{2}} d\theta \int_0^1 r^2 dr$ \qquad (B) $\int_0^{\frac{\pi}{2}} d\theta \int_{\cos\theta}^1 r dr$

(C) $\int_0^{\frac{\pi}{2}} d\theta \int_{\cos\theta}^1 r^2 dr$ \qquad (D) $\int_0^{\frac{\pi}{2}} d\theta \int_0^1 r dr$

(10) 求以 $y = x, y = x^3 (x < 0)$ 圍成的有界閉區域爲底，以 $f(x,y) = x, (x < 0)$ 爲頂圍成的曲頂柱體的體積爲( )．

(A) $\int_{-1}^0 dx \int_x^{x^3} xdy$ \qquad (B) $-\int_{-1}^0 dx \int_x^{x^3} xdy$

(C) $\int_{-1}^0 dx \int_{-1}^0 xdy$ \qquad (D) $-\int_{-1}^0 dx \int_{-1}^0 xdy$

2. 計算下列二重積分：

(1) $\iint_D (2 - x - y) d\sigma$，其中 $D$ 爲圓心在原點，半徑爲 1 的右半圓．

(2) $\iint_D (x^2 - y^2) d\sigma$，其中 $D = \{(x,y) \mid 0 \leq x \leq \pi, 0 \leq y \leq \sin x\}$．

(3) $\iint_D \sqrt{R^2 - x^2 - y^2} d\sigma$，其中 $D$ 是圓周 $x^2 + y^2 = Rx$ 所圍成的閉區域；

(4) $\iint_D (y^2 + 3x - 6y + 9) d\sigma$，其中 $D = \{(x,y) \mid x^2 + y^2 \leq R\}$．

(5) $\iint_D \frac{\sin x}{x} dxdy$，其中 $D$ 是由直線 $y = x$ 及拋物線 $y = x^2$ 圍成的閉區域．

3. 交換下列二重積分的次序：

(1) $\int_0^1 dx \int_{\sqrt{x}}^{1+\sqrt{1-x^2}} f(x,y) dy$．

(2) $\int_0^1 dy \int_0^{2y} f(x,y) dx + \int_1^3 dy \int_0^{3-y} f(x,y) dx$．

4. 求由曲面 $z = 4 - x^2 - y$ 從第一卦限切出立體的體積．

# 第 6 章　級數與微分方程初步

　　無窮級數概念的起源很早.中國魏晉時代的劉徽已經具有初步的無窮級數的概念並用來近似計算圓的面積了.無窮級數的理論是在生產實踐中和科學技術發展的推動下,逐漸形成和完備起來的.這也反應了人們的認識,經歷着由簡單到複雜,由粗淺到精密的發展過程.無窮級數是表示函數、研究函數性質和進行數值計算的重要工具,它大大開拓了應用微積分解決各種問題的範圍.

　　再者,函數是客觀事物的內部聯繫在數量方面的反應,利用函數關係可以研究客觀事物的規律性,因此,如何找到所需要的函數關係在實踐中具有重要的意義.但在實際問題中,往往很難直接得到所研究變量間的函數關係,而需要通過未知函數及其導數(或微分)所滿足的等式來尋求未知函數,這樣的等式就是微分方程.微分方程是研究物體和現象運動和變化規律的最爲基本的數學知識和方法,因爲對這些規律的描述和分析通常要歸結為對由微分方程描述的數學模型來研究.

　　本章僅介紹級數與微分方程最基本的一些知識.

## §6.1　級數的概念與性質

**1. 級數的概念**

　　考察二分法悖論(由古希臘數學家芝諾(Zeno of Elea)提出):當一個運動員行進一段距離 $L$ 到達目的地 $D$,他必須首先到達距離 $L$ 的二分之一,然後是四分之一、八分之一、十六分之一,依次這樣以至於可以無窮地割分下去.由於人的生命是有限的,因此他永遠也到達不了目的地 $D$.然而事實上這個運動員可以完成這段距離爲 $L$ 的賽程.

　　對於上述二分法悖論我們分析如下:假設賽程爲 1 千米,根據芝諾的討論我們需要把賽段分爲 $\frac{1}{2}$ 千米,$\frac{1}{4}$ 千米,$\frac{1}{8}$ 千米,依次進行下去.

　　用數學語言來描述上述問題,問題轉化爲運動員如果要完成 1 千米的賽程,需要計算如下一個和式:

$$\frac{1}{2}+\frac{1}{4}+\frac{1}{8}+\frac{1}{16}+\frac{1}{32}+\cdots$$

在初等數學的範圍內計算上面的和式似乎是不可能的,因為初等數學只處理了有限項和式的計算問題.在極限理論中我們已經看到,並不是無限不可以認識,而是應該通過有限來認識無限,通過有限項之和再取極限來認識無限.

對於和式 $\frac{1}{2} + \frac{1}{4} + \frac{1}{8} + \frac{1}{16} + \frac{1}{32} + \cdots$ 我們考察下面的數列:

$$S_1 = \frac{1}{2}$$

$$S_2 = \frac{1}{2} + \frac{1}{4} = \frac{3}{4}$$

$$S_3 = \frac{1}{2} + \frac{1}{4} + \frac{1}{8} = \frac{7}{8}$$

……

$$S_n = \frac{1}{2} + \frac{1}{4} + \frac{1}{8} + \cdots + \frac{1}{2^n} = 1 - \frac{1}{2^n}$$

顯然,隨著 $n$ 取值的增大,數列 $\{S_n\}$ 無限趨近於 1.事實上

$$\lim_{n \to \infty} S_n = \lim_{n \to \infty} \left(1 - \frac{1}{2^n}\right) = 1$$

**定義 6.1** 對於一般的無窮多項之和:

$$u_1 + u_2 + \cdots + u_n + \cdots$$

我們稱之為無窮級數,簡稱為級數,記為 $\sum_{n=1}^{\infty} u_n$.即

$$\sum_{n=1}^{\infty} u_n = u_1 + u_2 + \cdots + u_n + \cdots$$

其中 $u_n$ 稱為級數的通項(或者一般項).當 $u_n$ 為常數時,也稱為常數項級數.

**例 1** 如果股票的每年紅利為 $d_n$,市場的貼現利率為 $r(r > 0)$,求股票的價值 $V$.

**解** 因為第 $n$ 年的紅利的現值為 $\frac{d_n}{(1+r)^n}$,故股票的內在價值 $V$ 就是無限期紅利現值的總和,即

$$V = \frac{d_1}{1+r} + \frac{d_2}{(1+r)^2} + \cdots + \frac{d_n}{(1+r)^n} + \cdots = \sum_{n=1}^{\infty} \frac{d_n}{(1+r)^n}$$

可見,股票的內在價值是通項為 $\frac{d_n}{(1+r)^n}$ 的無窮級數.

級數 $\sum_{n=1}^{\infty} u_n$ 的前 $n$ 項和 $u_1 + u_2 + \cdots + u_n (n = 1, 2, \cdots)$ 稱為級數的部分和,記為 $S_n$,即

$$S_n = u_1 + u_2 + \cdots + u_n \quad (n = 1, 2, \cdots)$$

當 $n$ 依次取 $1, 2, \cdots$,級數的部分和 $S_n$ 構成的一個數列 $\{S_n\}$,稱為級數的部分和數列.

根據部分和數列$\{s_n\}$是否有極限,可以給出級數$\sum_{n=1}^{\infty} u_n$收斂與發散的概念.

**定義 6.2** 如果級數$\sum_{n=1}^{\infty} u_n$的部分和數列$\{s_n\}$有極限$s$,即$\lim_{n\to\infty} s_n = s$,則稱無窮級數$\sum_{n=1}^{\infty} u_n$收斂,這時極限$s$稱為級數的和,或稱級數$\sum_{n=1}^{\infty} u_n$收斂於$s$,並寫成

$$s = \sum_{n=1}^{\infty} u_n \text{ 或 } s = u_1 + u_2 + \cdots + u_n + \cdots$$

如果$\{s_n\}$沒有極限,則稱無窮級數$\sum_{n=1}^{\infty} u_n$發散,或稱$\sum_{n=1}^{\infty} u_n$的和不存在.

顯然,當級數收斂時,其部分和$s_n$是級數的和$s$的近似值,它們之間的差值

$$r_n = s - s_n = u_{n+1} + u_{n+2} + \cdots$$

叫做級數的餘項.用近似值$s_n$代替和$s$所產生的誤差是這個餘項的絕對值,即誤差是$|r_n|$.

**例 2** 判斷級數$\dfrac{1}{1\times 2} + \dfrac{1}{2\times 3} + \cdots + \dfrac{1}{n\times(n+1)} + \cdots$的斂散性.

**解** 因為 $s_n = \dfrac{1}{1\times 2} + \dfrac{1}{2\times 3} + \cdots + \dfrac{1}{n\times(n+1)}$

$$= (1 - \frac{1}{2}) + (\frac{1}{2} - \frac{1}{3}) + \cdots + (\frac{1}{n} - \frac{1}{n+1}) = 1 - \frac{1}{n+1}$$

所以,$\lim_{n\to\infty} s_n = \lim_{n\to\infty}(1 - \dfrac{1}{n+1}) = 1$,從而級數收斂於 1.

**例 3** 證明級數$\sum_{n=1}^{\infty} n$是發散級數.

**證明** 因為級數$\sum_{n=1}^{\infty} n$的部分和$s_n = 1 + 2 + \cdots + n = \dfrac{n(n+1)}{2}$,

而$\lim_{n\to\infty} s_n = \lim_{n\to\infty} \dfrac{n(1+n)}{2} = \infty$,故級數$\sum_{n=1}^{\infty} n$發散.

**例 4** 討論幾何級數

$$\sum_{n=0}^{\infty} aq^n = a + aq + aq^2 + \cdots + aq^n + \cdots$$

的斂散性,其中 $a \neq 0$.

**解** 如果 $q \neq 1$,則部分和

$$s_n = a + aq + aq^2 + \cdots + aq^{n-1} = \frac{a - aq^n}{1-q} = \frac{a}{1-q} - \frac{aq^n}{1-q}.$$

當$|q| < 1$時,由於$\lim_{n\to\infty} q^n = 0$,從而$\lim_{n\to\infty} s_n = \dfrac{a}{1-q}$,因此這時級數$\sum_{n=0}^{\infty} aq^n$收斂,其和為$\dfrac{a}{1-q}$.

當 $|q|>1$ 時,由於 $\lim\limits_{n\to\infty}q^n=\infty$,從而 $\lim\limits_{n\to\infty}s_n=\infty$,這時級數 $\sum\limits_{n=0}^{\infty}aq^n$ 發散.

如果 $|q|=1$,則當 $q=1$ 時,$s_n=na\to\infty$,因此級數 $\sum\limits_{n=0}^{\infty}aq^n$ 發散;當 $q=-1$ 時,級數 $\sum\limits_{n=0}^{\infty}aq^n$ 成為

$$a-a+a-a+\cdots$$

顯然 $s_n$ 隨著 $n$ 為奇數或偶數而等於 $a$ 或零,從而 $s_n$ 的極限不存在,這時級數 $\sum\limits_{n=0}^{\infty}aq^n$ 也發散.

綜合上述結果,我們得到:如果 $|q|<1$,則級數 $\sum\limits_{n=0}^{\infty}aq^n$ 收斂,其和為 $\dfrac{a}{1-q}$;如果 $|q|\geq 1$,則級數 $\sum\limits_{n=0}^{\infty}aq^n$ 發散.

**例5** 證明調和級數 $\sum\limits_{n=1}^{\infty}\dfrac{1}{n}$ 是發散的.

**證明** 用反證法.假設級數 $\sum\limits_{n=1}^{\infty}\dfrac{1}{n}$ 是收斂的且和為 $s$,部分和為 $s_n$,則 $\lim\limits_{n\to\infty}s_n=s$;從而 $\lim\limits_{n\to\infty}s_{2n}=s$,即應有:$\lim\limits_{n\to\infty}(s_{2n}-s_n)=s-s=0$.但

$$s_{2n}-s_n=\dfrac{1}{n+1}+\dfrac{1}{n+2}+\cdots+\dfrac{1}{n+n}>\dfrac{1}{2n}+\dfrac{1}{2n}+\cdots+\dfrac{1}{2n}=\dfrac{1}{2},$$

與 $\lim\limits_{n\to\infty}(s_{2n}-s_n)=0$ 矛盾,所以調和級數 $\sum\limits_{n=1}^{\infty}\dfrac{1}{n}$ 發散.

**2. 收斂級數的基本性質**

根據無窮級數收斂、發散以及和的概念,可以得出收斂級數的幾個基本性質.

**性質1** 如果級數 $\sum\limits_{n=1}^{\infty}u_n$ 的和為 $s$,則它的各項同乘以一個常數 $k$ 所得級數 $\sum\limits_{n=1}^{\infty}ku_n$ 也收斂,且其和為 $ks$.

容易知道若級數 $\sum\limits_{n=1}^{\infty}u_n$ 發散,各項同乘以一個非零常數 $k$ 後所得級數也發散.因此,級數的每一項同乘一個不為零的常數後,它的斂散性不會改變.

**性質2** 如果級數 $\sum\limits_{n=1}^{\infty}u_n$,$\sum\limits_{n=1}^{\infty}v_n$ 分別收斂於和 $s_1,s_2$,則級數 $\sum\limits_{n=1}^{\infty}(u_n\pm v_n)$ 也收斂,且其和為 $s_1\pm s_2$.

**性質3** 在級數中去掉、加上或改變有限項,不會改變級數的斂散性.

**性質4** 如果級數 $\sum\limits_{n=1}^{\infty}u_n$ 收斂,則對這級數的項任意加括號後所成的級數

$$(u_1+\cdots+u_{n_1})+(u_{n_1+1}+\cdots+u_{n_2})+\cdots+(u_{n_{k-1}+1}+\cdots+u_{n_k})+\cdots$$

**仍收斂,且其和不變.**

**註意** 如果加括號後所成的級數收斂,則不能斷定去括號後原來的級數也收斂.例如,級數
$$(1-1)+(1-1)+\cdots$$
收斂於零,但級數
$$1-1+1-1+\cdots$$
卻是發散的.

**性質 5(級數收斂的必要條件)** 如果級數 $\sum_{n=1}^{\infty} u_n$ 收斂,則 $\lim_{n\to\infty} u_n = 0$.

**證明** 設級數 $\sum_{n=1}^{\infty} u_n$ 的部分和為 $s_n$,且 $\lim_{n\to\infty} s_n = s$,則
$$\lim_{n\to\infty} u_n = \lim_{n\to\infty}(s_n - s_{n-1}) = \lim_{n\to\infty} s_n - \lim_{n\to\infty} s_{n-1} = s - s = 0.$$

由性質 5 可知,如果級數的一般項不趨於零,則該級數必定發散.例如,級數 $\sum_{n=1}^{\infty}(-1)^n$,它的一般項 $u_n = (-1)^n$ 當 $n\to\infty$ 時不趨於零,因此 $\sum_{n=1}^{\infty}(-1)^n$ 是發散的.

**註意** 級數的一般項趨於零並不是級數收斂的充分條件.例如調和級數 $\sum_{n=1}^{\infty} \frac{1}{n}$, $\lim_{n\to\infty} \frac{1}{n} = 0$,前面例 3 已經證明它是發散的.

**例 6** 級數 $\sum_{n=1}^{\infty} \frac{2+(-1)^n}{3^n}$ 是否收斂? 若收斂,求其和.

**解** 由於 $\sum_{n=1}^{\infty} \frac{2}{3^n}$ 是公比為 $q = \frac{1}{3}$ 的幾何級數,由例 3 知它是收斂的,且其和為
$$\sum_{n=1}^{\infty} \frac{2}{3^n} = \frac{\frac{2}{3}}{1-\frac{1}{3}} = 1.$$

而 $\sum_{n=1}^{\infty} \frac{(-1)^n}{3^n}$ 是公比為 $q = -\frac{1}{3}$ 的幾何級數,它也是收斂的,且其和為
$$\sum_{n=1}^{\infty} \frac{(-1)^n}{3^n} = \frac{-\frac{1}{3}}{1-\left(-\frac{1}{3}\right)} = -\frac{1}{4}.$$

因此,由性質 2 可知,級數 $\sum_{n=1}^{\infty} \frac{2+(-1)^n}{3^n} = \sum_{n=1}^{\infty}\left[\frac{2}{3^n} + \frac{(-1)^n}{3^n}\right]$ 收斂,且其和為
$$\sum_{n=1}^{\infty} \frac{2+(-1)^n}{3^n} = \sum_{n=1}^{\infty} \frac{2}{3^n} + \sum_{n=1}^{\infty} \frac{(-1)^n}{3^n} = 1 + \left(-\frac{1}{4}\right) = \frac{3}{4}.$$

### 3. 常見重要級數的斂散性

**(1) 幾何級數**

級數 $\sum_{n=0}^{\infty} aq^n = a + aq + aq^2 + \cdots + aq^n + \cdots$ 其中 $a \neq 0$，稱爲幾何級數(或等比級數). 由例 2 知：

當 $|q| < 1$ 時,級數 $\sum_{n=0}^{\infty} aq^n$ 收斂,其和爲 $\dfrac{a}{1-q}$;

當 $|q| \geq 1$ 時,級數 $\sum_{n=0}^{\infty} aq^n$ 發散.

**(2) 調和級數**

級數 $\sum_{n=1}^{\infty} \dfrac{1}{n}$ 稱爲調和級數,由例 3 知調和級數發散.

**(3) $p$ 級數**

級數 $\sum_{n=1}^{\infty} \dfrac{1}{n^p} = 1 + \dfrac{1}{2^p} + \dfrac{1}{3^p} + \cdots + \dfrac{1}{n^p} + \cdots$ $(p > 0)$ 稱爲 $p$ 級數,

當 $p > 1$ 時,$p$ 級數收斂;

當 $p \leq 1$ 時,$p$ 級數發散.

## 習題 6.1

1. 寫出下列級數的一般項：

(1) $\dfrac{2}{1} - \dfrac{3}{2} + \dfrac{4}{3} - \dfrac{5}{4} + \dfrac{6}{5} - \cdots$

(2) $1 + \dfrac{1 \cdot 2}{2^2} + \dfrac{1 \cdot 2 \cdot 3}{3^2} + \dfrac{1 \cdot 2 \cdot 3 \cdot 4}{4^2} + \cdots$

(3) $\dfrac{3}{4} + \dfrac{5}{36} + \dfrac{7}{144} + \dfrac{9}{400} + \cdots$

(4) $\dfrac{\sqrt{x}}{2} + \dfrac{x}{2 \cdot 4} + \dfrac{x\sqrt{x}}{2 \cdot 4 \cdot 6} + \dfrac{x^2}{2 \cdot 4 \cdot 6 \cdot 8} + \cdots$

2. 判別下列級數的斂散性：

(1) $2 + 2 + \cdots + 2 + \cdots$

(2) $\dfrac{1}{1 \cdot 4} + \dfrac{1}{2 \cdot 5} + \cdots + \dfrac{1}{n(n+3)} + \cdots$

(3) $1 + \ln 2 + \ln^2 2 + \ln^3 2 + \cdots$

(4) $1 - \ln 3 + \ln^2 3 - \ln^3 3 - \cdots$

(5) $(\frac{1}{3} + \frac{1}{2}) + (\frac{1}{3^2} + \frac{1}{2 \times 2}) + \cdots + (\frac{1}{3^n} + \frac{1}{n \times 2}) + \cdots$

(6) $1 + \frac{2}{3} + \frac{3}{5} + \frac{4}{7} + \cdots$

(7) $\sin\frac{\pi}{6} + \sin\frac{2\pi}{6} + \cdots + \sin\frac{n\pi}{6} + \cdots$

(8) $\frac{3}{2} + \frac{3^2}{2^2} + \cdots + \frac{3^n}{2^n} + \cdots$.

(9) $1 + \frac{1}{\sqrt{2}} + \frac{1}{\sqrt{3}} + \cdots + \frac{1}{\sqrt{n}} + \cdots$

3. 求下列級數的和：

(1) $\frac{4}{7} - \frac{4^2}{7^2} + \frac{4^3}{7^3} - \cdots$

(2) $\sum_{n=1}^{\infty} \frac{3^n + (-1)^n}{5^n}$

(3) $\sum_{n=1}^{\infty} \frac{1}{(2n-1)(2n+1)}$

## §6.2 常數項級數斂散性的判別法

上一節中，利用級數收斂的定義、收斂級數的性質以及一些常見級數的斂散性可以判斷一些級數是否收斂，但通常求部分和及其極限都很困難，因此需要建立判別級數斂散性的一般方法．

**1. 正項級數的斂散性判別法**

對於常數項級數 $\sum_{n=1}^{\infty} u_n$，若 $u_n \geq 0 (n = 1, 2, \cdots)$，則稱該級數為正項級數．

對於這一類級數，比較容易判別其斂散性，而且研究這類級數，對研究一般的無窮級數也有指導意義．

**定理6.1（比較判別法）** 設 $\sum_{n=1}^{\infty} u_n$ 和 $\sum_{n=1}^{\infty} v_n$ 都是正項級數，且 $u_n \leq v_n (n = 1, 2, \cdots)$，則

(1) 若級數 $\sum_{n=1}^{\infty} v_n$ 收斂，則級數 $\sum_{n=1}^{\infty} u_n$ 收斂；

(2) 若級數 $\sum_{n=1}^{\infty} u_n$ 發散，則級數 $\sum_{n=1}^{\infty} v_n$ 發散．

這個結論可形象地記為："若大的收斂，則小的也收斂；若小的發散，則大的也發

散".另外,由於級數的每一項同乘以不爲零的常數 $k$,以及去掉任意有限項都不會影響級數的斂散性,所以定理中的 $u_n \leq v_n$ 也可變爲 $u_n \leq kv_n (k > 0, n \geq N)$.

**例 1** 判別級數 $\sum\limits_{n=1}^{\infty} 2^n \sin \dfrac{\pi}{3^n}$ 的斂散性.

**解** 由於當 $x > 0$ 時,$0 < \sin x < x$,所以有

$$0 < 2^n \sin \dfrac{\pi}{3^n} < \pi \left(\dfrac{2}{3}\right)^n, n = 1, 2, 3, \cdots$$

而 $\sum\limits_{n=1}^{\infty} \pi \left(\dfrac{2}{3}\right)^n$ 是 $q = \dfrac{2}{3} < 1$ 的幾何級數,故級數收斂. 於是,由比較判別法可知,正項級數 $\sum\limits_{n=1}^{\infty} 2^n \sin \dfrac{\pi}{3^n}$ 收斂.

**例 2** 判別級數 $\sum\limits_{n=1}^{\infty} \dfrac{1}{\sqrt{n(n+1)}}$ 的斂散性.

**解** 由於 $\dfrac{1}{\sqrt{n(n+1)}} > \dfrac{1}{n+1}$,而 $\sum\limits_{n=1}^{\infty} \dfrac{1}{n+1}$ 是由調和級數去掉了第一項得到的,因而發散,所以由比較判別法可知,$\sum\limits_{n=1}^{\infty} \dfrac{1}{\sqrt{n(n+1)}}$ 發散.

題中如果用 $\dfrac{1}{\sqrt{n(n+1)}} < \dfrac{1}{n}$ 進行比較,就無法得出結論.

很多時候直接比較通項的大小不方便,需要用到比較判別法的極限形式.

**定理 6.2(比較判別法的極限形式)** 設 $\sum\limits_{n=1}^{\infty} u_n$ 和 $\sum\limits_{n=1}^{\infty} v_n$ 都是正項級數,如果

$$\lim_{n \to \infty} \dfrac{u_n}{v_n} = l,$$

那麼

(1) 若 $0 < l < +\infty$,則級數 $\sum\limits_{n=1}^{\infty} u_n$ 和 $\sum\limits_{n=1}^{\infty} v_n$ 同時收斂或同時發散;

(2) 若 $l = 0$,且 $\sum\limits_{n=1}^{\infty} v_n$ 收斂,則 $\sum\limits_{n=1}^{\infty} u_n$ 收斂;

(3) 若 $l = +\infty$,且 $\sum\limits_{n=1}^{\infty} v_n$ 發散,則 $\sum\limits_{n=1}^{\infty} u_n$ 發散.

**例 3** 判別級數 $\sum\limits_{n=1}^{\infty} \sin \dfrac{1}{n}$ 的斂散性.

**解** 因爲 $\lim\limits_{n \to \infty} \dfrac{\sin \dfrac{1}{n}}{\dfrac{1}{n}} = 1$,而 $\sum\limits_{n=1}^{\infty} \dfrac{1}{n}$ 發散,所以 $\sum\limits_{n=1}^{\infty} \sin \dfrac{1}{n}$ 發散.

**例 4** 判別級數 $\sum_{n=1}^{\infty} \ln(1 + \frac{1}{n^2})$ 的斂散性.

**解** 因為 $\lim_{n\to\infty} \dfrac{\ln(1+\frac{1}{n^2})}{\frac{1}{n^2}} = \lim_{n\to\infty} \ln\left(1+\frac{1}{n^2}\right)^{n^2} = \ln e = 1$,而 $\sum_{n=1}^{\infty} \frac{1}{n^2}$ 是 $p=2$ 的 $p$ 級數,

所以收斂,故 $\sum_{n=1}^{\infty} \ln(1+\frac{1}{n^2})$ 收斂.

還有很多時候,不太容易找出一個進行比較的級數,我們有以下的判斷方法.

**定理 6.3**(比值判別法,達朗貝爾(D'Alembert)判別法) 設 $\sum_{n=1}^{\infty} u_n$ 是正項級數,

且 $\lim_{n\to\infty} \dfrac{u_{n+1}}{u_n} = \rho$,則

(1) 若 $\rho < 1$,則級數收斂;

(2) 若 $\rho > 1$,則級數發散;

(3) 若 $\rho = 1$,則級數可能收斂也可能發散,需要用其他方法進行判別.

**例 5** 判別下列級數的斂散性:

(1) $\sum_{n=1}^{\infty} \dfrac{1}{n!}$,  (2) $\sum_{n=1}^{\infty} \dfrac{n!}{10^n}$.

**解** (1) 由於 $\lim_{n\to\infty} \dfrac{u_{n+1}}{u_n} = \lim_{n\to\infty} \dfrac{\frac{1}{(n+1)!}}{\frac{1}{n!}} = \lim_{n\to\infty} \dfrac{1}{n+1} = 0$,故級數 $\sum_{n=1}^{\infty} \dfrac{1}{n!}$ 收斂.

(2) 由於 $\lim_{n\to\infty} \dfrac{u_{n+1}}{u_n} = \lim_{n\to\infty} \dfrac{(n+1)!}{10^{n+1}} \cdot \dfrac{10^n}{n!} = \lim_{n\to\infty} \dfrac{n+1}{10} = \infty$,故級數 $\sum_{n=1}^{\infty} \dfrac{n!}{10^n}$ 發散.

**定理 6.4**(根值判別法,柯西判別法) 設 $\sum_{n=1}^{\infty} u_n$ 是正項級數,且 $\lim_{n\to\infty} \sqrt[n]{u_n} = \rho$,則

(1) 若 $\rho < 1$,則級數收斂;

(2) 若 $\rho > 1$,則級數發散;

(3) 若 $\rho = 1$,則級數可能收斂也可能發散,需要用其他方法進行判定.

**例 6** 判別級數 $\sum_{n=1}^{\infty} \left(1 - \dfrac{1}{n}\right)^{n^2}$ 的斂散性.

**解** 一般項含有 $n$ 次方,故可用根值判別法.因為

$$\lim_{n\to\infty} \sqrt[n]{u_n} = \lim_{n\to\infty} \sqrt[n]{\left(1-\dfrac{1}{n}\right)^{n^2}} = \lim_{n\to\infty} \left(1-\dfrac{1}{n}\right)^n = \dfrac{1}{e} < 1,$$

故級數 $\sum_{n=1}^{\infty} \left(1-\dfrac{1}{n}\right)^{n^2}$ 收斂.

對於上述幾種判別正項級數斂散性的常用方法,在實際應用中,通常按照如下

順序選擇判別方法:首先,檢查一般項是否收斂於零,若一般項不收斂於零,則級數發散.其次,考慮用收斂級數的性質進行判別.再次,若通項中含有 $n!$ 或者 $n$ 的若干連乘積時優先選擇比值判別法,若通項中含有 $n$ 次冪時,優先選擇根值判別法;若不具備這些特點,考慮用比較判別法(用比較判別法時,優先選擇其極限形式).最後,如果前述方法都不能得出結論,則考慮用級數收斂的定義進行判別.

### 2. 交錯級數的斂散性判別法

交錯級數是一種特殊的任意項級數,它的各項是正負交錯的,從而可以寫成下面的形式:
$$u_1 - u_2 + u_3 - u_4 + \cdots + (-1)^{n-1} u_n + \cdots$$
或
$$-u_1 + u_2 - u_3 + u_4 - \cdots + (-1)^n u_n + \cdots$$
其中 $u_1, u_2, \cdots$ 都是正數.交錯級數也稱爲萊布尼茲級數.

**定理 6.5(萊布尼茲定理)** 如果交錯級數 $\sum_{n=1}^{\infty} (-1)^{n-1} u_n$ 滿足條件:

(1) $u_n \geq u_{n+1} (n = 1,2,3,\cdots)$,

(2) $\lim\limits_{n \to \infty} u_n = 0$,

則級數收斂,且其和 $s \leq u_1$,其餘項 $r_n$ 的絕對值 $|r_n| \leq u_{n+1}$.

**例 7** 判斷級數 $\sum_{n=1}^{\infty} \dfrac{(-1)^{n-1}}{n}$ 的斂散性.

**解** 不難驗證:

(1) $\dfrac{1}{n} \geq \dfrac{1}{n+1} (n = 1, 2, 3, \cdots)$,(2) $\lim\limits_{n \to \infty} \dfrac{1}{n} = 0.$

所以,由萊布尼茲定理知,級數 $\sum_{n=1}^{\infty} \dfrac{(-1)^{n-1}}{n}$ 收斂.

### 3. 任意項級數的斂散性判別法

對於更一般的級數
$$u_1 + u_2 + \cdots + u_n + \cdots$$
若 $u_n$ 爲任意實數,則稱爲任意項級數.

如果級數 $\sum_{n=1}^{\infty} u_n$ 各項的絕對值所構成的正項級數 $\sum_{n=1}^{\infty} |u_n|$ 收斂,則稱級數 $\sum_{n=1}^{\infty} u_n$ **絕對收斂**;如果級數 $\sum_{n=1}^{\infty} u_n$ 收斂,而級數 $\sum_{n=1}^{\infty} |u_n|$ 發散,則稱級數 $\sum_{n=1}^{\infty} u_n$ **條件收斂**.容易判斷,級數 $\sum_{n=1}^{\infty} (-1)^{n-1} \dfrac{1}{n^2}$ 是絕對收斂級數,而級數 $\sum_{n=1}^{\infty} (-1)^{n-1} \dfrac{1}{n}$ 是條件收斂級數.

級數絕對收斂與級數收斂有以下重要關係:

**定理 6.6** 如果級數 $\sum_{n=1}^{\infty} u_n$ 絕對收斂,則級數 $\sum_{n=1}^{\infty} u_n$ 必定收斂.

**證明** 設級數 $\sum_{n=1}^{\infty} |u_n|$ 收斂. 令

$$v_n = \frac{1}{2}(u_n + |u_n|) \ (n = 1, 2, \cdots).$$

顯然 $v_n \geq 0$ 且 $v_n \leq |u_n| (n = 1, 2, \cdots)$. 由比較判別法知道,級數 $\sum_{n=1}^{\infty} v_n$ 收斂,從而級數 $\sum_{n=1}^{\infty} 2v_n$ 也收斂. 而 $u_n = 2v_n - |u_n|$,由收斂級數的基本性質可知

$$\sum_{n=1}^{\infty} u_n = \sum_{n=1}^{\infty} (2v_n - |u_n|)$$

收斂.

通過該定理,使得很多任意項級數的收斂性判別問題,轉化為正項級數的收斂性判別問題.

一般說來,如果級數 $\sum_{n=1}^{\infty} |u_n|$ 發散,我們不能斷定級數 $\sum_{n=1}^{\infty} u_n$ 也發散. 但是,如果我們用比值判別法或根值判別法判定級數 $\sum_{n=1}^{\infty} |u_n|$ 發散,則我們可以斷定級數 $\sum_{n=1}^{\infty} u_n$ 必定發散. 這是因為上述兩種判別法判定級數 $\sum_{n=1}^{\infty} |u_n|$ 發散的依據是 $\lim_{n \to \infty} |u_n| \neq 0$,從而 $\lim_{n \to \infty} u_n \neq 0$,因此級數 $\sum_{n=1}^{\infty} u_n$ 也是發散的.

**例 8** 判別級數 $\sum_{n=1}^{\infty} \frac{\sin n}{n^2}$ 的斂散性.

**解** 因為 $\left|\frac{\sin n}{n^2}\right| \leq \frac{1}{n^2}$ 而 $\sum_{n=1}^{\infty} \frac{1}{n^2}$ 收斂,所以 $\sum_{n=1}^{\infty} \left|\frac{\sin n}{n^2}\right|$ 收斂,所以原級數 $\sum_{n=1}^{\infty} \frac{\sin n}{n^2}$ 絕對收斂.

**例 9** 判別級數 $\sum_{n=1}^{\infty} (-1)^{n-1} \frac{n}{n^2+1}$ 的斂散性. 若收斂,進一步判斷是絕對收斂還是條件收斂.

**解** 因為 $\frac{|u_{n+1}|}{|u_n|} = \frac{n+1}{(n+1)^2+1} \cdot \frac{n^2+1}{n} = \frac{n^3+n^2+n+1}{n^3+2n^2+2n} \leq 1$,

即 $|u_{n+1}| \leq |u_n| (n = 1, 2, \cdots)$,且 $\lim_{n \to \infty} |u_n| = \lim_{n \to \infty} \frac{n}{n^2+1} = 0$.

由交錯級數判別法,原級數收斂. 另外,$|u_n| = \frac{n}{n^2+1} \geq \frac{n}{n^2+n^2} = \frac{1}{2n}$,而 $\sum_{n=1}^{\infty} \frac{1}{2n}$ 發散,故 $\sum_{n=1}^{\infty} |u_n| = \sum_{n=1}^{\infty} \frac{n}{n^2+1}$ 發散. 於是級數 $\sum_{n=1}^{\infty} (-1)^{n-1} \frac{n}{n^2+1}$ 是條件收斂的.

## 習題 6.2

1. 用適當的方法判別下列級數的斂散性：

(1) $\sum_{n=1}^{\infty} \dfrac{1}{5n+1}$

(2) $\sum_{n=1}^{\infty} \dfrac{1}{(n+1)(n+3)}$

(3) $\sum_{n=1}^{\infty} \dfrac{1+n}{1+n^3}$

(4) $\sum_{n=1}^{\infty} \sin \dfrac{\pi}{2^n}$

(5) $\sum_{n=1}^{\infty} \left( \dfrac{n}{2n+1} \right)^n$

(6) $\sum_{n=1}^{\infty} \dfrac{1}{n} (\sqrt{n+1} - \sqrt{n-1})$

(7) $\sum_{n=1}^{\infty} \dfrac{n!}{n^n}$

(8) $\sum_{n=1}^{\infty} \dfrac{n \cos^2 \dfrac{n\pi}{4}}{2^n}$

2. 判別下列級數的斂散性，如果收斂，指出是絕對收斂還是條件收斂：

(1) $\sum_{n=1}^{\infty} \dfrac{(-1)^{n-1}}{\ln(1+n)}$

(2) $\sum_{n=1}^{\infty} \dfrac{1}{2^n} \sin \dfrac{n\pi}{7}$

(3) $\sum_{n=1}^{\infty} \dfrac{n!}{n^n} \sin \dfrac{n\pi}{5}$

(4) $\sum_{n=1}^{\infty} (-1)^{n+1} \dfrac{n}{n+1}$

## §6.3 微分方程的基本概念

對實際問題的研究，往往首先要建立數學模型．通常的數學模型由微分方程來描述；微分方程建立以後，對它進行研究，找出未知函數來，這就是解微分方程．

**例1** 英國學者馬爾薩斯(Malthus)認爲人口的相對增長率爲常數，即如果設 $t$ 時刻人口數爲 $x(t)$，則人口增長速度與人口總量 $x(t)$ 成正比，從而建立 Malthus 模型爲：

$$\begin{cases} \dfrac{dx}{dt} = kx, \quad k > 0 \\ x(t_0) = x_0 \end{cases}$$

這是一個含有一階導數的數學模型．

**例2** 假設某人以固定的年利率 $r$ 投資 $A_0$ 元，若一年內 $k$ 次將利息加入本金，則 $t$ 年後的現金總額爲：

$$A(t) = A_0 \left( 1 + \dfrac{r}{k} \right)^{kt}$$

若 $k \to \infty$，即連續不斷地以正比於帳户現金的速度將利息加入本金，就得到如下的初值爲本金的增長模型：

$$\begin{cases} \dfrac{dA}{dt} = rA \\ A(0) = A_0 \end{cases}$$

**例3** 某種商品的需求量 $Q$ 對價格 $p$ 的彈性爲 $-1.5p$，已知該商品的最大需求量爲 $800$ (即 $p = 0$ 時, $Q = 800$)，求需求量 $Q$ 與價格 $p$ 的函數關係．

**解** 根據彈性的定義，有

$$\dfrac{p}{Q} \cdot Q' = -1.5p$$

由題意，$Q|_{p=0} = 800$．

解出滿足上面兩個式子的函數 $Q$，就得到需求量與價格的函數關係．

**例4** 求過點 $(1,3)$ 且切線斜率爲 $2x$ 的曲線方程．

**解** 設所求的曲線方程是 $y = f(x)$，則根據題意應滿足下面的關係：

$$\begin{cases} \dfrac{dy}{dx} = 2x \\ y|_{x=1} = 3 \end{cases}$$

先通過 $\dfrac{dy}{dx} = 2x$ 求一次不定積分，得到函數 $y = x^2 + c$（$c$ 爲任意常數），再把條件 $y|_{x=1} = 3$ 代入這個函數，可得 $c = 2$，於是滿足題設條件的曲線方程爲

$$y = x^2 + 2.$$

以上例中方程的共同特點是都含有一個未知函數的導數．

**定義 6.3** 含有未知函數的導數或微分的方程，稱爲微分方程．

未知函數爲一元函數的微分方程，稱爲常微分方程．如以上例中的方程都是常微分方程．

未知函數爲多元函數，從而出現多元函數的偏導數的方程，稱爲偏微分方程．例如：

$$\dfrac{\partial^2 z}{\partial x^2} + \dfrac{\partial^2 z}{\partial y^2} = 0, \dfrac{\partial z}{\partial x} + x\dfrac{\partial z}{\partial y} = y$$

就是偏微分方程．

下面我們只討論常微分方程，簡稱爲微分方程．

微分方程中出現的各階導數的最高階數，稱爲微分方程的**階**．例如，$y'' = 3x$ 是二階微分方程，$(y')^3 + y = x$ 是一階微分方程．

**定義 6.4** 如果一個函數代入微分方程後，方程兩端恒等，則稱此函數爲該微分方程的解．

例如，$y = x^2 + c, y = x^2 + 2$ 都是方程 $\dfrac{dy}{dx} = 2x$ 的解．

如果微分方程的解中含有任意取值的常數且相互獨立的任意常數的個數等於

微分方程的階數,則此解稱爲微分方程的**通解**.不含任意常數的解,稱爲**特解**.

"相互獨立的常數"是指在一個式子中無法通過運算合并成一個數的多個常數. 如 $y = c_1 x^2 + c_2$ 中的 $c_1$ 與 $c_2$ 就是兩個相互獨立的常數,而 $y = x^2 + t_1 + t_2$ 中的 $t_1$ 與 $t_2$ 就不是相互獨立的.

例如,$y = x^2 + c$ 是 $\dfrac{dy}{dx} = 2x$ 的通解,而 $y = x^2 + 2$ 是 $\dfrac{dy}{dx} = 2x$ 的特解.

值得注意的是,微分方程的通解不一定包括微分方程的所有解.例如,$\sqrt{y^2 - 1} = \arctan x + c$ 是方程 $yy' = \dfrac{\sqrt{y^2 - 1}}{1 + x^2}$ 的通解,$y = \pm 1$ 也是該方程的解,但 $y = \pm 1$ 並不被通解 $\sqrt{y^2 - 1} = \arctan x + c$ 包含.

另外,函數 $y = \sin x + c$(其中 $c$ 是任意常數)是微分方程 $y'' + \sin x = 0$ 的解,但既不是通解也不是特解,因爲其中任意常數的個數與該方程的階數(二階)不等.

爲了得到合乎條件的特解,通常對微分方程附加一定的條件,也稱爲**定解條件**. 如果定解條件是由系統在某一種瞬間所處的狀態給出的,則稱這種條件爲**初始條件**. 如例3、例4中的條件.

我們把給定了初始條件的微分方程,稱爲**初值問題**.如例3、例4都是初值問題.

**例5** 求微分方程 $y'' = e^{2x} - \cos x$ 的通解.

**解** 對原方程連續積分兩次得

$$y' = \frac{1}{2}e^{2x} - \sin x + C_1$$

$$y = \frac{1}{4}e^{2x} + \cos x + C_1 x + C_2$$

即得原方程的通解.

# 習題 6.3

1. 指出下列微分方程的階:

(1) $\dfrac{dy}{dx} = 4x^3 - y$ 　　　　　　　(2) $dy + 3ydx = x^2 dx$

(3) $y'' + (y')^3 + 12xy = 0$ 　　　　(4) $\left(\dfrac{dy}{dx}\right)^4 = 4x^3$

2. 指出下列各題中的函數是否爲所給微分方程的解:

(1) $x\dfrac{dy}{dx} = -2y, y = c_1 x^{-2}$

(2) $y'' - 2y' + y = 0, y = x^2 e^x$

(3) $y'' - \dfrac{2}{x}y' + \dfrac{2}{x^2}y = 0, y = c_1 x + c_2 x^2$

(4) $y'' + y = 0, y = 3\sin x - 4\cos x$

3. 驗證函數 $y = C_1 e^x + C_2 e^{3x}$ 是微分方程 $y'' - 4y' + 3y = 0$ 的通解，並求滿足初始條件 $y(0) = 0, y'(0) = 1$ 的特解.

4. 一條曲線通過點 $(1,2)$，且該曲線上任一點 $M(x,y)$ 處的切線斜率爲 $3x^2$，求這條曲線的方程.

## §6.4　一階微分方程

一階微分方程的一般形式是
$$F(x,y,y') = 0.$$
一階微分方程的通解含有一個任意常數，爲了確定這個任意常數，必須給出一個初始條件.通常都是給出 $x = x_0$ 時未知函數對應的值 $y = y_0$，記作
$$y(x_0) = y_0 \text{ 或 } y|_{x=x_0} = y_0.$$

**1. 可分離變量微分方程**

如果微分方程
$$F(x,y,y') = 0 \tag{6-1}$$
能化爲
$$f(x)dx = g(y)dy \tag{6-2}$$
的形式,則稱方程(6-1)爲可分離變量的微分方程,稱方程(6-2)爲變量已分離的微分方程.

求解可分離變量的微分方程的方法叫做**分離變量法**,具體做法：

第一步,分離變量,即將微積分方程化爲(6-2)式的形式；

第二步,在方程兩邊同時積分,得
$$\int f(x)dx = \int g(y)dy + c$$

其中 $c$ 爲任意常數.註意,在微分方程這裏,爲了明顯起見,將不定積分 $\int f(x)dx$ 看成 $f(x)$ 的一個原函數,而將積分常數 $c$（爲任意常數）單獨寫出來.

**例1** 解微分方程
$$\dfrac{dy}{dx} = -\dfrac{y}{x}.$$

**解**　分離變量,得
$$\dfrac{dy}{y} = -\dfrac{dx}{x},$$

兩邊積分：
$$\int \frac{dy}{y} = -\int \frac{dx}{x},$$
得
$$\ln|y| = -\ln|x| + \ln|c|,$$
即
$$xy = c \quad 或 \quad y = \frac{c}{x}.$$
這就是所給微分方程的通解(註意這裡將常數寫成 $\ln|c|$ 是爲了後面表達式簡潔些).

**例 2** 解初值問題
$$\begin{cases} 3y^2 \dfrac{dy}{dx} + x = 0 \\ y\big|_{x=0} = 5 \end{cases}.$$

**解** 分離變量，得
$$3y^2 dy = -x dx,$$
兩邊積分：
$$\int 3y^2 dy = -\int x dx,$$
$$y^3 = -\frac{x^2}{2} + c.$$
這就是所給微分方程的通解，稱這樣的解爲隱式解.

代入初始條件 $y\big|_{x=0} = 5$，求出 $c = 125$. 所以，所給初值問題的解爲
$$y^3 = -\frac{x^2}{2} + 125.$$

**例 3** 求微分方程 $dx + xydy = y^2 dx + ydy$ 的通解.

**解** 先合並 $dx$ 及 $dy$ 的各項，得 $y(x-1)dy = (y^2-1)dx$,

設 $y^2 - 1 \neq 0, x - 1 \neq 0$，分離變量得 $\dfrac{y}{y^2-1}dy = \dfrac{1}{x-1}dx$,

兩端積分 $\int \dfrac{y}{y^2-1}dy = \int \dfrac{1}{x-1}dx$, 得 $\dfrac{1}{2}\ln|y^2-1| = \ln|x-1| + \ln|C_1|$,

於是 $y^2 - 1 = \pm C_1^2 (x-1)^2$，記 $c = \pm C_1^2$，則得到題設方程的通解爲 $y^2 - 1 = c(x-1)^2$.

**註意** 在用分離變量法解可分離變量的微分方程 $\dfrac{dy}{dx} = f(x)g(y)$ 的過程中，我們在假定 $g(y) \neq 0$ 的前提下，用它除方程兩邊，這樣得到的通解，不包含使 $g(y) = 0$ 的特解. 但是，有時如果我們擴大任意常數 $c$ 的取值範圍，則其失去的解仍包含在通解中. 如在例 3 中，我們得到的通解中應該 $c \neq 0$，但這樣方程就失去特解 $y = \pm 1$，而如果允許 $c = 0$，則 $y = \pm 1$ 仍包含在通解 $y^2 - 1 = c(x-1)^2$ 中.

**例 4** 某商品的需求量 $Q$ 對價格的彈性爲 $-p\ln 4$，已知商品的最大需求量爲 1 600，求需求函數.

**解** 設所求需求函數爲 $Q = Q(p)$，根據題意有

$$\frac{p}{Q}\frac{dQ}{dp} = -p\ln 4 \text{ 且 } Q(0) = 1\,600$$

整理變形爲 $\dfrac{dQ}{Q} = -\ln 4\, dp$

兩邊積分,可得 $Q = C4^{-p}, C \neq 0$

將條件 $Q(0) = 1\,600$ 代入,得 $C = 1\,600$,故所求的需求函數爲

$$Q(p) = 1600 \cdot 4^{-p}$$

**2. 一階線性微分方程及其解法**

形如

$$y' + p(x)y = f(x) \tag{6-3}$$

的微分方程,稱爲一階線性微分方程.

在 (6-3) 式中,如果 $f(x) \equiv 0$,則變爲

$$y' + p(x)y = 0, \tag{6-4}$$

稱爲一階線性齊次方程.而 $f(x) \neq 0$ 時,(6-3) 式稱爲一階線性非齊次方程.稱 $f(x)$ 爲自由項.

**(1) 一階線性齊次微分方程的解法**

將 $y' + p(x)y = 0$ 分離變量後得

$$\frac{dy}{y} = -p(x)dx,$$

兩邊積分後得

$$\ln|y| = -\int p(x)dx + \ln|c|,$$

即

$$y = ce^{-\int p(x)dx} \quad (c \text{ 爲任意常數}) \tag{6-5}$$

(6-5) 式即爲方程 $y' + p(x)y = 0$ 的通解.

**(2) 一階線性非齊次微分方程的解法**

爲了求出非齊次方程 $y' + p(x)y = f(x)$ 的通解,可以採用以下方法:先求出其對應的齊次方程 $y' + p(x)y = 0$ 的通解 $y = ce^{-\int p(x)dx}$,然後設 $y' + p(x)y = f(x)$ 的通解具有如下形式

$$y = u(x)e^{-\int p(x)dx} \tag{6-6}$$

即將齊次方程 $y' + p(x)y = 0$ 的通解中的任意常數 $c$,換爲待定函數 $u = u(x)$,再將 $y = u(x)e^{-\int p(x)dx}$ 代入非齊次方程 $y' + p(x)y = f(x)$,求出 $u(x)$,從而求出方程 $y' + p(x)y = f(x)$ 的通解.這種方法稱爲**常數變易法**.

由 (6-6) 式容易得到

$$y' = u'(x)e^{-\int p(x)dx} + u(x)(e^{-\int p(x)dx})'$$
$$= u'(x)e^{-\int p(x)dx} - u(x)p(x)e^{-\int p(x)dx} \qquad (6-7)$$

將(6-6)式與(6-7)式代入 $y' + p(x)y = f(x)$ 得
$$u'(x)e^{-\int p(x)dx} - u(x)p(x)e^{-\int p(x)dx} + p(x)u(x)e^{-\int p(x)dx} = f(x)$$

即
$$u'(x) = f(x)e^{\int p(x)dx}$$

積分後得
$$u(x) = \int f(x)e^{\int p(x)dx} + c$$

其中 $c$ 是任意常數, 代入(6-6)式得
$$y = e^{-\int p(x)dx}\left[\int f(x)e^{\int p(x)dx} + c\right] \qquad (6-8)$$

(6-8)式就是方程 $y' + p(x)y = f(x)$ 的通解.

概括起來, 用常數變易法求解一階線性非齊次方程 $y' + p(x)y = f(x)$ 通解的步驟如下:

① 求對應於 $y' + p(x)y = f(x)$ 的齊次方程 $y' + p(x)y = 0$ 的通解 $y = ce^{-\int p(x)dx}$.

② 設 $y = u(x)e^{-\int p(x)dx}$, 並求出 $y'$.

③ 將 ② 中的 $y$ 及 $y'$ 代入 $y' + p(x)y = f(x)$, 解出 $u(x) = \int f(x)e^{\int p(x)dx} + c$.

④ 將 ③ 中求出的 $u(x)$ 代入 (2) 中的 $y$ 的表達式, 得到
$$y = e^{-\int p(x)dx}\left[\int f(x)e^{\int p(x)dx} + c\right]$$

即爲所求 $y' + p(x)y = f(x)$ 的通解.

**例5** 求方程 $\dfrac{dy}{dx} - \dfrac{2y}{x+1} = (x+1)^{\frac{5}{2}}$ 的通解.

**解** 先求對應齊次方程的通解:

由 $\dfrac{dy}{dx} - \dfrac{2}{x+1}y = 0$, 得
$$y = ce^{-\int -\frac{2}{x+1}dx} = c(x+1)^2,$$

用常數變易法, 即令 $y = u(x)(x+1)^2$, 代入所給非齊次方程得 $u' = (x+1)^{\frac{1}{2}}$, 所以 $u(x) = \dfrac{2}{3}(x+1)^{\frac{3}{2}} + c$, 回代即得所求方程的通解爲
$$y = (x+1)^2\left[\dfrac{2}{3}(x+1)^{\frac{3}{2}} + c\right].$$

**例6** 求下列微分方程滿足所給初始條件的特解:
$$\begin{cases} x\ln x dy + (y - \ln x)dx = 0 \\ y\big|_{x=e} = 1 \end{cases}.$$

**解** 將方程標準化爲 $y' + \dfrac{1}{x\ln x}y = \dfrac{1}{x}$.

於是由 $y' + \dfrac{1}{x\ln x}y = 0$, 分離變量解得

$$y = ce^{-\int \frac{1}{x\ln x}dx} = \dfrac{c}{\ln x}$$

令 $y = \dfrac{u(x)}{\ln x}$, 代入 $y' + \dfrac{1}{x\ln x}y = \dfrac{1}{x}$, 得到 $\dfrac{u'(x)}{\ln x} = \dfrac{1}{x}$, 所以 $u(x) = \dfrac{1}{2}\ln^2 x + c$, 原方程的通解爲 $y = \dfrac{1}{\ln x}(\dfrac{1}{2}\ln^2 x + c)$.

由初始條件 $y|_{x=e} = 1$, 得 $c = \dfrac{1}{2}$, 故所求特解爲 $y = \dfrac{1}{2}(\ln x + \dfrac{1}{\ln x})$.

## 習題 6.4

1. 求下列微分方程的通解或特解：

(1) $y' = \dfrac{y^3}{x^3}$

(2) $y' = 1 - x + y^2 - xy^2$

(3) $ye^{x+1}dy = dx$

(4) $y\ln x\,dx + x\ln y\,dy = 0$

(5) $y'\sin x = y\ln y, y|_{x=\frac{\pi}{2}} = e$

(6) $y' = e^{2x-y}, y|_{x=0} = 0$

2. 求下列微分方程的通解：

(1) $y' - 3xy = 2x$

(2) $(1+x^2)dy - 2xy\,dx = (1+x^2)dx$

(3) $y' = xe^{-x^2} - 2xy$

(4) $\dfrac{dy}{dx} + y = e^{-x}$

3. 求下列方程滿足初始條件的特解：

(1) $y' - y = \cos x, y|_{x=0} = 0$

(2) $y' - \dfrac{2}{1-x^2}y - x - 1 = 0, y|_{x=0} = 0$

4. 已知某公司的純利潤對廣告費的變化率與常數 $A$ 和利潤 $L$ 之差成正比，且 $L(0) = L_0$，試求純利潤 $L$ 與廣告費 $x$ 間的函數關係．

5. 已知某產品的總利潤 $L$ 與廣告支出 $x$ 之間滿足關係式 $L'(x) + L(x) = 1 - x$，且 $L(0) = 3$，求總利潤函數．

## §6.5　微分方程的經濟模型及應用

微分方程理論自 17 世紀末建立以來,就逐漸成爲研究自然和社會現象的有力工具.本節主要列舉一些微分方程的應用實例.

**1. 經濟學中常見的模型**

**(1) 價格調整模型**

商品的價格主要由市場的供求關係決定,商品的均衡價格就是某一時期內,該商品供給和需求相等時的價格.設某商品的市場價格 $p = p(t)$ 隨時間 $t$ 變動,其供給量 $S = a + bp$,需求量 $D = \alpha - \beta p$,其中 $a, b, \alpha, \beta$ 爲常數,且 $b > 0, \beta > 0$.

當供給量和需求量相等(即 $S = D$)時,求得均衡價格 $p_e$ 爲

$$p_e = \frac{\alpha - a}{\beta + b}$$

一般來説,當市場上某商品供過於求時,價格將下跌,供不應求時,價格將上漲.因此,該商品的市場價格將圍繞着均衡價格 $p_e$ 上下波動. 根據供求關係變化影響價格變化的分析,可以假設 $t$ 時刻價格 $p(t)$ 的變化率 $\frac{dp}{dt}$ 與 $t$ 時刻的超額需求量 $D - S$ 成正比,即設

$$\frac{dp}{dt} = k(D - S) \tag{6-9}$$

其中 $k$ 爲正的比例常數,反應價格的調整速度.

在經濟學中,通常把方程 $(6-9)$ 稱爲價格調整模型.將 $S = a + bp, D = \alpha - \beta p$ 代入上式就得到

$$\frac{dp}{dt} = \lambda(p_e - p)$$

其中 $\lambda = (b + \beta)k > 0$,容易解得上式的通解爲

$$p = p(t) = \tilde{C} e^{-\lambda t} = p_e + C e^{-\lambda t}$$

假設初始價格 $p(0) = p_0$,代入上式得 $C = p_0 - p_e$,於是上式價格調整模型的解爲

$$p(t) = p_e + (p_0 - p_e)e^{-\lambda t}$$

由 $\lambda > 0$ 知, $\lim\limits_{t \to +\infty} p(t) = p_e$,這表明實際價格最終將趨近於均衡價格.

**(2) 多馬(Domar)經濟增長模型**

多馬經濟增長模型是一種反應儲蓄、投資與國民收入之間關係的簡單宏觀經濟增長模型.

假設 $S(t)$ 爲 $t$ 時刻的儲蓄, $I(t)$ 爲 $t$ 時刻的投資, $Y(t)$ 爲 $t$ 時刻的國民收入,多馬

曾提出下面的簡單宏觀經濟增長模型：

$$\begin{cases} S(t) = \alpha\, Y(t) \\ I(t) = \beta \dfrac{dY}{dt} \\ S(t) = I(t) \\ Y(0) = Y_0 \end{cases} \quad (6-10)$$

其中:儲蓄率 $\alpha > 0$、加速數 $\beta > 0$、基期國民收入 $Y_0 > 0$.

由(6-10)式中前三個方程消去 $S(t), I(t)$,可得到關於 $Y(t)$ 的微分方程

$$\frac{dY}{dt} = \lambda Y \quad \left(\lambda = \frac{\alpha}{\beta} > 0\right)$$

其通解爲

$$Y = C\, e^{\lambda t}$$

由初始條件 $Y(0) = Y_0$,得 $C = Y_0$,於是有

$$Y = Y(t) = Y_0\, e^{\lambda t}$$

由此得

$$S(t) = I(t) = \alpha Y(t) = \alpha Y_0\, e^{\lambda t}$$

由 $\lambda > 0$ 可知, $Y(t), S(t), I(t)$ 均爲時間 $t$ 的單調增函數,即它們之間都是不斷增長的.

**(3) 索羅(Solow)經濟增長模型**

索羅經濟增長模型是一種反應資本存量與國民收入、勞動力之間關係的經濟增長模型.

設 $Y(t)$ 爲 $t$ 時刻的國民收入, $K(t)$ 爲 $t$ 時刻的資本存量, $L(t)$ 爲 $t$ 時刻的勞動力,索羅曾提出如下的經濟增長模型

$$\begin{cases} Y = F(K, L) \\ \dfrac{dK}{dt} = sY(t) \\ L = L_0\, e^{\lambda t} \end{cases} \quad (6-11)$$

其中, $F(K, L)$ 是 $K$、$L$ 的一次齊次函數,稱爲生產函數.
儲蓄率 $s > 0$,勞力增長率 $\lambda > 0$,初始勞力 $L_0 > 0$

由(6-11)式的前兩個方程可得

$$\frac{dK}{dt} = sF(K, L) = sLF\left(\frac{K}{L}, 1\right)$$

令 $k = \dfrac{K}{L}$,稱爲資本勞動力比,表示單位勞動力平均占有的資本,將 $K = kL$ 代入上式並利用 $\dfrac{dL}{dt} = \lambda L$ （因爲 $L = L_0\, e^{\lambda t}$）,可得

$$\frac{dk}{dt} + \lambda k = sF(k,1) \qquad (6-12)$$

為了求出關於 $k$ 的方程(6-12)的解,需要給出生產函數 $F(k,L)$ 的具體形式.為此,下面取生產函數爲柯布—道格拉斯(Cobb-Douglas)生產函數,即設

$$F(K,L) = AK^\alpha L^{1-\alpha} = ALk^\alpha$$

其中 $A > 0, 0 < \alpha < 1$ 均爲常數.容易知道 $F(k,1) = Ak^\alpha$,代入 (6-12) 式就得到

$$\frac{dk}{dt} + \lambda k = sAk^\alpha$$

這是以 $k$ 爲未知函數的伯努力方程.
令 $z = k^{1-\alpha}$ 有

$$\frac{dz}{dt} + (1-\alpha)\lambda z = (1-\alpha)sA$$

這是關於 $z$ 的一階線性方程,其通解爲

$$z = \frac{sA}{\lambda} + Ce^{(\alpha-1)\lambda t}$$

將 $z = k^{1-\alpha} = \left(\frac{K}{L}\right)^{1-\alpha}$ 及 $L = L_0 e^{\lambda t}$ 代入上式就得到

$$K^{1-\alpha} = \left[\frac{sA}{\lambda} + C\,e^{(\alpha-1)\lambda t}\right]L^{1-\alpha}$$

$$= \frac{sA}{\lambda}L_0^{1-\alpha}e^{(1-\alpha)\lambda t} + CL_0^{1-\alpha}$$

若 $K(0) = K_0$,則由上式得

$$C = \left(\frac{K_0}{L_0}\right)^{1-\alpha} - \frac{sA}{\lambda} = k_0^{1-\alpha} - \frac{s}{\lambda}A$$

於是就有

$$K = K(t) = \left[a + b\,e^{(1-\alpha)\lambda t}\right]^{\frac{1}{1-\alpha}}$$

其中 $a = \left(k_0^{1-\alpha} - \frac{s}{\lambda}A\right)L_0^{1-\alpha}, b = \frac{s}{\lambda}A\,L_0^{1-\alpha}$.

**(4) 指數增長模型**

方程

$$\frac{dP}{dt} = kP, k > 0\ (P'(t) = k\cdot P(t), k > 0) \qquad (6-13)$$

是無約束種群增長的基本模型.無論是人口增長、細菌繁殖,還是永續復利投資都可用這種模型來描述.忽略特殊的約束和促進因素,種群正常的繁衍速度與種群的大小成正比,而這正是方程 $\frac{dP}{dt} = kP$ 所表達的意思.這個方程的解是

$$P(t) = ce^{kt},$$

其中 $t$ 是時間.當 $t = 0$ 時爲種群的初始值 $P(0)$,用 $P_0$ 表示.於是有
$$P_0 = P(0) = ce^{k \cdot 0} = c$$
因此,$c = P_0$,$P(t)$ 可表示爲
$$P(t) = P_0 e^{kt}.$$
它的圖形如圖 6-1 所示,圖形說明,無約束增長將產生"種群激增".

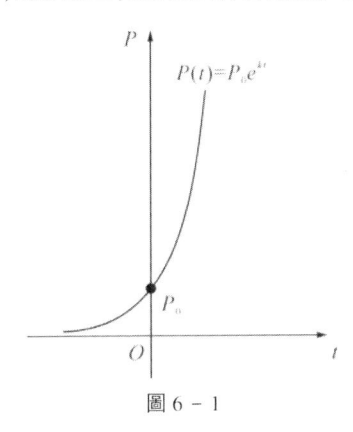

圖 6-1

**2. 經濟學中的應用實例**

**例 1(復利問題)** 假設投入資金 $P_0$ 到儲蓄中,年永續復利率爲 4%,即結存 $P$ 的增長率爲 $\dfrac{dP}{dt} = 0.04P$.

(1) 根據 $P_0$ 和 0.04,求 $P(t)$.
(2) 假設投資 100 萬元,1 年後結存是多少?
(3) 多長時間之後所投資的 100 萬元能翻一番?

**解** (1) $P(t) = P_0 e^{0.04t}$.
(2) $P(1) = 100 e^{0.04 \times 1} = 100 e^{0.04} \approx 100 \times 1.04081077 \approx 104.081077$(萬元).
(3) 求時間 $T$ 使得 $P(T) = 200$ 萬元. $T$ 稱爲倍增時間.
由
$$200 = 100 e^{0.04T}$$
即 $2 = e^{0.04T}$,兩邊取自然對數得 $\ln 2 = 0.04T$,於是
$$T = \frac{\ln 2}{0.04} \approx \frac{0.693147}{0.04} \approx 17.33.$$
即 17.33 年後 100 萬元才能翻一番.

由 $P(t) = P_0 e^{kt}$ 可以知道,增長率 $k$ 與倍增時間 $T$ 的關係爲
$$kT = \ln 2 \approx 0.691347,$$
或

$$k = \frac{\ln 2}{T} \approx \frac{0.691\ 347}{T},$$

設利率 $k = r\%$, 則有

$$T = \frac{\ln 2}{k} \approx \frac{0.691\ 347}{r \times 0.01} \approx \frac{70}{r}.$$

這就是 70 規則. 70 規則是投資領域常用的一個規則, 該規則以倍增時間 $T$ 與利率 $k$ 之間的關係為基礎, 為了估計經多長時間你的投資按變動的報酬率翻一番, 只需用報酬率除 70.

**例 2 (現值問題)** 小孩出生之後, 父母拿出 $P_0$ 元作為初始投資, 希望到孩子 20 歲生日時增長到 10 000 元. 如果投資按 8% 永續復利, 計算初始投資應該是多少?

**解** 利用方程 $P(t) = P_0 e^{kt}$, 求 $P_0$ 現在的方程是

$$10\ 000 = P_0 e^{0.08 \times 20} = P_0 e^{1.6},$$

由此得到

$$P_0 = \frac{10\ 000}{e^{1.6}} \approx 2\ 018.97 (元).$$

於是, 父母現在必須存儲 2 018.97 元, 到孩子 20 歲生日時才能增長到 10 000 元.

經濟學家把 2,018.97 稱為按 8% 永續復利計算 20 年到期 10,000 元的現值. 計算現值的過程稱為貼現. 這個問題的另一種表達方式是 "按 8% 永續復利計算, 現在必須投資多少元才能在 20 年後結存 10,000 元?" 答案是 2,018.97 元, 這就是 10,000 元的現值.

計算現值可以理解為從未來值返回到現值的指數衰減.

一般地, $t$ 年後金額 $P$ 的現值 $P_0$, 可通過下列關於 $P_0$ 的方程得到

$$P_0 e^{kt} = P$$
$$P_0 = P e^{-kt}.$$

**例 3 (國民收入、儲蓄與投資的關係問題)** 在宏觀經濟研究中, 發現某地區國民收入 $y$、國民儲蓄 $S$ 和投資 $I$ 均是時間 $t$ 的函數, 且在任一時刻 $t$, 儲蓄 $S(t)$ 為國民收入 $y(t)$ 的 $\frac{1}{10}$ 倍, 投資額 $I(t)$ 是國民收入增長率 $\frac{dy}{dt}$ 的 $\frac{1}{3}$ 倍. $t = 0$ 時, 國民收入為 5 億元. 設在時刻 $t$ 的儲蓄全部用於投資, 試求國民收入函數.

**解** 由題意可知

$$S = \frac{1}{10} y,\ I = \frac{1}{3} \cdot \frac{dy}{dt},$$

由假設, 時刻 $t$ 的儲蓄全部用於投資, 那麼 $S = I$, 於是有

$$\frac{1}{10} y = \frac{1}{3} \cdot \frac{dy}{dt},$$

解此微分方程得

$$y = c \cdot e^{\frac{3}{10} t},$$

由 $y|_{t=0} = 5$,得 $c = 5$.故國民收入函數爲

$$y = 5e^{\frac{3}{10}t}.$$

而儲蓄函數的投資函數爲

$$S = I = \frac{1}{2}e^{\frac{3}{10}t}.$$

**例 4(淨資產分析問題)** 設某公司的淨資產在營運過程中像銀行的存款一樣以年 5% 的連續複利產生利息而使總資產增長,同時還必須以每年 200 百萬元的數額連續地支付職工的工資.

(1) 列出描述公司淨資產 $W$(以百萬元爲單位) 的微分方程;

(2) 假設公司的初始淨資產爲 $W_0$(百萬元),求公司的淨資產 $W(t)$;

(3) 描繪出當 $W_0$ 分別爲 3,000、4 000 和 5,000 時的解曲線.

**解** 先對問題作一個直觀分析.

首先看是否存在一個初值 $W_0$,使公司的淨資產不變.若存在這樣的 $W_0$,則必始終有

$$\text{利息盈取的速率} = \text{工資支付的速率}$$

即

$$0.05W_0 = 200 \Rightarrow W_0 = 4,000$$

所以,如果淨資產的初值 $W_0 = 4,000$(百萬元) 時,利息與工資支出達到平衡,且淨資產始終不變,即 4,000(百萬元) 是一個平衡解.

若 $W_0 > 4,000$(百萬元),則利息盈取超過工資支出,淨資產將會增長,利息也因此而增長得更快,從而淨資產增長得越來越快.

若 $W_0 < 4,000$(百萬元),則利息盈取趕不上工資的支出,公司的淨資產將會減少,利息的盈取會減少,從而淨資產減少的速率更快.這樣一來,公司的淨資產最終減少到零,以致倒閉.

下面建立微分方程以精確地分析這一問題.

(1) 顯然,由上面可得到:

$$\text{淨資產的增長速率} = \text{利息盈取的速率} - \text{工資支付速率}$$

若 $W$ 以百萬元爲單位,$t$ 以年爲單位,則利息盈取的速率爲每年 $0.05W$ 百萬元,而工資支付的速率爲每年 200 百萬元,於是

$$\frac{dW}{dt} = 0.05W - 200,$$

即

$$\frac{dW}{dt} = 0.05(W - 4\,000) \qquad (6-14)$$

這就是公司的淨資產 $W$ 所滿足的微分方程.

(2) 利用分離變量法求解微分方程(6-14)得

$$W = 4\,000 + ce^{0.05t}, (c \text{ 爲任意常數})$$

由 $W|_{t=0} = W_0$,得 $c = W_0 - 4\,000$,

故
$$W = 4\,000 + (W_0 - 4\,000)e^{0.05t}.$$

(3) 若 $W_0 = 4\,000$,則 $W = 4\,000$ 即爲平衡解;

若 $W_0 = 5\,000$,則 $W = 4\,000 + 1\,000e^{0.05t}$;

若 $W_0 = 3\,000$,則 $W = 4\,000 - 1\,000e^{0.05t}$.

在 $W_0 = 3\,000$ 的情形,當 $t \approx 27.7$ 時,$W = 0$,這意味着該公司在今後 28 個年頭將破產.

圖 6-2 給出了上述幾個函數的曲線.$W = 4,000$ 是一個平衡解.可以看到,如果淨資產在 $W_0$ 附近某值開始,但並不等於 $4,000$(百萬元),那麼隨著 $t$ 的增大,$W$ 將遠離$W_0$,故 $W = 4,000$ 是一個不穩定的平衡點.

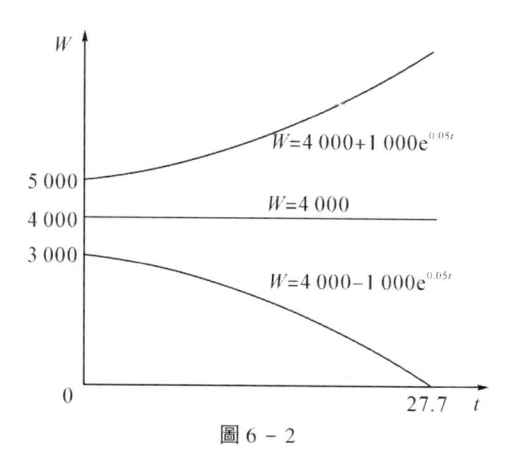

圖 6-2

**例5(有限銷量增長問題)** 假設某產品的銷售量 $x(t)$ 是時間 $t$ 的可導函數,如果商品的銷售量對時間的增速率 $\dfrac{dx}{dt}$ 與銷售量 $x(t)$ 及銷售量接近於飽和水平的程度 $N - x(t)$ 之積成正比($N$ 爲飽和水平,比例常數爲 $k > 0$),且當 $t = 0$ 時,$x = \dfrac{N}{4}$.

(1) 求銷售量 $x(t)$;

(2) 求 $x(t)$ 的增長最快的時刻 $T$.

**解** (1) 由題意可知

$$\frac{dx}{dt} = kx(N - x), (k > 0) \qquad (6-15)$$

分離變量,得

$$\frac{dx}{x(N - x)} = kdt$$

兩邊積分,得

$$\frac{x}{N - x} = ce^{kt}$$

所以,有

$$x(t) = \frac{Nce^{Nkt}}{ce^{Nkt}+1} = \frac{N}{1+Be^{-Nkt}}$$

其中,$B = \frac{1}{c}$,由 $x(0) = \frac{N}{4}$ 得,$B = 3$,故

$$x(t) = \frac{N}{1+3e^{-Nkt}}.$$

(2) 由於

$$\frac{dx}{dt} = \frac{3N^2ke^{-Nkt}}{(1+3e^{-Nkt})^2},$$

$$\frac{d^2x}{dt^2} = \frac{-3N^3k^2e^{-Nkt}(1-3e^{Nkt})}{(1+3e^{-Nkt})^3},$$

令 $\frac{d^2x}{dt^2} = 0$,得 $T = \frac{\ln 3}{N}$.

當 $t < T$ 時,$\frac{d^2x}{dt^2} > 0$;當 $t > T$ 時,$\frac{d^2x}{dt^2} < 0$;故 $T = \frac{\ln 3}{N}$ 時,$x(t)$ 增長最快.

微分方程(6-15) 稱爲 Logisitc 方程,也就是有限增長模型.它廣泛應用於人口限制增長問題、生物種群限制增長、信息傳播問題、商品的廣告效應與商品銷售預測問題等各個領域.其解曲線稱爲 Logisitc 曲線,如圖 6-3 所示.

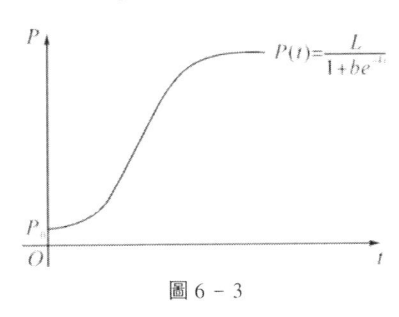

圖 6-3

## 本章總習題

1. 選擇題:

(1) 設級數 $\sum\limits_{n=1}^{\infty} \left(\frac{2}{5}\right)^{n+1}$,則級數的和 $S = ($      $)$.

(A) $\frac{2}{3}$                              (B) $\frac{2}{5}$

(C) $\frac{1}{2}$                              (D) $\frac{5}{3}$

(2) 當 $\sum_{n=1}^{\infty}(a_n+b_n)$ 收斂時，則級數 $\sum_{n=1}^{\infty}a_n$ 與 $\sum_{n=1}^{\infty}b_n$ ( ).

(A) 必同時收斂      (B) 必同時發散

(C) 可能不同時收斂     (D) 不可能同時收斂

(3) 級數 $\sum_{n=1}^{\infty}a_n^2$ 收斂是級數 $\sum_{n=1}^{\infty}a_n^4$ 收斂的( ).

(A) 充分而不必要條件    (B) 必要而不充分條件

(C) 充要條件       (D) 既非充分也非必要條件

(4) $x+y-2+(1-x)y'=0$ 是( ).

(A) 可分離變量的微分方程   (B) 一階齊次微分方程

(C) 一階齊次線性微分方程   (D) 一階非齊次線性微分方程

(5) 給定一階微分方程 $\dfrac{dy}{dx}=2x$，下列結果正確的是( ).

(A) 通解爲 $y=cx^2$

(B) 通過點 $(1,4)$ 的特解是 $y=x^2-15$

(C) 滿足 $\int_0^1 y\,dx=2$ 的解爲 $y=x^2+\dfrac{5}{3}$

(D) 與直線 $y=2x+3$ 相切的解是 $y=x^2+1$

(6) $y''=e^{-x}$ 的通解爲( ).

(A) $y=-e^{-x}$       (B) $y=e^{-x}+x+c$

(C) $y=e^{-x}+c_1x+c_2$    (D) $y=-e^{-x}+c_1x+c_2$

2. 判斷下列級數的斂散性：

(1) $\sum_{n=1}^{\infty}\dfrac{2n-1}{2^n}$      (2) $\sum_{n=1}^{\infty}\dfrac{2^n\cdot n!}{n^n}$

(3) $\sum_{n=1}^{\infty}\dfrac{\sin n\alpha}{(n+1)^2}$    (4) $\sum_{n=2}^{\infty}\dfrac{(-1)^{n-1}}{n-\ln n}$

3. 求下列微分方程的通解：

(1) $y''=e^x+1$      (2) $xy\,dx+\sqrt{1+x^2}\,dy=0$

(3) $x\dfrac{dy}{dx}-2y=2x$     (4) $(y^2-6x)y'+2y=0$

4. 已知函數 $f(x)$ 滿足 $f'(x)=f''(x)$，且 $f(0)=1$，$f'(0)=2$，求 $f(x)$.

5. 某商品的需求量 $Q$ 對價格 $p$ 的彈性爲 $-p\ln 3$，若該商品的最大需求量爲 $1\,200$（即 $p=0$ 時，$Q=1\,200$）.$p$ 的單位爲元，$Q$ 的單位爲 $kg$.

(1) 試求需求量 $Q$ 與價格 $p$ 的函數關係；

(2) 求當價格爲 $1$ 元時，市場對該商品的需求量；

(3) 當 $p\to+\infty$ 時，需求量變化趨勢如何？

6. 某商場的銷售成本 $y$ 和存儲費用 $S$ 均是時間 $t$ 的函數，隨時間 $t$ 的增長，銷售成本的變化率等於存儲費用的倒數與常數 5 的和,而存儲費用的變化率為存儲費用的 ($-\dfrac{1}{3}$) 倍.若當 $t=0$ 時,銷售成本 $y=0$,存儲費用 $S=10$.試求銷售成本 $y$ 與時間 $t$ 的函數關係式及存儲費用 $S$ 與時間 $t$ 的函數關係式.

# 附　錄

## 附錄 1　初等數學部分公式

### 一、代數

1. 指數運算

(1) $a^m a^n = a^{m+n}$　　　　　　(2) $\dfrac{a^m}{a^n} = a^{m-n}$

(3) $(a^m)^n = a^{mn}$　　　　　　(4) $\sqrt[n]{a^m} = a^{\frac{m}{n}}$

2. 對數運算

(1) $\log_a 1 = 0$　　　　　　(2) $\log_a a = 1$

(3) $\log_a(N_1 \cdot N_2) = \log_a N_1 + \log_a N_2$　　(4) $\log_a \dfrac{N_1}{N_2} = \log_a N_1 - \log_a N_2$

(5) $\log_a(N^n) = n \log_a N$　　(6) $\log_a \sqrt[n]{N} = \dfrac{1}{n} \log_a N$

(7) $\log_b N = \dfrac{\log_a N}{\log_a b}$

3. 有限項和

(1) $1 + 2 + 3 + \cdots + (n-1) + n = \dfrac{n(n+1)}{2}$

(2) $a + aq + aq^2 + \cdots + aq^{n-1} = \dfrac{a(1-q^n)}{1-q}$　$(q \neq -1)$

(3) $1^2 + 2^2 + 3^2 + \cdots + n^2 = \dfrac{n(n+1)(2n+1)}{6}$

(4) $1^3 + 2^3 + 3^3 + \cdots + n^3 = \dfrac{n^2(n+1)^2}{4}$

4. 二項式定理(牛頓公式)

$(a+b)^n = a^n + na^{n-1}b + \dfrac{n(n-1)}{2!}a^{n-2}b^2 + \dfrac{n(n-1)(n-2)}{3!}a^{n-3}b^3 + \cdots + nab^{n-1} + b^n$

$$= \sum_{k=0}^{n} C_n^k a^{n-k} b^k$$

## 二、三角

### 1. 基本公式

(1) $\sin^2\alpha + \cos^2\alpha = 1$      (2) $\dfrac{\sin\alpha}{\cos\alpha} = \tan\alpha$

(3) $\dfrac{\cos\alpha}{\sin\alpha} = \cot\alpha$      (4) $\sec\alpha = \dfrac{1}{\cos\alpha}$

(5) $\csc\alpha = \dfrac{1}{\sin\alpha}$      (6) $1 + \tan^2\alpha = \sec^2\alpha$

(7) $1 + \cot^2\alpha = \csc^2\alpha$      (8) $\cot\alpha = \dfrac{1}{\tan\alpha}$

### 2. 和差公式

(1) $\sin(\alpha \pm \beta) = \sin\alpha\cos\beta \pm \cos\alpha\sin\beta$

(2) $\cos(\alpha \pm \beta) = \cos\alpha\cos\beta \mp \sin\alpha\sin\beta$

(3) $\tan(\alpha \pm \beta) = \dfrac{\tan\alpha \pm \tan\beta}{1 \mp \tan\alpha\tan\beta}$

(4) $\cot(\alpha \pm \beta) = \dfrac{\cot\alpha\cot\beta \mp 1}{\cot\beta \pm \cot\alpha}$

(5) $\sin\alpha + \sin\beta = 2\sin\dfrac{\alpha + \beta}{2}\cos\dfrac{\alpha - \beta}{2}$

(6) $\sin\alpha - \sin\beta = 2\cos\dfrac{\alpha + \beta}{2}\sin\dfrac{\alpha - \beta}{2}$

(7) $\cos\alpha + \cos\beta = 2\cos\dfrac{\alpha + \beta}{2}\cos\dfrac{\alpha - \beta}{2}$

(8) $\cos\alpha - \cos\beta = -2\sin\dfrac{\alpha + \beta}{2}\sin\dfrac{\alpha - \beta}{2}$

(9) $\cos\alpha\cos\beta = \dfrac{1}{2}[\cos(\alpha + \beta) + \cos(\alpha - \beta)]$

(10) $\sin\alpha\sin\beta = -\dfrac{1}{2}[\cos(\alpha + \beta) - \cos(\alpha - \beta)]$

(11) $\sin\alpha\cos\beta = \dfrac{1}{2}[\sin(\alpha + \beta) + \sin(\alpha - \beta)]$

### 3. 倍角和半角公式

(1) $\sin2\alpha = 2\sin\alpha\cos\alpha$

(2) $\cos2\alpha = \cos^2\alpha - \sin^2\alpha = 2\cos^2\alpha - 1 = 1 - 2\sin^2\alpha$

(3) $\tan2\alpha = \dfrac{2\tan\alpha}{1 - \tan^2\alpha}$      (4) $\cot2\alpha = \dfrac{\cot^2\alpha - 1}{2\cot\alpha}$

(5) $\sin\dfrac{\alpha}{2} = \sqrt{\dfrac{1-\cos\alpha}{2}}$  (6) $\cos\dfrac{\alpha}{2} = \sqrt{\dfrac{1+\cos\alpha}{2}}$

(7) $\tan\dfrac{\alpha}{2} = \sqrt{\dfrac{1-\cos\alpha}{1+\cos\alpha}}$  (8) $\cot\dfrac{\alpha}{2} = \sqrt{\dfrac{1+\cos\alpha}{1-\cos\alpha}}$

# 附錄 2　微積分基本公式

**1. 基本導數公式**

(1) $(C)' = 0$  (2) $(x^a)' = ax^{a-1}$

(3) $(\sin x)' = \cos x$  (4) $(\cos x)' = -\sin x$

(5) $(\tan x)' = \sec^2 x$  (6) $(\cot x)' = -\csc^2 x$

(7) $(\sec x)' = \sec x \tan x$  (8) $(\csc x)' = -\csc x \cot x$

(9) $(a^x)' = a^x \ln a$  (10) $(e^x)' = e^x$

(11) $(\log_a x)' = \dfrac{1}{x \ln a} = \dfrac{1}{x}\log_a e$  (12) $(\ln x)' = \dfrac{1}{x}$

(13) $(\arcsin x)' = \dfrac{1}{\sqrt{1-x^2}}$  (14) $(\arccos x)' = -\dfrac{1}{\sqrt{1-x^2}}$

(15) $(\arctan x)' = \dfrac{1}{1+x^2}$  (16) $(\text{arccot}\, x)' = -\dfrac{1}{1+x^2}$

**2. 基本微分公式**

(1) $dC = 0$  (2) $d(x^a) = ax^{a-1}dx$

(3) $d(\sin x) = \cos x\, dx$  (4) $d(\cos x) = -\sin x\, dx$

(5) $d(\tan x) = \sec^2 x\, dx$  (6) $d(\cot x) = -\csc^2 x\, dx$

(7) $d(\sec x) = \sec x \tan x\, dx$  (8) $d(\csc x) = -\csc x \cot x\, dx$

(9) $d(a^x) = a^x \ln a\, dx$  (10) $d(e^x) = e^x dx$

(11) $d(\log_a x) = \dfrac{1}{x \ln a}dx = \dfrac{1}{x}\log_a e\, dx$  (12) $d(\ln x) = \dfrac{1}{x}dx$

(13) $d(\arcsin x) = \dfrac{1}{\sqrt{1-x^2}}dx$  (14) $d(\arccos x) = -\dfrac{1}{\sqrt{1-x^2}}dx$

(15) $d(\arctan x) = \dfrac{1}{1+x^2}dx$  (16) $d(\text{arccot}\, x) = -\dfrac{1}{1+x^2}dx$

**3. 基本積分公式**

(1) $\int k\, dx = kx + C$（$k$ 是常數）

(2) $\int x^n dx = \dfrac{1}{n+1} x^{n+1} + C$,($n \neq -1$)

(3) $\int \dfrac{1}{x} dx = \ln |x| + C$

(4) $\int e^x dx = e^x + C$

(5) $\int a^x dx = \dfrac{a^x}{\ln a} + C$,($a > 0, a \neq 1$)

(6) $\int \cos x dx = \sin x + C$

(7) $\int \sin x dx = -\cos x + C$

(8) $\int \dfrac{1}{\cos^2 x} dx = \int \sec^2 x dx = \tan x + C$

(9) $\int \dfrac{1}{\sin^2 x} dx = \int \csc^2 x dx = -\cot x + C$

(10) $\int \dfrac{1}{1+x^2} dx = \arctan x + C$

(11) $\int \dfrac{1}{\sqrt{1-x^2}} dx = \arcsin x + C$

(12) $\int \sec x \tan x dx = \sec x + C$

(13) $\int \csc x \cot x dx = -\csc x + C$

(14) $\int \tan x dx = -\ln |\cos x| + C = \ln |\sec x| + C$

(15) $\int \cot x dx = \ln |\sin x| + C = -\ln |\csc x| + C$

(16) $\int \sec x dx = \ln |\sec x + \tan x| + C$

(17) $\int \csc x dx = \ln |\csc x - \cot x| + C$

## 附錄 3　Mathematica 基礎

### 1. Mathematica 8.0 簡介

Mathematica 是由物理學家史蒂芬‧沃爾弗拉姆(Stenphen Wolfram)領導開發的,當時的目的是為了研究量子力學.1987 年,他推出了 Mathematica1.0 版.

Mathematica 擁有強大的數學計算功能,支持比較複雜的符號計算和數值計算,因此它早期主要在數學、物理等研究領域流傳.近幾年,爲幫助工程技術人員克服使用 Mathematica 時遇到的困難,在 Mathematica 的基礎上又開發了幾百種應用軟件包,如電氣工程軟件包、小波分析軟件包等.

**Mathematica 能夠做什麼**

Mathematica 是一個集成化的計算機軟件.它的主要功能包括三個方面:符號演算、數值計算和圖形.Mathematica 可以完成許多符號演算和數值計算的工作,例如,它可以做多項式的各種計算(四則運算、展開、因式分解等);有理式的各種計算.它可以求多項式方程、有理式方程和超越方程的精確解和近似解;做數值的或一般表達式的向量和矩陣的各種計算.Mathematica 還可以求一般函數表達式的極限、導函數、求積分、做冪級數展開、求解某些微分方程,等等.使用 Mathematica 還可以做任意位的整數的精確計算、分子分母爲任意位整數的有理數的精確計算(四則運算、乘方等);可以做任意位精確度的數值(實數值或復數值)的數值計算.這個系統的所有內部定義的整函數和數值(實數值或復數值)計算函數也都具有這樣的性質.使用 Mathematica 可以非常方便地做出以各種方式表示的一元函數和二元函數的圖形,可以根據需要自由地選擇畫圖的範圍和精確度.通過對這些圖形的觀察,人們常常可以迅速形象地把握對應函數的某些特徵,這些特徵僅僅從函數的符號表達式一般是很難認識的.

Mathematica 系統的能力還不僅僅在於具有上述這些功能,更重要的是在於它把這些功能融合在一個系統里,使它們成爲一個有機整體.在使用 Mathematica 的過程中,使用者可以根據自己的需要從做符號演算轉去作圖形,又轉去做數值計算,等等.這種靈活性爲使用者帶來了很大的方便,經常能使一些看起來非常複雜的問題變得易如反掌,使問題處理起來得心應手.在學習和使用的過程中讀者一定會進一步體會到這些.Mathematica 還是一個很容易擴充的系統,它用於描述符號的表達式和對它們的計算的一套記法實際上構成了一個功能強大的程序設計語言,用這種語言可以比較方便的定義用戶需要的各種函數,如符號計算函數、數值計算函數、作圖函數或其他具有複雜功能的函數,完成用戶需要的各種工作.系統本身提供了一批用這個語言寫出來的完成各種工作的程序包,在需要時可以調入系統使用.用戶自己也可以用這個語言寫出自己的專門用途的程序或軟件包來.

**Mathematica 是一個什麼樣的系統**

Mathematica 是一個交互式的計算系統.這里所指的交互式是指:在使用 Mathematica 系統的時候,計算是在使用者(用戶)和 Mathematica 相互交換以及傳遞信息數據的過程中完成的.用戶通過輸入設備(一般是計算機的鍵盤)給系統發出計算的指示(命令),Mathematica 系統在完成了給定的計算工作後把計算結果告訴用戶(一般通過計算機的顯示器).從這個意義上說,Mathematica 可以看成一個非常高級的計算器.它的使用方式也與使用計算器類似,只是它的功能比一般的計算器強大得多,能接受的命令也豐富得多.用這個系統的術語, Mathematica 接受的命令都被稱作表達式,系統在接受了一個表達式之後就對它進行處理(這個處理過程叫做對表達式求值),然後把求得的值(計算結果)送回來.

與一般的程序設計語言不同,Mathematica 的處理對象不限於數(整數和近似數).它的處理對象是一般的符號表達式,也就是具有一定的結構和意義的複雜符號表示.數是一種最簡單的表達式,它們沒有內部結構.數學中的代數表達式也是符號表達式的例子,它們可以具有相當複雜的結構.一般地說,一個表達式是由一些更簡單的部分構成的.數和代數式都是 Mathematica 能夠處理的對象.

不同計算機上 Mathematica 系統的基本部分是一樣的,只是它們的系統界面形式、用戶與系統交互的方式可能有所不同.Mathematica 的界面上有兩種,一種是圖形形式的,另一種是行文形式的.使用行文形式界面的系統時,用户一行一行地輸入命令,一個命令輸入完畢,Mathematica 系統就立刻處理這個命令,並且返回計算結果.圖形方式界面的系統使用起來更靈活,使用者不但可以用鍵盤輸入,還可以利用鼠標器等輸入設備,通過選菜單等方式向系統發出命令.在 MS-DOS 上運行的 Mathematica 系統的界面是行文方式的,而運行在 Windows 以上的系統具有圖形用戶界面,它可利用 Windows 系統提供的各種能力.

Mathematica8.0 一般需要占用大約 3.2GB 的硬盤空間.軟件的安裝與一般 Windows 應用程序的安裝過程相同,這裡假定 Mathematica 安裝在目錄"C:\Program Files\Wolfram Research\Mathematica\8.0"中,Mathematica8.0 啓動後的界面如圖 1 所示.

如圖 1 所示的 Mathematica8.0 的界面由工作區窗口、基本輸入模板和主菜單組成.

### 1.1 工作區窗口

在圖 1 中,左邊的大窗口爲工作區,是顯示一切輸入、輸出的窗口.無論是直接輸入各種算式命令,還是運行已經編好的程序,所有操作都在這個窗口中進行,可以同時打開多個工作區窗口.在這樣的窗口中,不僅可以顯示文字與數學表達式,還可以顯示圖形、按鈕等對象,這種類型的窗口稱爲"Notebook".

### 1.2 基本輸入面板

位於工作區窗口右邊的是基本輸入面板,由一系列按鈕組成.用鼠標左鍵單擊一個按鈕,就可以將它表示的符號輸入到當前的工作區窗口中.Mathematica8.0 提供了多個這樣的面模板,用於數學表達式、特殊字符、Mathematica 函數的輸入,模板的引入大大加快了輸入速度,減輕了記憶負擔,這也是人們樂於使用 Mathematica 的原因之一.

你可以通過 Mathematica 主菜單中的"面板"來選擇顯示你需要的模板.

關於 Mathematica8.0 的使用方法,在主菜單的"幫助"下面的"參考資料中心"裡面有詳細的說明,請參閱.

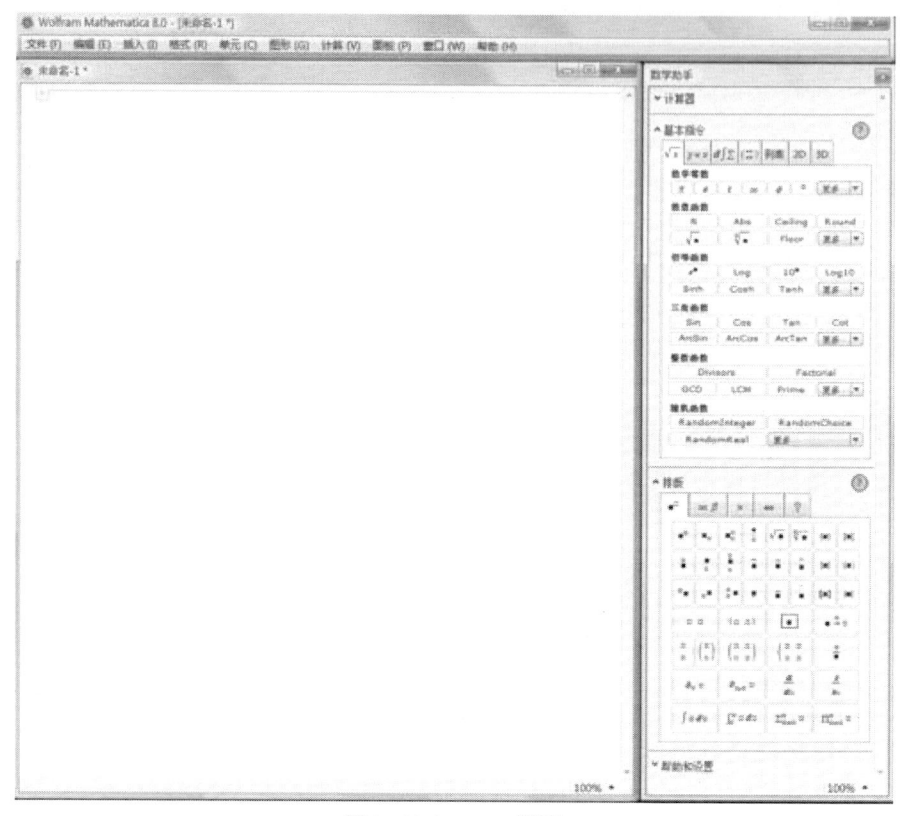

圖 1　Mathematica 界面

## 2. 數、變量、函數、算式和表

下面介紹在 Mathematica5 中怎樣輸入各種數學表達式，讀者必須認真閱讀，牢記某些基本規定並熟練掌握一些基本操作，爲學習打好基礎。

### 2.1　數的表示和計算

#### 2.1.1　準確數與近似數

Mathematica 以符號運算爲主，與 C、Basic、Fortran 不同，例如 $\pi, e, \dfrac{2}{3}, \sqrt{2}$ 等，如果不聲明則爲準確數。近似數用帶有小數點的數表示，例如：1.2, 2.3 * 10^5 等，在 Mathematica 中將實的近似數稱爲實數（Real），而將準確數稱爲整數、有理數、冪、符號數等。無論準確數還是近似數，都沒有位數的限制（當然實際上受到計算機內存的限制），可以求出 $2^{100\,000}$ 的準確值，也可以求出 $\pi$ 的任意位數的近似值。

#### 2.1.2　數的輸入、輸出方法和格式

**例 1**　實際運行時的輸入與輸出。

$$\text{In}[1] := 2/3 + \frac{3}{2}$$

$$\text{Out}[1] = \frac{13}{6}$$

$$\text{In}[2] := 2\verb|^|3 + 3^2$$

$$\text{Out}[2] = 17$$

$$\text{In}[4] := \sqrt[4]{4}$$

$$\text{Out}[4] = \sqrt{2}$$

**說明** 上例中以不同的方式輸入了分式和冪式,並得到計算結果.

以下通過例1講解數的輸入、輸出方法和格式.

(1) 分式的輸入

在例1中,第1行分別以兩種形式輸入了兩個分數.分數線的輸入可用"/"或"Ctrl+/".前者的分式表示法與C、Basic等程序語言相同;後者產生常規的分數線和一個表示分母位置的小方塊,光標停在小方塊內,鍵入分母後可以按鍵盤上的"—"鍵退出分母,也可按"End"鍵或單擊分數後面的位置退出分母,使光標處於分數後面的位置,就可以繼續輸入後面的表達式了.分式也可用基本輸入模板中的分式按鈕輸入,通過"Tab"鍵或單擊,使光標從分子跳到分母.對分數進行四則運算的結果是準確數,分子、分母的公因數已經被自動約去.

(2) 指數的輸入

在例1中,第3行分別以兩種形式輸入了兩個冪式.指數的輸入可用"^"或"Ctrl+6",前者的指數表示法與C、Basic等程序語言相同,後者按數學的常規方式產生一個表示指數位置的小方塊.也可用基本輸入模板中的冪式按鈕輸入冪式形式,通過按"Tab"鍵或單擊從底數跳到指數.

**說明** 根式也可通過鍵盤輸入,但不如用基本輸入模板中的根式按鈕方便且無須記憶鍵盤命令.

**注意** 準確數的運算結果都是準確數,準確數與近似數運算的結果是近似數(保持最大可能的精度).

(3) 輸入與輸出提示

從例1中看到Mathematica自動在輸入的式子前面加上"In[1]:="等,在輸出的答案前面加上"Out[1]="等,以便分清輸入與輸出並自動加上編號.用戶也可以通過"Kernel"菜單的"ShowIn/OutNames"選項去掉這些提示.

(4) 計算的執行

當輸入完整算式後按"Shift+Enter"鍵(或小鍵盤上的"Enter"鍵),Mathematica立即開始計算.例1中共進行了三次計算,也可以一次計算三個算式,只要在前兩次輸入完算式後按"Enter"鍵(只換行不計算),最後一個算式輸入完後按"Shift+Enter"鍵即可.Mathematica首次計算時,才將執行運算的核心程序調入,因此需要等待片刻.再

*195*

次執行計算時,速度就很快了.由於鍵入匆忙,有時會產生輸入錯誤,已經執行後才被發現,當然得不到正確的結果.這時不必重新輸入一次,只要將原式修改後,再次按"Shift+Enter"鍵,就能重新計算,並用新的輸出覆蓋原來的輸出.可以將工作區窗口當成一張"無限"長的草稿紙,不斷進行輸入輸出,所有的內容都會被保留.

(5)強制中斷計算

如果執行計算後,由於各種原因使計算長時間不能完成,可以通過鍵盤命令"Alt+,"或"Alt+."停止計算.使用後者將立即停止計算,而使用前者後彈出一個對話框供選擇.

(6)特殊字符的輸入

$\pi$ 和 e 分別用專用字符 Pi 和 E 表示,也可以由基本輸入模板的特殊字符按鈕輸入.I 表示虛數單位(註意必須用大寫字母),也可以由基本輸入模板的特殊字符按鈕輸入,復用用 a+bI 表示.Infinity 表示無窮大,也可以由基本輸入模板的特殊字符按鈕輸入"∞",註意"∞"與"+∞"相同,沒有雙側無窮的概念,"-Infinity"表示"-∞".

2.1.3 近似數的精度控制

(1)求近似值的函數 N

Mathematica 允許用戶任意指定數值計算的精度,可使用函數 N.

N[表達式,數字位數]　計算表達式的具有任意指定數字位數的近似值,末位四舍五入.

N[表達式]　計算表達式的近似值,具有機器規定的精度(至少是 16 位有效數字),但是按標準輸出只顯示前 6 位有效數字,如果想要全部顯示,應該改爲按"InputForm"形式輸出(使用"單元(Cell)"菜單中的"選擇輸出形式"選項可以更改輸出形式或使用 InputForm[ ]數).還可以使用函數 NumberForm[Real,n]規定實數 Real 的顯示位數 n.

註意　在 Mathematica 中,$\pi$ 和 e 都表示準確數.

例2　求 $\pi$ 和 e 的近似值.

In[1]:=N[$\pi$]

Out[1]=3.141 59

In[2]:= N[$\pi$]//InputForm

Out[2]//InputForm=

3.141 592 653 589 793

In[3]:=N[Pi,50]

Out[3]= 3.141 592 653 589 793 238 462 643 383 279 502 884 197 169 399 375 1

In[4]:=N[E,50]

Out[4]= 2.718 281 828 459 045 235 360 287 471 352 662 497 757 247 093 700 0

説明　其中,$\pi$ 由基本輸入模板中的相應按鈕輸入.

鑒於 Mathematica 對於數的精度沒有限制,不管輸入的數有多少位數字,都會被

全部保留.例如:

In[1]:= a=1. 123 456 789 012 345 678 901 234 567 890

Out[1]= 1. 123 456 789 012 345 678 901 234 567 890

In[2]:=a+5

Out[2]= 6. 123 456 789 012 345 678 901 234 567 89

(2)用分數逼近實數

反過來,也可以用一個分數作爲一個實數的近似值,可使用轉換函數Rationalize.

**Rationalize[$x$]**　　給出 $x$ 的有理數近似值.

**Rationalize[$x$,d$x$]**　　給出 $x$ 的有理數近似值,誤差小於 d$x$.

例如:

In[1]:= Rationalize[N[5/7]]

Out[1]= $\frac{5}{7}$

In[2]:= Rationalize[N[p]]

Out[2]= 3. 14159

In[3]:= Rationalize[N[p],10^-5]

Out[3]= $\frac{355}{113}$

**說明**　不指定誤差時有可能失敗.例如上例中的 In[2].指定誤差上限後,問題解決,即使對準確的無理數也能適用(如 In[4]).

2.2　變量

2.2.1　變量命名

Mathematica 中的變量名必須是以字母開頭的、由字母或數字組成的字符串(長度不限),不能含有空格或標點符號,大寫與小寫字母用於表示不同的變量.例如:$x$,a1,b12,rc 都是合法的變量名,2a 是不合法的變量名,a1 與 A1 代表不同的變量.

2.2.2　變量賦值

一個變量可以表示各種類型的數或字符串,也可以表示一個算式.與 C 語言不同,不必事先聲明變量的類型,Mathematica 會根據用戶給變量所賦的值自動處理.

使用等號給變量賦值,具體格式如下:

$x$=Value　　給 $x$ 賦值.

$x$=$y$=Value　　同時給 $x$,$y$ 賦相同的值.

{$x$,$y$,…}={Value1,Value2,…}　　同時給 $x$,$y$,……賦不同的值.

2.2.3　清除變量

爲了避免隱蔽的錯誤,應該及時清除不再使用的變量,方法有以下幾種.

$x$=.　　清除 $x$ 的值但保留變量 $x$.

**Clear[$x$]**　　清除 $x$ 的值但保留變量 $x$(在複雜的使用情況下清除更多的定義).

**Remove[$x$]**　　將變量 $x$ 清除.

**Clear[ Global`*"]**　清除所有變量的值.
**Remove[ Global`*"]**　清除所有變量.

**說明**　Global`x 表示全局變量 x.

**提示**　更省事的方法是退出後重新啓動 Mathematica.

### 2.2.4　表示輸出的專用符號

"%"是一個重要的 Mathematica 符號,用途如下:

**%**　表示前一個輸出的內容.

**%%**　表示倒數第 2 個輸出的內容,據此類推.

**%n**　表示第 n 個(即 Out[n])輸出的內容.

所有%n 的內容一直被 Mathematica 記憶,它們可以像其他變量一樣被後面的計算引用.

**註意**　這些%n 的內容是被保護的,Clear 或 Remove 不能清除它們.其實,所有的輸入內容都同樣被保留和保護,這些內容當然會占據計算機內存.爲了節約內存,可以在解除保護後清除它們,清除的方法是使用 Unprotect[ In, Out] 和 Clear[ In, Out],不過一般無此必要.

### 3. 表達式的查閱、保存和文件調入

#### 3.1　表達式的查閱

前面已經提到,如果不清除使用過的變量,它將始終被 Mathematica 記憶,當使用者忘記時就會導致錯誤的發生.以下介紹如何查閱已經使用了哪些變量.

操作符"?"用於某些內容的查詢,用法如下:

**變量名**　顯示一個變量的信息.

**ab***　顯示以字母 ab 打頭的全部變量.

**Global`***　顯示已經使用的全部變量.

問號還可以用於查閱幫助信息,用法如下:

**函數名**　顯示函數的幫助信息.

**函數名**　顯示函數更爲詳細的幫助信息.

**Ab***　顯示以字母 Ab 打頭的所有幫助信息(首字符大寫).

#### 3.2　表達式的保存

在退出 Mathematica 時,系統總是詢問是否將用戶窗口中的內容保存到一個文件中,一般約定以 *.nb 型文件保存.但是用戶窗口猶如一張草稿紙,其中內容未必都有保存價值,經常只需要選擇部分內容予以保存.以下介紹保存表達式和計算結果的方法.

(1)可以運用 Windows 的拷貝、粘貼功能,用鼠標選中想要保存的內容,然後單擊"編輯"菜單中的"復制'選項,將其復制到 Windows 的剪貼板,再利用"編輯"菜單中的"粘貼"將其復制到另一個新打開的工作區窗口中,最後存盤爲 *.nb 型文件.用

這種方法,既可以保存用户鍵入的表達式,又可以保存 Mathematica 輸出的計算結果.

(2) Mathematica 提供了保存變量的值的操作符,用法如下.

變量名>>"文件名"　將變量的值保存到指定文件中.

變量名>>>"文件名"　將變量的值添加到指定文件中.

**説明**　其中雙引號可以省略,文件名可以帶路徑,默認路徑是 Mathematica 的目錄.

當指定的文件不存在時,這兩個操作符没有區别,都是先建立文件再將内容存入.當指定的文件已經存在時,後者不破壞文件的原有内容,只將新内容添加到文件的末尾,而前者將用新内容代替原内容且没有警告提示!

上述命令存入文件的是變量的值(Out 的内容),而且不帶變量名,數學表達式的形式也變成文本的形式.

如果想要保存用户鍵入的表達式,還應使用拷貝的方法.

Save["文件名",變量名1,變量名2,…]　將變量名及變量的值添加到指定文件中.

查看文件使用的操作符如下:

!!　文件名　在工作區窗口中顯示文件的内容(但是没有調入運行該文件).

### 3.3　文件的調入

用户以"*.nb"型文件保存的内容,可以通過"文件"菜單的"打開"選項或文件歷史記録項查找調入.Mathematica 將專門爲調入的文件打開一個工作區窗口,顯示保存的内容,可以修改或再次執行其中的語句(調入時並不自動執行).應該註意這種"Notebook"文件的格式特殊,它並不是 Mathematica 的程序文件,Mathematica 的程序文件是標準的文本文件(一般擴展名爲"m").

調入程序文件使用的操作符如下:

<<"文件名"　將指定的文件調入並且立即運行,其中雙引號可以省略.

**4. Mathematica 常用的符號與常數索引**

In[n]　第 n 個輸入.

Out[n]或%n　第 n 個輸出.

%　前一次的輸出.

%%　倒數第二次的輸出.

?　name 查看變量 name 的信息.

??　name 查看變量 name 更爲詳細的信息.

!!　filename 顯示文件内容.

<<filename　讀入文件並執行.

expr>>filename　將表達式保存到文件.

expr>>>filename　將表達式添加到文件.

附　錄

{ }　表使用的括號.
[ ]　函數使用的括號.
" "　字符串使用的引號.
N[expr,n]　求 expr 具有 n 位數字的近似值.
N[expr]　求 expr 具有機器規定的精度的近似值.
Clear[symbol1,symbol2,…]　清除一些符號的值.
Remove[symbol1,symbol2,…]　清除一些符號.
I　虛數單位 i.
Degree　角度的度.
E　自然對數的底 e.
Pi　圓周率 $\pi$.
Infinity　無窮大.
ComplexInfinity　復無窮大.
Indeterminate　不定值.
GoldenRatio　表示 $\dfrac{\sqrt{5}+1}{2}$.
b^^nnn　表示 nnn 是一個 b 進位數.
nnn`p　表示 nnn 是一個具有 p 位數字的任意精度數.
Short[expr]　將輸出結果縮略成一行顯示.
Short[expr,n]　將輸出結果縮略成 n 行顯示.
Alt+.或 Alt+.　強制中斷計算.

除了這些常用的符號和常數,Mathematica 提供了非常豐富的系統函數,涉及數學的方方面面,此處略去.讀者可以通過在線幫助的"參考資料中心"獲取你需要的內容.

**5. 微積分中的常用命令**

5.1　求極限

Limit[f[x],x->a]

其中 f(x) 是數列或者函數的表達式,x->a 是自變量的變化趨勢.如果自變量趨向於無窮,用 x->Infinity.

對於單側極限,通過命令 Limit 的選項 Direction 表示自變量的變化方向.
求右極限,$x \to a+0$ 時,用 Limit[f[x],x->a,Direction->-1];
求左極限,$x \to a-0$ 時,用 Limit[f[x],x->a,Direction->+1];
求 $x \to +\infty$ 時的極限,用 Limit[f[x],x->Infinity,Direction->+1];
求 $x \to -\infty$ 時的極限,用 Limit[f[x],x->Infinity,Direction->-1].

**註意**　右極限用減號,表示自變量減少並趨於 $a$;同理,左極限用加號,表示自

變量增加並趨於 $a$.

## 5.2 求導數與微分

D[f,x] 給出 $f$ 關於 $x$ 的導數，而將表達式 $f$ 中的其他變量看作常量. 因此，如果 $f$ 是多元函數，則給出 $f$ 關於 $x$ 的偏導數.

D[f,{x,n}] 給出 $f$ 關於 $x$ 的 $n$ 階導數或者偏導數.

D[f,x,y,z,…] 給出 $f$ 關於 $x,y,z,…$ 的混合偏導數.

Dt[f,x] 給出 $f$ 關於 $x$ 的全導數，將表達式 $f$ 中的其他變量都看作 $x$ 的函數.

Dt[f] 給出 $f$ 的微分. 如果 $f$ 是多元函數，則給出 $f$ 的全微分.

上述命令對表達式爲抽象函數的情形也適用，其結果也是一些抽象符號.

命令 D 的選項 NonConstants->{…} 指出 {…} 內的字母是 $x$ 的函數.

命令 Dt 的選項 Constants->{…} 指出 {…} 內的字母是常數.

## 5.3 求函數的極值

函數 FindMinimum 尋找一個函數的極小值點，其調用格式如下：

FindMinimum[f,{x,$x_0$}] 從 $x_0$ 出發求未知量 $x$ 的函數 $f$ 的一個極小值點和極小值.

FindMinimum[f,{x,$x_0$,$x_1$}] 給出兩個初值 $x_0$ 和 $x_1$，以避免求導的困難.

FindMinimum[f,{x,$x_0$,$x_{min}$,$x_{max}$}] 在由 $x_{min}$ 和 $x_{max}$ 的範圍內尋找.

FindMinimum[f,{x,$x_0$},{y,$y_0$},…] 求多元函數的一個極小值點和極小值.

函數 FindMaximum 尋找一個函數的極大值點，其調用格式如下：

FindMaximum[f,{x,$x_0$}] 從 $x_0$ 出發求未知量 $x$ 的函數 $f$ 的一個極大值點和極大值.

FindMaximum[f,{x,$x_0$,$x_1$}] 給出兩個初值 $x_0$ 和 $x_1$，以避免求導的困難.

FindMaximum[f,{x,$x_0$,$x_{min}$,$x_{max}$}] 在由 $x_{min}$ 和 $x_{max}$ 的範圍內尋找.

FindMaximum[f,{x,$x_0$},{y,$y_0$},…] 求多元函數的一個極大值點和極大值.

使用這兩個命令前，應該先確定極值的個數與初值.

## 5.4 求函數的最值

Maximize[f,{x,y,…}] 求自變量爲 $x,y,…$ 的函數 $f$ 的最大值.

Maximize[{f,cons},{x,y,…}] 求函數 $f$ 滿足條件 $cons$ 時的最大值.

Minimize[f,{x,y,…}] 求自變量爲 $x,y,…$ 的函數 $f$ 的最小值.

Minimize[{f,cons},{x,y,…}] 求函數 $f$ 滿足條件 $cons$ 時的最小值.

## 5.5 求積分

Integrate[f,x] 求不定積分.

註意積分常數 C 被省略.

Integrate[f,{x,a,b}] 求定積分.其中 $a$ 是積分下限，$b$ 是積分上限.

# 附錄 4　部分數學家簡介

## 笛卡爾(Descartes Ren'e)
## (1596—1650)
——近代數學的奠基人

1647年深秋的一個夜晚,在巴黎近郊,兩輛馬車疾馳而過,馬車在教堂的門前停下,身佩利劍的士兵押着一個瘦小的老頭兒走進教堂。他就是近代數學奠基人、偉大的哲學家和數學家笛卡爾。由於他在著作中宣傳科學,觸犯了神權,因而遭到了當時教會的殘酷迫害。

教堂里,燭光照射在聖母瑪麗亞的塑像上,塑像前是審判席。被告席上的笛卡爾開始接受天主教會法庭對他的宣判:"笛卡爾散布異端邪說,違背教規,褻瀆上帝。爲純潔教義,蕩滌謬誤,本庭宣判笛卡爾所著之書全爲禁書,並由本人當庭焚毀。"笛卡爾想申辯,但士兵立即把他從被告席上拉下來,推到火盆旁,笛卡爾用顫抖的手拿起一本本凝結了他畢生心血的著作,無可奈何地投入火中。

笛卡爾1596年生於法國,8歲入讀一所著名的教會學校,主要課程是神學和教會的哲學,也學數學。他勤於思考,學習努力,成績優異。20歲時,他在普瓦界大學獲法學學位,之後去巴黎當了律師。出於對數學的興趣,他獨自研究了兩年數學。17世紀初的歐洲處於教會勢力的控制下,但科學的發展已經開始顯示出一些和宗教教義離經背道的傾向。笛卡爾和其他一些不滿法蘭西政治狀態的青年人一起去荷蘭從軍體驗軍旅生活。

說起笛卡爾投身數學,多少有一些偶然性。有一次部隊開進荷蘭南部的一個城市,笛卡爾在街上散步,看見用當地的佛來米語書寫的公開徵解的幾道數學難題。許多人在此招貼前議論紛紛,他旁邊一位中年人用法語替他翻譯了這幾道數學難題的內容。第二天,聰明的笛卡爾興衝衝地把解答交給了那位中年人。中年人看了笛卡爾的解答十分驚訝。巧妙的解題方法,準確無誤的計算,充分顯露了他的數學才華。原來這位中年人就是當時有名的數學家貝克曼教授。笛卡爾以前讀過他的著作,但是一直沒有機會認識他。從此,笛卡爾在貝克曼的指導下開始了對數學的深入研究。所以有人說,貝克曼"把一個業已離開科學的心靈,帶回到正確、完美的成功之路"。1621年笛卡爾離開軍營遍遊歐洲各國。1625年他回到巴黎從事科學工作。爲綜合知識、深入研究,1628年他變賣家產,定居荷蘭潛心著述達20年。

幾何學曾在古希臘有過較快的發展,歐幾里得、阿基米德、阿波羅尼都對圓錐曲線做過深入研究。但古希臘的幾何學只是一種靜態的幾何,它既沒有把曲線看成一種動點的軌跡,更沒有給出它的一般表示方法。文藝復興運動以後,哥白尼的日心說得到證實,開普勒發現了行星運動的三大定律,伽利略又證明了炮彈等拋物體的彈道是拋物線,這就使幾乎被人們忘記的阿波羅尼曾研究過的圓錐曲線重新引起人們的重視。人們意識到圓錐曲線不僅僅是依附在圓錐上的靜態曲線,而且是與自然界的物體運動有密切聯繫的曲線。要計算行星運行的橢圓軌道、求出炮彈飛行所走過的拋物線,單純靠幾何方法已無能為力。古希臘數學家的幾何學已不能給出解決這些問題的有效方法。要想反應這類運動的軌跡及其性質,就必須從觀點到方法都要有一個新的變革,建立一種在運動觀點上的幾何學。

古希臘數學過於重視幾何學的研究,卻忽視了代數方法。代數方法在東方(中國、印度、阿拉伯)雖有高度發展,但缺少論證幾何學的研究。後來,東方高度發展的代數傳入歐洲,特別是文藝復興運動使歐洲數學在古希臘幾何和東方代數的基礎上有了巨大的發展。

笛卡爾在數學上的傑出貢獻就在於將代數和幾何巧妙地聯繫在一起,從而創造瞭解析幾何這門學科。

1619年在多瑙河的軍營里,笛卡爾用大部分時間思考着他在數學中的新想法:能不能用代數中的計算過程來代替幾何中的證明呢?要這樣做就必須找到一座能連接(或說融合)幾何與代數的橋樑——使幾何圖形數值化。笛卡爾用兩條互相垂直且交於原點的數軸作為基準,將平面上的點位置確定下來,這就是後人所說的笛卡爾坐標系。笛卡爾坐標系的建立,為用代數方法研究幾何架設了橋樑。它使幾何中的點 $p$ 與一個有序實數 $(x,y)$ 構成了一一對應關係。坐標系里點的坐標按某種規則連續變化,那麼,平面上的曲線就可以用方程來表示。笛卡爾坐標系的建立,把過去並列的兩個代數方法統一起來,從而使傳統的數學有了一個新的突破。

1760年2月笛卡爾在斯德哥爾摩病逝。由於教會的阻止,僅有幾個友人為其送葬。其著作在他死後也被教會列為禁書。可是,這位對科學做出巨大貢獻的學者卻受到廣大科學家和革命者的敬仰和懷念。法國大革命之後,笛卡爾的骨灰和遺物被送進法國歷史博物館。1819年其骨灰被移入聖日耳曼聖心堂中。墓碑上鎸刻着:笛卡爾,歐洲文藝復興以來,第一個為爭取和捍衛理性權利而奮鬥的人。

### 萊布尼茨(Friedrich Leibniz)
### (1597—1652)
#### ——博學多才的數學符號大師

出生於書香門第的萊布尼茲是德國一位博學多才的學者。他的學識涉及哲學、歷史、語言、數學、生物、地質、物理、機械、神學、法學、外交等領域,並在每個領域中都有傑出的成就。然而,由於他獨立創建了微積分,並精心設計了非常巧妙而簡潔的微積分符號,從而使他以偉大數學家的稱號聞名於世。萊布尼茲對微積分的研究始於 31 歲,那時他在巴黎任外交官,有幸結識數學家、物理學家惠更斯等人。在名師指導下系統研究了數學著作,1673 年他在倫敦結識了巴羅和牛頓等名流。從此,他以非凡的理解力和創造力進入了數學前沿陣地。

萊布尼茲在從事數學研究的過程中,深受他的哲學思想的支配。他的著名哲學觀點是單子論,認爲單子是"自然的真正原子……事物的元素",是客觀的、能動的、不可分割的精神實體。他說 $dx$ 和 $x$ 相比,如同點和地球,或地球半徑與宇宙半徑相比。在其積分法論文中,他從求曲線所圍面積導出積分概念,把積分看作是無窮小的和,並引入積分符號 $\int$,它是把拉丁文"Summa"的字頭 S 拉長。他發明的這個符號,以及微積分的要領和法則一直保留到當今的教材中。萊布尼茲也發現了微分和積分是一對互逆的運算,並建立了溝通微分與積分內在聯繫的微積分基本定理,從而使原本各自獨立的微分學和積分學成爲統一的微積分學的整體。

萊布尼茲是數字史上最偉大的符號學者之一,堪稱符號大師。他曾說:"要發明,就要挑選恰當的符號,要做到這一點,就要用含義簡明的少量符號來表達和比較忠實地描繪事物的內在本質,從而最大限度地減少人的思維勞動。"正像阿拉伯數字促進算術和代數發展一樣,萊布尼茲所創造的這些數學符號對微積分的發展起了很大的促進作用。歐洲大陸的數學得以迅速發展,萊布尼茲的巧妙符號功不可沒。除積分、微分符號外,他創設的符號還有商"a/b"、比"a:b"、相似"∽"、全等"≌"、並"∪"、交"∩"以及函數和行列式等符號。

牛頓和萊布尼茨對微積分都做出了巨大貢獻,但兩人的方法和途徑是不同的。牛頓是在力學研究的基礎上,運用幾何方法研究微積分的;萊布尼茲主要是在研究曲線的切線和面積的問題上,運用分析學方法引進微積分要領的。牛頓在微積分的應用上更多地結合了運動學,造詣精深;但萊布尼茲的表達形式簡潔準確,勝過牛頓。在對微積分具體內容的研究上,牛頓先有導數概念,後有積分概念;萊布尼茲則先有求積概念,後有導數概念。除此之外,牛頓與萊布尼茲的學風也迥然不同。作爲科學家的牛頓,治學嚴謹。他遲遲不發表微積分著作《流數術》的原因,很可能是因爲他沒有找到合理的邏輯基礎,也可能是"害怕別人反對的心理"所致。但作爲哲學家的萊布尼茲比較大膽,富於想象,勇於推廣,結果造成創作年代上牛頓先於萊布尼茲 10 年,而在發表的時間上,萊布尼茲卻早於牛頓 3 年。

雖然牛頓和萊布尼茲研究微積分的方法各異,但殊途同歸。各自獨立地完成了創建微積分的盛業,光榮應由他們兩人共享。然而在歷史上曾出現過一場圍繞發明微積分優先權的激烈爭論。牛頓的支持者,包括數學家泰勒和麥克勞林,認爲萊布尼茲剽竊了牛頓的成果。爭論把歐洲科學家分成誓不兩立的兩派:英國和歐洲大陸。爭論雙方停止學術交流,不僅影響了數學的正常發展,也波及自然科學領域,以致發展到英德兩國之間的政治摩擦。自尊心很強的英國民族抱住牛頓的概念和記號不放,拒絕使用更爲合理的萊布尼茲的微積分符號和技巧,致使英國在數學發展上大大落後於歐洲大陸。一場曠日持久的爭論變成了科學史上的前車之鑒。

莱布尼兹的科研成果大部分出自青年時代，隨著這些成果的廣泛傳播，榮譽紛紛而來，他也越來越變得保守。到了晚年，他在科學方面已無所作爲。他開始爲宫廷唱讚歌，爲上帝唱讚歌，沉醉於研究神學和公爵家族。莱布尼兹生命中的最後7年，是在别人帶給他和牛頓關於微積分發明權的争論中痛苦地度過的。他和牛頓一樣，都是終生未娶。1761年11月14日，莱布尼兹默默地離開人世，葬在宫廷教堂的墓地。

## 雅各布·伯努利（Jacob Bermoulli）
（1654—1705）

雅各布·伯努利是瑞士數學家、力學家、天文學家。1654年12月27日生於瑞士巴塞爾，1705年8月16日卒於巴塞爾。

雅各布·伯努利出生於一商人世家。他的祖父是一位藥商，1662年移居巴塞爾。他的父親接過興隆的藥材生意，並成了市議會的一名成員和地方行政官。他的母親是市議員兼銀行家的女兒。雅各布在1684年與一位富商的女兒結婚，他的兒子尼古拉·伯努利是藝術家，也是巴塞爾市議會的議員和藝術行會會長。

雅各布畢業於巴塞爾大學，1671年獲藝術碩士學位。這里的藝術是指"自由藝術"，包括算術、幾何、天文學、數理音樂以及方法、修辭和雄辯術等。遵照他父親的願望，他於1676年取得碩士學位。同時他對數學有着濃厚的興趣，但是他在數學上的興趣遭到父親的反對，他違背父親的意願，自學了數學和天文學。1676年，他到日内瓦做家庭教師。從1677年起，他開始在這里寫著内容豐富的《沉思錄》。1678年雅各布進行了他第一次學習旅行，他到過法國、荷蘭、英國和德國，與數學家們建立了廣泛的通信聯繫。然後他又在法國度過了兩年時光，這期間他開始研究數學問題。起初他還不知道牛頓和萊布尼兹的工作，他首先熟悉了笛卡爾的《幾何學》、沃利斯的《無窮的算術》以及巴羅的《幾何學講義》。他後來逐漸地熟悉了萊布尼兹的工作。1681—1682年，他做了第二次學習旅行，接觸了許多數學家和科學家。通過訪問和閲讀文獻，豐富了他的知識，拓寬了個人興趣。這次旅行，他在科學上的直接收穫就是發表了還不夠完備的有關慧星的理論以及受到人們高度評價的重力理論。回到巴塞爾後，從1683年起，雅各布做了一些關於科技問題的文章，並且也繼續研究數學著作。1687年，雅各布在《教師學報》上發表了他的"用兩相互垂直的直線將三角形的面積四等分方法"。1684年之後，雅各布轉向詭辯邏輯的研究。1685年出版了他最早的關於概率論的文章。由於受到沃利斯以及巴羅的涉及數學、光學、天文學等資料的影響，他又轉向了微分幾何學。在這同時，他的弟弟約翰·伯努利一直跟其學習數學。1687年雅各布成爲巴塞爾科學院的國外院士，直到1705年去世。在這段時間里，他一直與萊布尼兹保持着通信聯繫。1699年，雅各布被選爲巴黎科學院的國外院士，1701年被柏林科學協會（即後來的柏林科學院）接受爲會員。

雅各布·伯努利是在17至18世紀期間，歐洲大陸在數學方面做過特殊貢獻的伯努利家庭的重要成員之一，他在數學上的貢獻涉及微積分、解析幾何、概率論以及變分法等領域。

## 柯西（Augustin Louis Cauchy）
### （1789—1857）
#### ——業績永存的數學大師

19世紀初期，微積分已發展成一個龐大的分支，內容豐富，應用非常廣泛，與此同時，它的薄弱之處也越來越暴露出來，微積分的理論基礎並不嚴格。為解決新問題並澄清微積分概念，數學家們展開了數學分析嚴謹化的工作，在數學分析的奠基工作中，做出卓越貢獻的要推偉大的數學家柯西。

柯西1789年8月21日出生於巴黎。父親是一位精通古典文學的律師，與當時法國的大數學家拉格朗日和拉普拉斯交往密切。柯西少年時代的數學才華頗受這兩位數學家的讚賞，並預言柯西日後必成大器。拉格朗日向其父建議"趕快給柯西一種堅實的文學教育"，以便他的愛好不致把他引入岐途。父親加強了對柯西的文學教養，使他在詩歌方面也表現出很高的才華。

1807—1810年，柯西在工學院學習。他曾當過交通道路工程師，由於身體欠佳，接受拉格朗日和拉普拉斯的勸告，放棄工程師而致力於純數學的研究。柯西在數學上的最大貢獻是在微積分中引進了極限概念，並以極限為基礎建立了邏輯清晰的分析體系。這是微積分發展史上的精華，也是柯西對人類科學發展所做的巨大貢獻。

1821年柯西提出極限定義的$\varepsilon$方法，把極限過程用不等式來刻劃，後經維爾斯特拉斯改進，成為現在所說的柯西極限定義或叫$\varepsilon-\delta$定義。當今所有微積分的教科書都還（至少是在本質上）沿用着柯西等人關於極限、連續、導數、收斂等概念的定義。他對微積分的解釋被後人普遍採用。柯西對定積分作了最系統的開創性工作。他把定積分定義為和的"極限"。在定積分運算之前，強調必須確立積分的存在性。他利用中值定理首先嚴格證明了微積分基本定理。通過柯西以及後來維爾斯特拉斯的艱苦工作，使數學分析的基本概念得到嚴格的論述。從而結束了微積分兩百年來思想上的混亂局面，把微積分及其推廣從對幾何概念、運動和直覺瞭解的完全依賴中解放出來，並使微積分發展成現代數學最基礎、最龐大的數學學科。

數學分析嚴謹化的工作一開始就產生了很大的影響。在一次學術會議上柯西提出了級數收斂性理論。會後，拉普拉斯急忙趕回家中，根據柯西的嚴謹判別法，逐一檢查其巨著《天體力學》中所用到的級數是否都收斂。

柯西在其他方面的研究成果也很豐富。復變函數的微積分理論就是由他創立的。柯西的數學成就不僅輝煌，而且數量驚人。柯西全集有27卷，其論著有800多篇，在數學史上是僅次於歐拉這位數學家。他的光輝名字與許多定理、準則一起銘記在當今許多教材中。

作爲一位學者,他思路敏捷,功績卓著,但他常忽視青年人的創造。例如,由於柯西"失落"了才華出衆的年輕數學家阿貝爾與伽羅華的開創性的論文手稿,造成群論晚問世約半個世紀。1857 年 5 月 23 日柯西在巴黎病逝。他臨終的一句名言"人總是要死的,但是,他們的業績永存"長久地叩擊着一代又一代學子的心扉。

## 歐拉(Euler)
## (1707—1783)

歐拉是瑞士數學家及自然科學家。1707 年 4 月 15 日出生於巴塞爾,1783 年 9 月 18 日卒於聖彼得堡。

歐拉出生於牧師家庭,自幼就受到父親的教育。13 歲時入讀巴塞爾大學,15 歲大學畢業,16 歲獲得碩士學位。歐拉的父親希望他學習神學,但他最感興趣的是數學。在上大學時,他已受到約翰‧伯努利的特別指導,專心研究數學,直到 18 歲,他徹底的放棄當牧師的想法而專攻數學,於 19 歲時開始創作文章,並獲得巴黎科學院獎金。1727 年,在丹尼爾‧伯努利的推薦下,他到聖彼得堡科學院從事研究工作,並在 1731 年接替丹尼爾‧伯努利,成爲物理學教授。在聖彼得堡的 14 年中,他努力不懈地投入研究,在分析學、數論及力學方面均有出色的表現。此外,歐拉還應俄國政府的要求,解決了不少如地圖學、造船業等的實際問題。1735 年,他因工作過度以致右眼失明。在 1741 年,他受到普魯士腓特烈大帝的邀請到德國科學院擔任物理數學所所長一職。他在柏林斯間,大大擴展了研究的內容,如行星運動、剛體運動、熱力學、彈道學、人口學等,這些工作與他的數學研究互相推動着。與此同時,他在微分方程、曲面微分幾何及其他數學領域均有開創性的發現。

1766 年,他應俄國沙皇喀德林二世禮聘重回聖彼得堡。1771 年,一場重病使他的左眼亦完全失明,但他以其驚人的記憶力和心算技巧繼續從事科學創作。他通過與助手們的討論以及直接口授等方式完成了大量的科學著作,直至生命的最後一刻。

歐拉是 18 世紀數學界最傑出的人物之一,他不但爲數學界做出貢獻,更把數學推至幾乎整個物理的領域。此外,他是數學史上最多產的數學家,寫了大量的力學、分析學、幾何學、變分法的課本,《無窮小分析引論》(1748)、《微分學原理》(1755)、《積分學原理》(1768—1770)都成爲數學中的經典著作。

歐拉最大的功績是擴展了微積分的領域,爲微分幾何及分析學的一些重要分支(如無窮級數、微分方程等)的產生與發展奠定了基礎。歐拉把無窮級數由一般的運算工具轉變爲一個重要的研究科目。他計算出 $\xi$ 函數在偶數點的值。此外,他對調和級數亦有所研究,並相當精確的計算出歐拉常數 $\gamma$ 的值,其值近似爲 0.577 215 664 901 532 860 606 512 09…。

在 18 世紀中葉,歐拉和其他數學家在解決物理方面的問題過程中,創立了微分方程學。當中,在常微分方程方面,他完整地解決了 $n$ 階常系數線性齊次方程的問題;對於非齊次方程,他提出了一種降低方程階的解法;而在偏微分方程方面,歐拉將二維物體振動的問題,歸結出一、二、三維波動方程的解法。歐拉所寫的《方程的積分法研究》更是偏微分方程在純數學研究中的第一篇論文。

在微分幾何方面(微分幾何是研究曲線、曲面逐點變化性質的數學分支),歐拉引入了空間曲線的參數方程,給出了空間曲線曲率半徑的解析表達方式。在 1766 年,他出版了《關於曲面上曲線的研究》,這是歐拉對微分幾何最重要的貢獻,更是微分幾何發展史上一個里程碑。他將曲面表示爲 $z = f(x, y)$,並引入一系列標準符號以表示 $z$ 對 $x, y$ 的偏導數,這些符號至今仍通用。此外,在該著作中,他亦得到了曲面在任意截面上截線的曲率公式。歐拉在分析學上的貢獻不勝枚舉,如他引入了 $G$ 函數和 $B$ 函數,還證明了橢圓積分的加法定理,以及最早引入二重積分等。

在代數學方面,他發現了每個實系數多項式必可分解爲一次或二次因子之積,即 $a+bi$ 的形式。歐拉還給出了費馬小定理的三個證明,並引入了數論中重要的歐拉函數 $\varphi(n)$,他研究數論的一系列成果致使數論成爲數學中的一個獨立分支。歐拉又用解析方法討論數論問題,發現了 $\xi$ 函數所滿足的函數方程,並引入歐拉乘積。而且,他還解決了著名的哥尼斯堡七橋問題。

歐拉對數學的研究如此廣泛,因此在許多數學的分支中也可經常見到以他的名字命名的重要常數、公式和定理。

## 狄利克雷(Dirichlet Peter Gustav Lejeune)
### (1805—1859)

狄利克雷是德國數學家,1805 年 2 月 13 日生於德國迪倫,1859 年 5 月 5 日卒於格丁根。

狄利克雷生活的時代,德國的數學正經歷着以 C.F.高斯(Gauss)爲前導的、由落後逐漸轉爲興旺發達的時期。狄利克雷以其出色的數學教學才能,以及在數論、分析和數學、物理等領域的傑出成果,成爲高斯之後與 C.G.J.雅可比(Jacobi)齊名的德國數學界的一位核心人物。

狄利克雷出身於行政官員家庭,他父親是一名郵政局長。狄利克雷少年時即表現出對數學的濃厚興趣,據說他在 12 歲前就自攢零錢購買數學圖書。1817 年他就讀波恩的一所中學,除數學外,他對近代史有特殊愛好;人們稱道他是個能專心致志又品行優良的學生。兩年後,他遵照父母的意願轉學到科隆的一所教會學校,在那裡師從物理學家 G.歐姆(Ohm),學到了必要的物理學基礎知識。

16 歲通過中學畢業考試後,父母希望他攻讀法律,但狄利克雷已選定數學爲其終身職業。當時的德國數學界,除高斯一人名噪歐洲外,普遍水平較低;又因高斯不喜好教學,於是狄利克雷決定到數學中心巴黎上大學,那裡有一批燦若星辰的數學家,諸如 P.S.拉普拉斯、A.勒讓德等。

1822年5月,狄利克雷到達巴黎,選定在法蘭西學院和巴黎理學院攻讀。1825年,狄利克雷向法國科學院提交他的第一篇數學論文,題爲"某些五次不定方程的不可解"。他利用代數數論方法討論形如 $x^5 + y^5 = Az^5$ 的方程。幾周後,勒讓德利用該文中的方法證明了 $x^n + y^n = z^n$,當 $n = 5$ 時無整數解;狄利克雷本人不久也獨立證明了同一結論。

1826年,狄利克雷在爲振興德國自然科學研究而奔走的 A.洪堡的影響下,返回德國,在布雷斯勞大學獲講師資格,後升任編外教授(介於正式教授和講師之間的職稱)。

1828年,狄利克雷又經洪堡的幫助來到學術空氣較濃厚的柏林,任教於柏林軍事學院。同年,他又被聘爲柏林大學編外教授(後升爲正式教授),開始了他在柏林長達27年的教學與研究生涯。由於他講課清晰,思想深邃,爲人謙遜,諄諄善誘,培養了一批優秀數學家,對德國在19世紀後期成爲國際上又一個數學中心產生了巨大影響。1831年,狄利克雷成爲柏林科學院院士。

1855年高斯去世,狄利克雷被選定作爲高斯的繼任到格丁根大學任教。與在柏林繁重的教學任務相比,他很欣賞在格丁根有更多自由支配的時間從事研究。可惜美景不長,1858年夏他去瑞士蒙特勒開會,作紀念高斯的演講,在那裡突發心臟病。狄利克雷雖平安返回了格丁根,但在病中遭夫人中風身亡的打擊,病情加重,於1859年春與世長辭。

## 牛頓(Newton Isaac)
## (1643—1727)

數學和科學中的巨大進展,幾乎總是建立在做出一點一滴貢獻的許多人的工作之上。需要一個人來走那最高和最後的一步,這個人要能夠敏銳地從紛亂的猜測和說明中清理出前人的有價值的想法,有足夠的想像力把這些碎片重新組織起來,並且足夠大膽地制訂一個宏偉的計劃。在微積分中,這個人就是牛頓。

牛頓生於英格蘭烏爾斯托帕的一個小村莊里,父親是在他出生前兩個月去世的,母親管理著丈夫留下的農莊,母親改嫁後,是由外祖母把他撫養大,並供他上學。他從小在低標準的地方學校接受教育,除對機械設計有興趣外,是個沒有什麼特殊的青年人,1661年他進入劍橋大學的三一學院學習,大學期間除了巴羅(Barrow)外,他從其他老師那里只得到了很少的一點鼓舞,他自己做實驗並且研究當時一些數學家的著作。大學課程剛結束,學校因爲倫敦地區鼠疫問題而關閉。他回到家鄉,度過了1665—1666年,並在家鄉開始了他在機械、數學和光學上偉大的工作,這時他意識到了引力的平方反比定律(曾早已有人提出過),這是打開那無所不包的力學科學的鑰匙。他獲得瞭解決微積分問題的一般方法,並且通過光學實驗,做出了劃時代的發現,即像太陽光那樣的白光,實際上是從紫到紅的各種顏色混合而成的。"所有這些"牛頓後來說:"是在 1665—1666 年兩個鼠疫年中做的,因爲在這些日子里,我正處在發現力最旺盛的時期,而且對於數學和(自然)哲學的關心,比其他任何時候都多。"關於這些發現,牛頓什麽也沒有說過,1667 年他回到劍橋獲得碩士學位,並被選爲三一學院的研究員。1669 年他的老師巴羅主動宣布牛頓的學識已超過自己,把"路卡斯(Lucas)教授"的職位讓給了年僅 26 歲的牛頓,這件事成了科學史上的一段佳話。牛頓並不是一個成功的教員,他提出的獨創性的材料也沒有受到同事們的注意。起初牛頓並沒有公布他的發現,人們說他有一種變態的害怕批評的心理。在 1672 年和 1675 年發表光學方面的兩篇論文遭到暴風般的批評後,他決心死後才公開他的成果,不過,後來還是發表了《自然哲學的數學原理》《光學》《普遍的算術》等有限的一些成果。

牛頓是他那個時代的世界著名的物理學家、數學家和天文學家。牛頓工作的最大特點是辛勤勞動和獨立思考。他有時不分晝夜地工作,常常好幾個星期一直在實驗室里度過。他總是不滿足自己的成就,是個非常謙虛的人。他說:"我不知道在別人看來,我是什麽樣的人。但在自己看來,我不過就像是一個在海濱玩耍的小孩,爲不時發現比尋常更爲光滑的一塊卵石或比尋常更爲美麗的一片貝殼而沾沾自喜,而對於展現在我面前的浩瀚的真理的海洋,卻全然沒有發現。"牛頓對於科學的興趣要比對於數學的興趣大得多。在當了 35 年的教授後,他決定放棄研究,並於 1695 年擔任了倫敦的不列顛造幣廠的監察。1703 年成爲皇家學會會長,一直到逝世。1705 年被授予爵士稱號。關於微積分,牛頓總結了已經由許多人發展了的思想,建立起系統和成熟的方法,其最重要的工作是建立了微積分基本定理,指出微分與積分互爲逆運算,從而溝通了前述幾個主要科學問題之間的内在聯繫,至此,才算真正建立了微積分這門學科。因此,恩格斯在論述微積分產生過程時說,微積分"是由牛頓和萊布尼茨大體上完成的,但不是由他們發明的"。在他寫於 1671 年但直到他死後的 1736 年才出版的《流數法和無窮級數》書中清楚地陳述了微積分的基本問題。

## 魏爾斯特拉斯(Weierstrass Karl Wilhelm)
### (1815—1897)

魏爾斯特拉斯是德國數學家,1815 年 10 月 31 日生於德國威斯特伐利亞地區的奧斯登費爾特,1897 年 2 月 19 日卒於柏林。

魏爾斯特拉斯的父親威廉是一名政府官員,受過高等教育,頗具才智,但對子女相當專橫。魏爾斯特拉斯 11 歲時喪母,翌年其父再婚。他有一弟二妹,兩位妹妹終身未嫁,後來一直在生活上照料終身未娶的魏爾斯特拉斯。威廉要孩子長大後進入普魯士高等文官階層,因而於 1834 年 8 月把魏爾斯特拉斯送往波恩大學攻讀財務與管理,使其學到充分的法律、經濟和管理知識,爲謀得政府高級職位創造條件。

魏爾斯特拉斯不喜歡父親所選專業,立志終身研究數學,並令人驚訝地放棄成爲法學博士候選人,因此在離開波恩大學時,他没有取得學位。在父親的一位朋友的建議下,他被送到一所神學哲學院,然後參加中學教師資格國家考試,考試通過後在中學任教,此期間,他寫了4篇直到他的全集刊印時才問世的論文,這些論文已顯示了他建立函數論的基本思想和結構。1853年夏,他在父親家中度假,研究阿貝爾和雅可比留下的難題,精心寫作關於阿貝爾函數的論文。這就是1854年發表於《克雷爾雜誌》上的"阿貝爾函數論"。這篇出自一個名不見經傳的中學教師的杰作,引起數學界矚目。

　　1855年秋,魏爾斯特拉斯被提升爲高級教師並享受一年研究假期。1856年6月14日,柏林皇家綜合科技學校任命他爲數學教授;在E.E.庫默爾的推薦下,柏林大學聘任他爲副教授,他接受了聘書;11月19日,他當選爲柏林科學院院士。1864年成爲柏林大學教授。

　　在柏林大學就任後,魏爾斯特拉斯即着手建立數學分析基礎,並進一步研究橢圓函數論與阿貝爾函數論。這些工作主要是通過他在該校講授的大量課程完成的。幾年後他就聞名遐邇,成爲德國甚至全歐洲知名度最高的數學教授。1873年他出任柏林大學校長,從此成爲大忙人。除教學外,公務幾乎占去了他全部時間,使他疲乏不堪。緊張的工作影響了他的健康,但其智力未見衰退。他的70年生誕慶典規模頗大,遍布全歐洲各地的學生趕來向他致敬。10年後,80大壽慶典更加降重,在某種程度上他簡直被看作德意志的民族英雄。1897年初,他染上流行性感冒,後轉爲肺炎,終至不治,於2月19日溘然長逝,享年82歲。

　　除柏林科學院外,魏爾斯特拉斯還是格丁根皇家科學學會會員(1856)、巴黎科學院院士(1868)、英國皇家學會會員(1881)。

　　魏爾斯特拉斯是數學分析算術化的完成者、解析函數論的奠基人、無與倫比的大學數學教師。

國家圖書館出版品預行編目(CIP)資料

經濟數學基礎/ 王國政、趙坤銀、王萬禹 主編. -- 第一版.
-- 臺北市：崧燁文化，2018.07
　面；　公分

ISBN 978-957-681-297-2(平裝)

1. 經濟數學

550.191　　　107010897

書名：經濟數學基礎
作者：王國政、趙坤銀、王萬禹 主編
發行人：黃振庭
出版者：崧燁文化事業有限公司
發行者：崧燁文化事業有限公司
E-mail：sonbookservice@gmail.com
粉絲頁　　　　　　　網址：
地址：台北市中正區重慶南路一段六十一號八樓 815 室
8F.-815, No.61, Sec. 1, Chongqing S. Rd., Zhongzheng Dist., Taipei City 100, Taiwan (R.O.C.)
電　話：(02)2370-3310　傳　真：(02) 2370-3210
總經銷：紅螞蟻圖書有限公司
地址：台北市內湖區舊宗路二段 121 巷 19 號
電話:02-2795-3656　傳真:02-2795-4100　網址：
印　刷：京峯彩色印刷有限公司（京峰數位）

　　本書版權為西南財經大學出版社所有授權崧博出版事業股份有限公司獨家發行電子書繁體字版。若有其他相關權利需授權請與西南財經大學出版社聯繫，經本公司授權後方得行使相關權利。

定價：350 元
發行日期：2018 年 7 月第一版
◎ 本書以POD印製發行